# 财报分析从0到1

摸鱼小组 ◎ 著

图书在版编目(CIP)数据

财报分析从 0 到 1 / 摸鱼小组著. —北京:北京大学出版社,2019.10
ISBN 978-7-301-30621-5

Ⅰ.①财… Ⅱ.①摸… Ⅲ.①会计报表—会计分析 Ⅳ.①F231.5

中国版本图书馆 CIP 数据核字(2019)第 168705 号

| | |
|---|---|
| 书　　　名 | 财报分析从 0 到 1<br>CAIBAO FENXI CONG 0 DAO 1 |
| 著作责任者 | 摸鱼小组　著 |
| 责 任 编 辑 | 任京雪　周　莹 |
| 标 准 书 号 | ISBN 978-7-301-30621-5 |
| 出 版 发 行 | 北京大学出版社 |
| 地　　　址 | 北京市海淀区成府路 205 号　100871 |
| 网　　　址 | http://www.pup.cn |
| 微信公众号 | 北京大学经管书苑(pupembook) |
| 电 子 信 箱 | em@pup.cn　　QQ：552063295 |
| 电　　　话 | 邮购部 010-62752015　发行部 010-62750672　编辑部 010-62752926 |
| 印 刷 者 | 北京宏伟双华印刷有限公司 |
| 经 销 者 | 新华书店<br>730 毫米×1020 毫米　16 开本　16.5 印张　282 千字<br>2019 年 10 月第 1 版　2023 年 5 月第 7 次印刷 |
| 定　　　价 | 48.00 元 |

未经许可，不得以任何方式复制或抄袭本书之部分或全部内容。
版权所有，侵权必究

举报电话: 010-62752024　电子信箱: fd@pup.pku.edu.cn
图书如有印装质量问题，请与出版部联系，电话: 010-62756370

# 序

摸鱼小组是一个兴趣小组！核心成员有在一线金融机构做量化交易模型的数学博士，有在大型信托公司做组合投资管理的操盘大咖，有在会计师事务所服务多年的资深财务分析人员，这样一批人因为兴趣聚到一起，一起感悟市场变化。从最早的几百位读者，到后来公众号上的几十万位读者，摸鱼小组成长的过程让每一个参与其中的小伙伴感到欣喜。

从公众号开始发文章与读者互动，到读者们希望将文章集录成书，再到小组写完初稿交付出版社，最终呈现在大家眼前的这本财报分析书籍，是小组在资本市场的见闻沉淀，更是财报分析技巧的实战讲解。对小组来说，写书的初心最重要。在公众号流量比较小、还没有开通留言功能的日子里，我们尽可能地回复了每一条后台读者的留言，这些读者的鼓励和支持，让我们深受感动。还有一些读者将我们的过往文章打印出来并做了笔记，由此我们萌生了写一本给个人投资者的财报分析指南的想法。这些读者的学习热情鼓励着我们每一个成员，我们每天的工作都变得更加有动力了。后来公众号有了留言功能，看到大量读者希望我们将自己的思路、经验与分析技巧整理成一本书，我们欣然应允。从一个字到另一个字，从一个章节到另一个章节，这本书的写作耗费了我们不少的精力，但是我们也受益颇丰。我们第一次系统地梳理了研究过的所有公司，并且花费不少时间整理不同市场的案例，目的非常明确，就是想用一种简单直白的语言，把复杂的财报分析讲透讲明白，让本书成为一本对财务零基础的"小白"用户也很友好的手边书。

全书的框架基本是按照新人培训的思路组织安排，既包含非常基础的铺垫，比如从哪里获得上市公司核心基本面信息,又包含基础的财务概念、财报分析方式方法的讲解,且尽可能地匹配了上市公司一线分析案例(如无特别说明,这些案例的相关数据均来自相应上市公司年报)。这些案例既脱胎于小组过往的工作经验,又包括一些数据挖掘分析的结果,当然还包括一些基于常识的判断。这些案例部分是我们公众号曾经写过的内容,部分是我们提供给机构投资者的案例。希望大家通过阅读本书,能感受到与上市公司捉迷藏的乐趣。会计也好,财报分析也好,真正能够对投资分析产生帮助的一定是你吃过的亏,踩过的雷。本书很少讲会计实务的东西,更注重从投资者的角度去研判一个公司的财务状况,并提供一定的投资指引。财报分析难也不难,三大表几百个数字,只要入门了,仔细研读就能发现公司的过去、现在,以及即将走向的将来。具体来讲,首先,是获取信息,我们重点讲解了公司各种信息的搜集渠道,扎实的资讯是深度分析的基础。其次,我们将上市公司财务报表按照资产负债表、利润表、现金流量表依次展开进行了讲解。最后,全书以常用的财报分析技巧和一些案例收尾。在书中,我们阐明了一些财务要点,也突出强调了一些投资常识。

  资产软,负债硬,现金为王,是我们对财报分析的一个核心概括。在宏观环境收紧、全市场资金紧张的情况下,这是再合适不过的一个描述。资产软是说资产的价格是在不断变动的,不管是房地产、股票,还是应收账款、存货、固定资产,只要不是在手的现金,它的价格就会随着市场环境的变化而不断波动。比如,这几年非常火的数字货币,就让挖矿的机器卖出了远高于成本的价格,当行情不好时,这些矿机的价格又大幅下跌,这就是资产软的一个明证。所有资产其实都是根据市场需求和市场情绪来确定其价格的,只要它不是现金,它就要参考市场情绪确定自己估价的锚。从全社会范围来看,资产定价最核心的锚就是市场上的流动性和大家对宏观经济的预期。从这个角度来讲,资产就是非常软的,它会随着时间的变化而变化,价格可高可低,杠杆的方向加对了,企业家会赚到很大的资产端的升值收益;杠杆的方向加错了,资产价格下行就会让大部分企业家输掉所有的筹码。

  负债硬是说企业欠的每一分有息负债,都要连本带利偿还,它是一个刚性约束。企业很难破除这种刚性约束,除非企业遭遇了重大的经营环境变化,比如破产倒闭,否则只要企业还想在市场上继续融资,它就要尊重融资对应的规则。在这里可以参考一下饱受诟病的抽贷,企业辛辛苦苦做好了发展的规划,拿到资金投资实业,实业最终给予回报其实是比较慢的,本身五年才能回本,让企业两年内还清所有的资金,显然是不现实的,这也是一旦抽贷,或者经营不善,企业很难弥补当年贷款缺口的原因。长钱短用没有任何问题,但是短钱长用就蕴含了巨大的风险,一旦企业的现金循环出现问题,刚性的负债直接就扼住了企业的咽喉。

现金为王指的是企业正常经营和融资的现金是平衡资产和负债两端的血液,要想健康发展一定要关注实业本身造血的能力和外部融资的能力。持有现金本身也是一种投资的观点,即市面上如果没有比较好的投资项目值得企业投入现金或者投资回报相对比较差,则不如持币等待,等待中失去的只是机会成本,只会让企业少挣一些钱,但是一旦投错了,可能是要命的。从这个角度上讲,现金为王又格外强调资金运用安全性的问题。做生意其实就是把口袋里面的现金、自己所具备的资源、自己所拥有的人力,变成资产负债表上的各种科目,再将这些科目重新变成钱的过程。想将钱变成科目其实是很快的,但是想把这些科目重新变成钱并不容易,这也是实业艰难的原因。商海竞争千变万化,今天适应市场的产品,明天可能变成卖不出去的存货,上面这些就是小组常说的资产软,负债硬,现金为王。

财报分析的研究,与一般意义上的公司研究大不相同。财报分析的研究讲求的是逻辑链与证据链的结合,发现风险,测度风险,控制风险,如果风险超出了头寸可以承受的范围,那么自然要警惕投资安全。财报分析的使命,是帮助投资者辨识数据背后的真相,消除信息的不对称,虽然在某种程度上讲,完全消除信息不对称是很不现实的,但是真实的市场不就是在模糊信息的情况下不断博弈决策吗?随着这两年严监管的施行以及宏观环境的变化,越来越多的上市公司掩盖不住过去财务的失调,出现了越来越多的问题,财务地雷在2017年和2018年给投资者上了血淋淋的课。纵观国内外股票市场,上市公司在会计师事务所辛勤劳动后披露的财务报表,其实只展示了它想要我们相信的部分。有大量的信息隐藏在数字背后,并没有被我们合理地获取。

本书也是希望投资者能够笑对市场变幻,学会以科学的方式,理性地思考、缜密地分析自己在投资中遇到的每一个问题和挑战,对市场保持敬畏之心,在研究与探索中逐渐接近公司真实的运作情况,做好价值高估和价值低估情况下的应对,不随市场起伏而纠结。一千个读者就有一千个哈姆雷特,每个读者都会根据自己的教育经历、投资经历、思维习惯形成自己的财务报表解读方法,我们所做的就是尽可能缩短读者学习的过程,让读者把注意力和精力放在最容易上手的地方。读者能够快速地避开明显的地雷,慢慢打磨自己的持仓组合,通过比较细致的财务报表拆解,掌握分析上市公司财务报表的方法,降低自己的投资风险,提高自己的投资回报,就是摸鱼小组最开心的事情。

薛逢源

摸鱼小组创始人

2019 年 5 月

# 目 录

**第1章 善用各类资讯,做最了解上市公司的人 | 001**

    1.1 上市公司公告 | 001
    1.2 监管机构信息 | 012
    1.3 互动平台信息 | 014
    1.4 研究机构研报 | 015
    1.5 机构投资者调研 | 016
    1.6 其他辅助类信息 | 017

**第2章 小文档有大学问,财报解码一二三 | 019**

    2.1 报告的开篇内容 | 019
    2.2 报告的具体内容:非财务报告部分 | 022
    2.3 报告的具体内容:财务报告部分 | 035

**第3章 资产软,负债硬,公司家底没秘密 | 049**

    3.1 流动资产 | 051
    3.2 非流动资产 | 096
    3.3 负债 | 122
    3.4 所有者权益 | 141

**第4章 真真假假利润表,斗智斗勇老会计 | 143**

    4.1 营业收入 | 145
    4.2 营业成本 | 149

4.3　税金及附加 ｜ 153

4.4　销售费用 ｜ 154

4.5　管理费用 ｜ 163

4.6　财务费用 ｜ 164

4.7　资产减值损失 ｜ 168

4.8　其他经营收益：公允价值变动收益、投资收益、资产处置收益、其他收益 ｜ 171

4.9　营业利润 ｜ 180

4.10　营业外支出/营业外收入 ｜ 180

4.11　利润总额与所得税 ｜ 181

4.12　净利润 ｜ 184

4.13　少数股东损益、归属于永续票据持有者利息、归属于母公司所有者净利润 ｜ 186

# 第5章　现金为王，财报里的公司生命线 ｜ 193

5.1　经营活动产生的现金流量 ｜ 194

5.2　投资活动产生的现金流量 ｜ 208

5.3　筹资活动产生的现金流量 ｜ 216

5.4　现金流量表综合分析 ｜ 218

# 第6章　洞悉公司风险，避开财务地雷 ｜ 221

6.1　年报怎么看？各项披露勾稽关系分析 ｜ 221

6.2　财务指标分析 ｜ 231

6.3　财务舞弊与案例分析 ｜ 239

# 第1章
# 善用各类资讯,做最了解上市公司的人

对于投资者而言,信息的获取是头等大事。我们对上市公司进行的所有财务分析都是基于在公开平台上发布的信息,包括但不限于上市公司发布的公告、上市公司与投资者之间的互动记录、市场上研究机构对上市公司的研究报告等。各类信息驳杂,而上市公司的真实情况隐含在大量信息之中,投资者就需要学会搜集信息、筛选信息、处理信息,辨别信息的价值高低,在某处发现问题后再从其余多个信息来源找对应信息进行联合验证、交叉比对。本章整理了投资者最常用的信息来源及其获取方法,并简单介绍了一些筛选和分析的思路。

## 1.1 上市公司公告

广大投资者能够获取的关于上市公司经营情况的第一手信息就是各类公告,既有合规性的必要披露,也有生产经营的自愿性披露,公告是上市公司想向所有投资者传达的信息和故事,这些故事有时是实话,有时则隐藏了最为重要的部分。除去内幕信息的影响,公告信息就是每一个投资者的起跑线,利好利空都会使公司股价产生巨大波动。最常见的有,业绩预告、季报、年报被公布后,公司经营业绩因不达预期而使股价随后一路走低;也有一些公司因突然披露重大的生产经营订单而使股价连续上涨,这些核心信息其实都来自公告。我们日常看到的各种新闻媒体,它们的写作素材其实也来自上市公司的各种披露。作为可追溯的历史记录,过往的所有公告为投资者展现了全面的公司发展历程。如果要深度分析一家感兴趣的上市公司,仔细研读其重要的公告是必不可少的环节。

上市公司的公告主要有以下类别:年报,一季报,中报(半年报),三季报,首次公开发行(IPO)及上市,配股,增发,可转换债券,权证相关公告,其他金融,分配,限售股上市,股权变动,交易,股东大会,澄清、风险、业绩预告,特别处理和退市,补充及更正,中介机构报告,上市公司制度,债券公告,其他重大事项,投资者关系信息,董事会公告,监事会公告。以上类别中,年报和季报属于定期报告,内容涵盖全面,较为综合,其余都是根据公告内容所涉及的具体事项区分的,一般而言其内容都会被综合性报告所涵盖,所以对于投资者而言,应当首要关注定期报告中的信息。如果发现定期报告中有一些公司特别事项的变动说明,且还想进一步了解,或者发现定期报告中对某个事项含糊其辞,就需要寻找相关报告进行查证。

投资者可以在巨潮资讯网(http://www.cninfo.com.cn/cninfo-new/index)上找到所有上市公司的公告,前文所述公告类别也是依据了巨潮资讯网提供的搜索标签。只需在该网站内置搜索引擎中键入上市公司的名称和公告类别就可以看到相应的结果。除了巨潮资讯网,上海证券交易所官网(http://www.sse.com.cn/)与深证证券交易所官网(http://www.szse.cn/)的信息披露栏目也有所有公告。因此如果在使用巨潮资讯网搜索时认为公告可能涵盖不全,则可以尝试两大证券交易所的官网,官网上还有其他很有价值的信息。

定期报告之外的公告很多,真正有价值的是招股说明书,权益变动公告,交易相关报告,增发、配股类公告,等等。

### 1.1.1 招股说明书

招股说明书是股份公司公开发行股票时,就募股事宜发布的书面通告。其主要内容包括:①公司状况;②公司经营计划,主要是资金的分配和收支及盈余的预算;③公司业务现状和预测,设备情况、生产经营品种、范围和方式、市场营销分析和预测;④专家对公司业务、技术和财务的审查意见;⑤股本和股票发行,股本形成、股权结构、最近几年净值的变化,股票市价的变动情况、股息分配情形,股票发行的起止日期、总额及每股金额、股票种类及其参股限额,股息分配办法,购买股份申请手续,公司股票包销或代销机构;⑥公司财务状况,注册资本,清产核算后的资产负债表和利润表,年底会计师报告;⑦公司近几年年度报告书;⑧公司章程及有关规定;⑨公司股东大会重要决议;⑩其他事项。

通常招股说明书是公司在上市前花费巨资邀请保荐人深入公司调查后写出来的,因此值得仔细研读。尤其是,上市公司会把其来龙去脉及商业模式在招股说明书中做比较完整的披露。但也不是任何时候都要去看招股说明书。首先,招股说明书一般是在公司上市前完成的,如果公司上市已久,那么招股说明书的信息就不具备时效性,也就没有必要过多关注;其次,如果公司自上市以来主营业务没有发生重大变化,则招股说明书就不那么重要了,只有公司经历过重大变动,性质发生根本变化,才有必要去追溯这家公司"最初的梦想"。

招股说明书一般篇幅较长,其中以下几个部分值得重点阅读。

1．风险因素分析

这部分是公司在上市前就对未来的行业风险、经营风险乃至财务风险进行的预测,投资者可以将公司自上市以来遭遇的所有风险挑战与其招股说明书中的风险因素进行比对,以更深刻地理解公司风险。

2．发行人基本情况

这部分展示了公司上市前的历史变革,还有子公司情况、股权关系及公司上市后主要股东需要履行的承诺等。

3．公司的业务和技术

这部分讲述了公司的主营业务和所处行业、行业基本情况、公司所在的细分领域在整个产业链中的具体位置、行业的进入壁垒,以及主要客户和主要上游供应商等。

4．财务会计信息和管理层分析

这部分是公司在上市前的财务状况以及公司管理层对行业和自身的看法,在年报和季报中都会有这样的内容,对这部分的分析是本书的重点,此处暂不赘述,读者只需明白,招股说明书中该部分的价值体现在与当前情况的对比上。

5．募集资金运用

募集资金运用顾名思义就是一个IPO资金使用计划,通常是企业出现违规使用募集资金的情况后,投资者需要到招股说明书中追溯相应内容。

## 1.1.2　权益变动公告

权益变动是指公司持股5%及以上的股东股权的变动情况,包括增持、减持、股权转让等类型。公告一般分为详式权益变动公告书和简式权益变动公告书。投资者通过证券交易行为,权益达到一定限度时,应当及时进行披露。增持和减持都是利空或利好的信号,无须多言大家都会时刻关注。

股权变动也是可以做很多文章的,如果一家公司被一家机构举牌(持股比例开始超过5%),那么未来该公司进行资本运作的可能性会大大提高。股权转让的动向也值得关注,前十大股东的座次发生变化,或者有人将前十的位置让给其他资金方,甚至公司的实际控制人发生变更,这些重大消息都会伴随着股价的相应变化。尤其是有些资金方会以这种方式先取得一家上市公司的控制权,之后再注入资金,最终实现借壳上市。随着监管力度的加大,借壳上市越来越不容易,更多的资金方会选择这种方式进行资本运作,所以投资者需要从权益变动公告中对此行为保持警惕,毕竟投资资本运作型的上市公司还是很有风险的。

权益变动公告中需要投资者关心的部分主要是权益变动双方的详细资料、本次权益变动的原因和目的、权益变动方式、资金来源、信息披露义务人的财务资料等。读完之后,需要了然于胸的就是某个主体在何时以什么价格增持或减持多少股份,该主体资金实力如何,出于何种目的,未来是否有进一步增减持的计划,是否与该上市公司有重要联系等。

### 1.1.3 交易相关公告

上市公司对子公司的增资公告,投资者需主要关心增资规模和增资目的。

重大合同公告,投资者需主要关心合同的性质(采购还是销售,是哪种产品)、合同签订的时间、合同涉及的金额、交货周期、货款确认方式,以及如何将货款计入当期业绩,然后基于这些信息分析该宗重大交易对公司未来业绩和股市表现的影响。

关联交易是公司运作中经常出现的而又易于发生不公平结果的交易。从有利的方面来讲,交易双方因存在关联关系,可以节约大量商业谈判等方面的交易成本,并可运用行政力量保证商业合同的优先执行,从而提高交易效率。从不利的方面来讲,由于关联交易方可以运用行政力量撮合交易的进行,从而有可能使交易的价格、方式等在非竞争的条件下出现不公正情况,形成对股东或部分股东权益的侵犯,也易导致债权人利益受到损害。有些上市公司经常隐瞒关联交易和关联关系,在被监管机构查出后会遭受惩罚。至于它们自己公布的关联交易公告,投资者需主要关心公告中披露的交易主体与金额。这也需要结合其他材料来看,如果从其他材料(年报或者招股说明书)得知该公司在上中下游里有较多关联方,那么关联交易公告需要得到更多关注。

担保贷款公告,投资者需主要关心贷款的数额,数额巨大则要看担保的子公司的具体情况,看这笔贷款是不是用以发展该子公司。

中标公告,相当于新合同的预告,投资者可持续关注后续的重大合同公告,并且自我判断在投资方面是否要提前做些准备。

## 1.1.4 增发、配股类公告

股票增发配售是指已上市公司通过向指定投资者(如大股东或机构投资者)或全部投资者额外发行股份募集资金的融资方式,发行价格一般为发行前某一阶段平均价格的某一比例。配股是指向原股东按其持股比例、以低于市价的某一特定价格配售一定数量新发行股票的融资方式。分析这两类公告的方法比较接近,此处详细介绍定向增发所涉及的公告。

定向增发是增发的一种,是向有限数目的资深机构(或个人)投资者发行债券或股票等投资产品,发行价格由参与增发的投资者竞价决定。发行程序与公开增发相比较为灵活。一般认为,该融资方式较适合融资规模不大、信息不对称程度较高的企业。

定向增发有六个公告阶段,重点是第一阶段的"非公开发行股票预案"或者"重大关联交易预案"。从预案中,投资者能够了解定向增发的规模、发行股票数量、定价、锁定期安排、定向增发的对象(股东还是大机构)、定向增发的目的(补充流动资金、开展新项目、扩大原有产能、收购其他公司)。如果定向增发的目的是开展新项目或者扩大产能,则还要关心项目的一些基本情况,比如项目建设周期、何时投入使用、何时产生盈利、预期盈利规模、何时收回成本等。如果定向增发的目的是收购其他公司,则还要了解被收购公司的具体情况,比如近几年的经营状况和财务状况、未来几年的业绩对赌情况、业务和技术状况,简单来说就是了解一家新公司的阅读流程。总之,非公开发行股票预案中最关键的还是两部分:非公开股票发行概况和募集资金使用的可行性分析。

除了第一阶段的预案,在定向增发过程中,上市公司还会陆续披露股东大会决议公告、获得中国证监会受理公告、获得中国证监会发行审核委员会审核通过、获得证监会核准批复、非公开发行股票上市公告等一系列公告,只是重要性相对较弱。

关于定向增发,在此也做简要的分析。过去,定向增发是上市公司资本运作的重要方式,大量的融资和战略投资都是通过定向增发进入上市公司的。对于大资金来说,定向增发就是批发价拿货,与二级市场小打小闹的闲散资金完全是两个等级。到锁定期结束时,老股东们又会有各种退出诉求。但在2014—2016年,监管机构的态度从鼓励上市公司并购重组,变成三年期定增从严、叫停跨界定增、限制并购重组,定向增发市场融资规模也迅速缩水。定向增发通常锁定期在一年和三年,大量资金被锁定,如果期间发生不好的情况也很难全身而退,所以非常考验参与者的投资眼光。阅读定向增发相关公告,一定要和公司在定向增发前后、锁定期前后的各种表现联合起来看,这样可以发现很多有趣的事情。

我们先讲一个小例子,一家小市值公司——大湖股份,主营农副产品,其三年期定向增发非常有意思,很多资本市场大咖蜂拥而至,定向增发股东的名单充满了想象力。对于这样一家主营平淡的公司来说,这些股东的参与就是打开了公司转型发展的天花板。虽然后来市场发生变化,转型重组不再那么紧俏,但大湖股份也还是转型医疗保健。

 **例 1.1**

### 华谊兄弟:如果还在 2015 年定增的那一天

2015 年,华谊兄弟定向增发股票,阿里创投、腾讯、平安资管、中信建投一起向华谊兄弟送上了 36 亿元,其中阿里创投占比最高,达 42.59%(见图 1)。

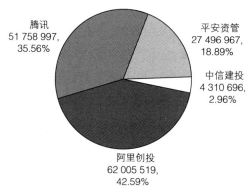

图 1 华谊兄弟 2015 年定向增发获配数量

这次定向增发在股灾期间依然顺利进行,发行当天浮盈超过 60%,代价就是锁定三年。

2015 年 8 月 3 日,发行人及主承销商向本次非公开发行对象发出《华谊兄弟传媒股份有限公司非公开发行股票缴款通知》(以下简称《缴款通知》)。各发行对象根据《缴款通知》的要求向指定的本次发行缴款专用账户及时足额缴纳了认股款。截至2015年8月5日,发行对象已分别将认购资金共计3 599 999 986.67元缴付主承销商指定的账户内。本次非公开发行对象认购股份的锁定期为自发行结束之日起36个月,本次非公开发行过程已经北京市金杜律师事务所见证,整个操作过程合法合规。

三年之后,经过了10送10,华谊兄弟在2018年7月16日的收盘价是6.04元/股。一切纸上的繁华都烟消云散,当年真金白银的36亿元已经在影视行业风云变幻的三年里蒸发了18亿元,发行当天的浮盈和胜利感只能定格在文字里。如果按照一部影片票房收入的1/3作为制作公司收入的话,那么很巧,几家机构刚好蒸发掉了一个《战狼2》(票房收入56.8亿元)。这次定向增发收益率分析具体如图2所示。

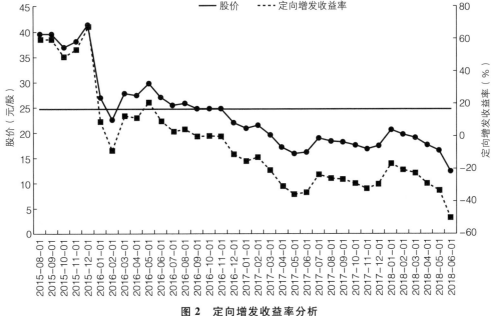

图 2　定向增发收益率分析

事实上,除了2015年定向增发当年,华谊兄弟的净利润达到历史性的12.18亿元后,2016年、2017年两年,华谊兄弟在投资收益比重明显增加的情况下,净利润却持续下滑。特别是2016年,华谊兄弟的投资收益达到利润总额的88%(见图3),而包含各类补助的营业外收入则达到利润总额的14%,仅这两项已经占利润总额的102%,这就意味着在扣除各项必要的费用后,华谊兄弟的日常经营只是站在盈亏的红线上。

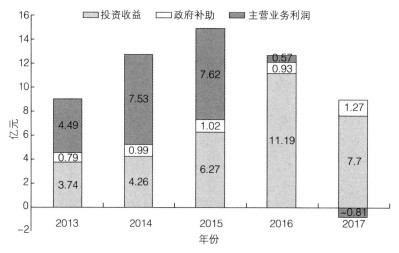

图 3 华谊兄弟利润构成分析

管理层也不避讳,2018 年 3 月 30 日,在海南观澜湖酒店的投资者交流会中,王中磊直言主业的发展多少让人不太满意,但对转型之路、综合发展颇为看好。在交流会的不远处就是华谊兄弟、冯小刚和观澜湖集团合作的冯小刚电影公社。不知近年大量的地产项目是不是王老板的底气所在,不过未来毕竟还在路上,眼下的地产项目运营也没有起色。

2018 年 7 月 12 日,华谊兄弟发布了本年度半年业绩预告,净利润较 2017 年同比下降了 33%—40%,这里的利润还包括 2017 年年底跨年上映的《芳华》和《前任三》两部爆款的票房收入。

也就在半年业绩预告发布的一天前,以往"逮谁骂谁"的冯导终于打破沉默,以一篇激昂愤慨的十问崔永元表明了自己的态度。许多解读都认为这篇十问的逻辑有些牵强,甚至顾左右而言他,说是冯导因为气愤失了分寸。或许也是为了给不振的业绩,给即将到来的新片,再聚聚人气吧。

### 1.1.5 其他类公告

**澄清公告** 就是对一些事项的澄清说明,可以作为了解公司动向的一个核心渠道。如果上市公司遭受质疑,那么无论质疑是否站得住脚,都可以看看公司有没有相应的回应。A 股是一个"奇葩"的市场,不少公司都有"碰瓷"的习惯,什么概念火就和什么概念沾边儿。比如,这两年非常火的区块链概念,看到有公司股价持续涨停,就有很多公司主动披露其在这方面的布局,上市公司在吸引投资者注意力方面也是操碎了心。

**限售股解禁公告**　解禁股是指限售股过了限售承诺期,可以在二级市场上自由买卖的股票。对于普通投资者来说,重点要关注的是解禁的股东是否有明确的减持意向。如果解禁股东是上市公司的创始团队,那么这种解禁对股价的冲击往往并不大,只是一个过场;但如果解禁股东是公司上市前突击入股的财务投资机构,如 PE(私募股权投资)、VC(风险投资),则这种解禁对股价会有较大冲击,因为这些财务投资机构会卖出股票。这两年有很多惨案都是由解禁造成的,比如上海银行和第一创业证券,股价在临近解禁期时都是断崖式的下跌。所以投资者要特别注意限售股解禁的相关信息,提前做好准备。

**股权激励相关公告**　股权激励是企业拿出部分股权用来激励企业高级管理人员或优秀员工的一种方法。一般情况下都是附带条件的激励,如员工需在企业干满多少年,或完成特定的目标才予以激励。当被激励的人员满足激励条件时,即可成为企业的股东,从而享有股东权利。有时企业为了履行或者刻意不履行股权激励的承诺,会在财报中对业绩进行调整或者对业绩确认模式进行调整,此处则需要与年报等信息进行联合分析。企业对员工的承诺是否得到很好的履行,也许不是最关键的,但长久而言会对投资者的信心有所影响。

 **例 1.2**

### 海天味业:擦"线"而过的股权激励要求

海天味业在 2014 年实行了股权激励:管理层业绩达标的话,就可以有股权奖励。达到下述标准,就可以分阶段解锁获得股权;没有达到标准,公司就把这些本来用于奖励的股权买回来自己持有。

11. 本计划中限制性股票解锁的公司业绩条件为:

(1)第一次解锁:以 2013 年为基准,2014 年、2015 年的营业收入较 2013 年增长比例分别不低于 16.8%、34.3%;2014 年、2015 年的净利润较 2013 年增长比例分别不低于 24%、50%。

(2)第二次解锁:以 2013 年为基数,2016 年的营业收入较 2013 年的增长比例不低于 53.1%;2016 年的净利润较 2013 年增长比例不低于 77%。

(3)第三次解锁:以 2013 年为基数,2017 年的营业收入较 2013 年的增长比例不低于 73%;2017 年的净利润较 2013 年的增长比例不低于 107.1%。

这些都是以 2013 年的数据为基础的,所以按照 2013 年的财报,公司在 2014—2017 年的营业收入至少要分别达到 98 亿元、112 亿元、128 亿元、145 亿元;净利润要分别达到 19 亿元、24 亿元、28 亿元、33 亿元。

公司的执行结果如表 1 所示:

表 1　2014—2017 年公司执行结果　　　　　　　　　　单位:亿元

| 年份 | 解锁股权 | 要求 | | 结果 | |
|---|---|---|---|---|---|
| | | 营业收入 | 净利润 | 营业收入 | 净利润 |
| 2014 | 30% | 98 | 19 | 98.17 | 20.90 |
| 2015 | | 112 | 24 | 112.94 | 25.10 |
| 2016 | 30% | 128 | 28 | 124.59 | 28.43 |
| 2017 | 40% | 145 | 33 | 145.84 | 35.31 |

从表 1 中可以看出,除 2016 年外几乎每年的业绩都是擦着指标过去的,都能想象得到那种过线之后的兴奋感,60.5 分挺好的。公司 2016 年的营业收入稍微差一些,本该奖励的这 30% 的股权落空了。这个落差的原因,可能是 2015 年的销售放量。

公司在 2015 年有个对经销商的特别宽限,货款的打款时间可以拖延至公司发货前,这样账面上资金不够的经销商也能够提前多囤点货了,所以公司 2015 年的预收账款明显减少,这一年的现金流量也有不小的波动。其现金流量净额分析如图 1 所示:

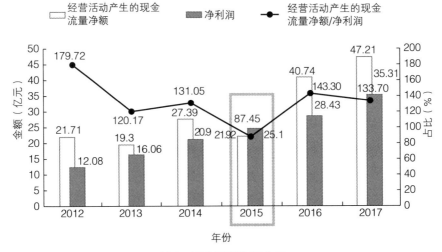

图 1　现金流量净额分析

这种鼓励经销商采购的行为影响了公司2016年的销量,所以2016年的收入距股权激励的考核线差了一些。

**员工持股计划**　员工持股计划是一种新型股权形式。公司内部员工出资认购本公司部分或全部股权,委托员工持股会(或委托第三者,一般为金融机构)作为社团法人托管运作,集中管理;员工持股计划管理委员会(或理事会)则作为社团法人代表进入董事会参与表决和分红。一般而言,上市公司发布员工持股计划是因为管理层认为目前公司股价被市场低估,并且对公司前景充满信心。阅读员工持股计划,需要了解该计划是何种类型(员工通过购买公司部分股权而拥有公司部分产权,并获得相应的管理权;员工购买公司全部股权而拥有公司全部产权,使员工对本公司具有完全的管理权和表决权),以及持股计划的存续期(一期还是多期)、锁定期、参与人数、买入价格、买入时间等。

## 1.1.6　上市公司官网

除了上述公告,投资者还可以浏览上市公司的官网。想要深入了解一家公司,其自我介绍还是要仔细看一看的。很多基础信息都能够从公告中得到,但还是有种距离感。实地考察是最理想的了解方式,然而不一定有条件,那就退而求其次去官网看一下,算是体会下这家公司的精气神。也许在第一眼看到网页设计时,投资者就能够对一家公司有个初步的感受,然后再看一看其最近动向、战略发展、主要产品简介等各类信息。当然,官网上对自家公司自然是各种美言,投资者需要抓准核心的信息,然后去看看竞争对手的官网,自然能够有个判断。

上市公司的官网本身就是其门面,若仔细看看上市公司在官网上的新闻信息、招聘信息等,还是能够发现不少端倪的。比如一个传统企业,如果开始招聘互联网人员,或者某个企业开始招聘游戏类人才,那么就可以理解为其有了转型变迁的想法。而且,公司在行业中的地位、有哪些同行竞争对手、是否获得政府重视等这类信息,都可以在官网及所关联的其他网站上找到痕迹。

## 1.2 监管机构信息

从上海和深圳证券交易所官网上，我们还能够找到来自监管机构的第一手信息。以深圳证券交易所官网为例，我们能够在"监管信息公开"栏目中看到监管动态、监管措施、中介机构监管、问询函件、信息披露考评、承诺事项及履行、董监高及相关人员股份变动、短线交易、重新上市申请审核进度等一系列重要信息。在这里，投资者需要重点关注的就是上市公司究竟因为何事而被监管机构盯上了，实际情况和后续处理究竟如何。监管机构都不是傻子，上市公司若有问题是瞒不住的，抽丝剥茧般的问询函和上市公司对问询函的回复这类信息就十分有价值，尤其是在选股排雷方面。

总结一下，让证券交易所关注的点通常有：近几年经营活动产生的现金流量净额长期为负且与净利润规模差异较大；经营活动产生的现金流量呈现为大额流出；存货异常变动，存货在报告期内是否存在减值迹象，存货跌价准备的计提是否合理；应收账款过高且有异常变动；业绩承诺履行情况、置入资产质量，即标的资产的经营及利润承诺实现情况，判断是否存在盈余管理；要求公司进一步披露信息，用以预判利润承诺期后标的资产的管控情况和经营风险及商誉减值情况；商誉计提减值的依据、主要测算方法、减值测试过程，相关商誉减值准备的计提是否充分、合理，未来是否存在继续减值的风险；各子公司的内部控制是否有效，核心管理团队是否稳定，以及相关公司的经营管理是否对个别人员存在重大依赖；关联交易与关联关系是否及时披露，关联交易金额是否超限，关联交易是否合规，公司是否严重依赖与前五名客户的销售，是否存在通过与上述公司交易操纵收入确认的情况；股东的股权质押问题；针对行业特色的问询。

上市公司对问询函的回复也能够看出其真实水平。证券交易所常常一针见血，公司则是百般武艺使出来各种应对，有时能瞒天过海，有时却百口莫辩，有时则让人啼笑皆非。公司即便能够逃过一劫，但毕竟群众的眼睛是雪亮的，很难将这一笔黑历史从有心人的记忆中抹去。

另外，关于企业的信用水平，政府还有一个"国家企业信用信息公示系统"(http://www.gsxt.gov.cn)。投资者只要在系统中输入企业的名字，就有其对应的信用水平信息显示出来，系统中还有经营异常名录、严重违法失信企业名单。多去上面看看谁是"老赖"，也能帮助投资者排雷。

### 例1.3

**欢瑞世纪：欢乐的问询函**

欢瑞世纪在2018年6月7日收到了监管机构问询函并回复，结果回函一下子就火了，内容如下：

十、公司年报"占公司营业收入或营业利润10%以上的行业、产品或地区情况"部分显示，公司电影及衍生品业务营业收入−2 021 463.80元，较去年（2016年）同期减少146.69%，营业成本6 315 710.45元，较去年同期（2016年）增加934.67%，毛利率为412.43%。请你公司结合收入确认政策，详细说明你公司电影及衍生品业务营业收入为负但毛利率为正的原因。

回复：

（一）报告期内出现公司电影及衍生品业务营业收入为负的情形是电影《怦然星动》从发行人应分回的发行收入分成调减所致。

公司2016年确认的电影发行分成收入是按发行人当年提供的收入分成表来确认的，2017年发行人根据最新的市场情况提供了新的收入分成表，其表上显示的分成金额减少，公司相应地冲回了多计的电影分成收入。

（二）关于"公司电影及衍生品业务报告期营业收入为负但毛利率为正"的问题，我们采用的毛利率计算公式为：

毛利率 =（营业收入−营业成本）/营业收入×100%

=（−2 021 463.80−6 315 710.45）/（−2 021 463.80）×100%

=412.43%

为了提高编制定期报告的效率，我们在定期报告中全部按照常规计算公式的定义计算出的结果填列，以利于校验，没有为了追求评价标准的一致性去修改常规计算公式的定义或做变通处理。

以上现象属于认知习惯与数学结论相背离的情形，我们将在以后对这类数据指标单独进行诠释或做留白处理。

虽然总觉得哪里不太对，但负负得正，没毛病。广大中小股东总有几个坐不住的去互动易，董秘徐虹的回复也是画风清奇。

（1）"小明的朋友"问：欢瑞世纪（000892）文娱商业观察上发布的《欢瑞世纪营收为负，毛利率达421%，证监会：真是"活久见"》，说公司会成为第一个面临退市危机的文娱类上市公司,也被不少媒体包括全景网微博平台转载,徐总看了吗?能维护公司利益和股东利益吗?还是放任公司形象于不顾。董秘被骂不作为只会打嘴炮,股东也备受损失没有信心持股。——2018年6月7日

徐虹答:难道要让我们成天与那些不懂财经、不懂财务、不懂数学、不懂公告内容、只知吸引读者眼球的媒体打口水战,从而满足看热闹不嫌事不大的好奇心吗?——2018年6月8日

有理有据,使人信服。不过徐虹也不是第一次这么"刚"了,之前有人建议公司召开投资者说明会,徐老师直接讲了个故事,借古喻今,表明态度:

(2) "麦田守望者12"问:建议公司在周末召开投资者说明会,拿出强有力的证据应对媒体的质疑,因为似乎欢瑞世纪被行业针对了,今天又有一篇新闻"欢瑞世纪回应深交所避重就轻,股价闪崩实控人陈援濒临爆仓",这显然是断章取义博人眼球,但问题是公司不回击,别人就会认为是理亏了,"三人成虎",传的人多了,欢瑞有问题就俨然成了"事实",徐董您认为呢?

徐虹答:记得有一个故事讲的是:古时候有两个书生争论乘法口诀表里三八等于多少,一个说等于二十四,一个说等于二十三。俩人从早上起来争到中午吃饭,争得面红耳赤,谁也说服不了谁。于是乎,就闹到公堂上,请县太爷断他们哪个是对的。结果,县太爷把算二十四的书生给揍了一顿,他不服,问为什么?县太爷说,"二十三的那个都那样了,你还好意思与他争那么久,说明你更笨,不揍你揍谁?"这个故事对回复您的问题有没有帮助?

但这些都没有那句"没有为了追求评价标准的一致性去修改常规计算公式的定义或做变通处理"更令人击节赞叹。

## 1.3 互动平台信息

当投资者在遍览所有上市公司公告后,全网检索也检索不到想要问题的答案时,不妨到互动平台试一试。主要的两个平台是上证 e 互动 ( http://sns.sseinfo.

com/）和深交所互动易（http：//irm.cninfo.com.cn）。一方面，投资者有什么样的问题都可以直接发上去，等待董秘回复；另一方面，总有所见略同之人想到类似的问题，已经有过相似的问答。即便没有什么问题，看看他人的互动说不定也能够发现新的问题。互动平台也是上市公司的一个秀场，水平高低拉出来秀秀，大家看过之后心里都有数。

## 1.4 研究机构研报

研究机构研报是获取上市公司信息的另一个重要渠道。A股是一个研究过度的市场，每天有大量的研究员，产生数千篇研究报告，这些报告要么基于行业，要么基于公司，其中关于上市公司的研究是我们获取上市公司状况的一个重要渠道。

有时限于自身时间、精力约束，投资者很难对一手资料进行全面的搜集与处理，这就需要去看看专业的机构研究员如何对上市公司进行研究。他们的成果都会体现在研报上。有条件的话，通过Wind、同花顺等数据库可以看到绝大多数机构的研报，但是此类数据库是收费的。免费的研报获取途径有慧博投研资讯（http：//www.microbell.com）以及和讯网（http：//www.hexun.com/），注册等流程可能会比较麻烦，但毕竟免费。另外，还可以通过微信公众号的搜索功能，寻找一些专业团队定期发布的公众号文章，这些文章里面也有金块可挖。

研报按照研究对象可分为三种：个股研报、行业研报、策略研报。个股研报主要是关注券商分析师对个股的观点、投资的逻辑以及对未来业绩的预测；行业研报主要是对行业基础技术性的扫盲，还有行业大环境的解读与未来整体行情的走势预测，对于行业外的投资者而言，很多情况是不了解的，因此多读相关行业研报，了解行业投资逻辑是很有必要的；策略研报主要是研究员对自己所负责行业的跟踪报告，其中较有价值的是行业新闻和相关数据。

需要注意的是，投资者从这些途径接触到的一般是卖方的研报，可以从中学习到机构投资者的一些观点与投资逻辑，但是不能盲目轻信研究员给出的建议，毕竟其中可能有潜在的先决立场和利益关系。谨慎而耐心的投资者一定会参考研报，同时翻阅第一手资料，校对数据，明辨是非，形成自己的一套投资逻辑。高段位的投资者甚至能够从众多券商机构的关注趋势上解读出有价值的信息。对美股市场的学术研究表明，对于那些市场高度关注的上市公司，相关信息越多，透明度越高,其整体回报率会不及那些少见报端的公司,这其中的逻辑就在于风险与收益的权衡上。有些公司不被关注,信息不对称性高,风险大,因此通过拥有较高的回报率来对这种不透明性进行补偿;或实际上有些优质的公司被忽视了,研报不覆盖但未来可以闷声发大财。中国市场与美股市场不一样的地方有很多,但人心走向和市场基本规律都是一致的,这种研报关注度和收益率之间的考量说不定能在选股时有很大的帮助。

## 1.5 机构投资者调研

上市公司披露的机构投资者调研也十分重要。一方面,它直观地表现了机构投资者对公司关注的热度;另一方面,它向市场传达了该公司目前最吸引投资者的内容。上市公司在调研纪要中会详细披露此次调研由哪家机构组织、有哪些投资者参与、投资者分别问了什么问题、上市公司做了怎样的回答。千万不要轻视调研报告,如果有些上市公司比较懒,没有按月自愿披露自己的经营状况,那么机构投资者调研就是我们获取上市公司当前实际生产经营状况的最重要窗口,其提供的是最新鲜的一手信息。

**例 1.4**

**TCL 集团股份有限公司投资者关系活动记录**

证券代码:000100　　　　　　　　　　　　　　　　　　　证券简称:TCL 集团

**TCL 集团股份有限公司投资者关系活动记录表**

编号:2018-014

| 投资者关系活动类别 | √特定对象调研<br>□媒体采访<br>□新闻发布会<br>□现场参观<br>□其他 | □分析师会议<br>□业绩说明会议<br>□路演活动 |
|---|---|---|
| 参与单位名称及人员姓名 | 方正证券 | |

# 第1章 善用各类资讯，做最了解上市公司的人

（续表）

| 时间 | 2018年7月18日 |
|---|---|
| 地点 | 深圳华星光电会议室 |
| 上市公司接待人员姓名 | 李丽娜、刘小兰、文道坤、翟伟英、轩辕莹子 |
| 投资者关系活动主要内容介绍 | 一、集团整体经营情况介绍<br>　　2017年，TCL集团实现营业收入1115.8亿元，同比增长4.79%；取得息税折旧摊销前利润（EBITDA）134亿元，同比增长55.5%；净利润35.4亿元，同比增长65.8%；其中归属于上市公司股东的净利润26.6亿元，同比增长66.3%。<br>　　2018年一季度，TCL集团实现营业收入256.3亿元，同比增长1.02%；净利润7.88亿元，同比增长17.2%；其中归属于上市公司股东的净利润7.31亿元，同比增长63.2%。集团已发布2018年上半年的业绩预告，归母公司净利润预计同比增长50%—60%。<br>　　2017年，华星光电产能提升并保持满产满销，实现销售收入304.8亿元，同比增长17.6%，息税折旧摊销前利润（EBITDA）114.9亿元，同比增长111.1%。<br>　　华星光电的两条8.5代线——t1和t2主要生产电视用面板…… |

## 1.6 其他辅助类信息

互联网是最好用的工具，信息搜索也是现代人的必备能力。只要有心，总能从角落里挖出很多有意思的细节来，有时细节也是发现财富或者地雷的契机。微博、天涯论坛、雪球、股吧都是投资者的聚集地，多在这些地方的相应版块留心，可以看到上市公司董事长的背景、简历，有时甚至可以从逸闻中判断其人品；可以多向"大V"和牛人们学习他们的理念与看法，但不要过度盲从；企业的微信公众号和员工论坛也能看到很多有用的信息，比如企业的内部管理制度变更、企业文化建设、企业员工对自家公司的真实看法等。在此顺便推荐企查查（https://www.qichacha.com/）和启信宝（http://www.qixin.com/）两个网站，二者都能够快速检索到公司、人物的各类信息。

百闻不如一见，优秀的银行信贷员工只要到企业里面走一遭，立马就会知道企

业的真实情况,从而判断其前景。对于投资者而言,可以从互联网获取的信息中拼凑出企业的全像。我们在此谈谈一些基础的思路。比如,去企业官网上看招聘启事,或者到专门的招聘网站上找企业发布的帖子,看看它们想要什么职位的人才,对人才需求量大不大,这也许能够从侧面印证出企业下一步想干什么,企业究竟有没有在扩张新项目;看看它们开出的待遇水平,和市场对比如何,再去搜集一下员工的看法,至少能够判断出企业厚不厚道,在员工队伍建设方面是否健康。有些企业在全国范围内可能不算太起眼,但是在地方算是一方豪强,是地方经济的支柱,好多人都在其中就业,那么相应地可以去逛逛地方论坛,有条件的话多咨询在当地生活的亲朋好友。企业可能有很多负面消息,比如重度污染、偷排废水、拖欠工资、董事长品行不端、企业内部局面紧张之类,出了当地就无人问津,当地人却有切身体会。很多负面消息在地方论坛上看起来像是八卦,然而很多大丑闻的苗头起初就来源于这里,甚至不少丑闻因地方大企业的势力而被强行压下。但这些都是潜在的风险点,说不准什么时候就压不住了,有心的投资者不妨多关注,兼听则明,偏信则暗。

各类媒体发布的信息自然也是投资者日常关注的重点,要相信记者对信息的渴求度是最高的,至于信息准不准确,需要投资者自我分辨。基本上,知名的海内外媒体都有财经版块,有各种金融类、政策类、行情类的新闻及时发出,投资者要时刻关注此类内容。对于有些大新闻,若各路媒体疯狂报道,那么对于投资者而言已经晚了。对于有些小新闻(比如某项小的新技术、某地新开拓的市场、某厂家的货在某地遭遇销售困难),可能起初不显眼,但当大事件爆发时才能追溯到这些不显眼的源头上。所以,优秀的投资者要学会见微知著,从一些细微的苗头中感知到未来的风险和机遇。在广大投资者中,拥有敏锐洞察力的投资者并不多见,运气与机遇的成分也很大,但时刻对各类信息保持关注度,也算是投资者的基础修养。

# 第 2 章
# 小文档有大学问,财报解码一二三

投资者在很多渠道都能够获得国内上市公司的财务报表,大部分电脑端的软件都提供了上市公司定期报告下载的功能,如万得、同花顺、东方财富、大智慧、通达信等,有些是付费软件,有些则是免费软件,但是上市公司披露的年报都是免费的,可以在网站上查询。首先是上海证券交易所和深圳证券交易所的官网,其次是上市公司自己的网站上一般都会有"投资者关系"一栏。我们在这里以中兴通讯2017年年报为例,讲讲上市公司的财报长什么样。

## 2.1 报告的开篇内容

中兴通讯是股民心中的风云股票,在2017年完成了一波非常凌厉的涨幅,从那之后一路走熊,紧接着受到海外政策变化的影响,公司一度处于存亡边缘。虽然公司股价表现十分的"黑天鹅",但是在年报披露上还是可圈可点的,从传统年报到可持续发展报告,十分齐全。因为公司本身也有港交所上市主体,所以在港交所也同样披露了一份年报。小组成员之前做分析师时,就经常比较A+H上市股票的年报,会发现港交所报告普遍做得更加精美,而内地交易所报告感觉十分土气。虽然数字没有变化,但是格式、图表等细节,很明显地可以感觉到在港交所发布的报告更加美观精巧(见图2.1)。

图2.1(a)是中兴通讯在港交所披露的2017年年报,图2.1(b)是在深交所披露的2017年年报,可以很明显地看出,在港交所披露的年报花了大量的精力在设计、美观和格式上。所以如果是同一家公司,小组一般会先读港交所的报告,获取上市

公司的基本信息,然后再读内地交易所的报告,尤其是上市公司的附注。比较同一家公司在港交所和内地交易所的报告其实很有意思,中兴通讯在港交所的报告有379页,下载下来的大小为27.1MB;在深交所的报告有315页,下载下来的大小只有5.83M,二者页码的差异,主要是由于不同会计准则要求披露的相关信息不同。从过往的分析经验来看,先关注港交所的报告肯定比直接看内地交易所的报告要好一些。当然,如果上市公司仅在内地交易所上市,那么我们就只能研读其按照内地交易所的要求披露的报告了。

（a）港交所报告　　　　（b）深交所报告

图 2.1　报告样式对比

在港交所披露的报告的第一部分就是上市公司提供的重要提示,这些提示主要包括以下几点:

（1）公司的管理层、董事保证这份报告的真实性,所有信息并没有被虚假记载,没有重大遗漏,他们对报告的真实性、准确性和完整性承担连带责任。

（2）这份报告的生成经过了哪些管理层的参与。比如在中兴通讯的报告中,副董事长张建恒先生出于工作原因未能出席对应的董事会会议,委托副董事长栾聚宝先生进行了表决权的行使。

（3）这份报告是按照中国企业会计准则和港交所财务报告准则编制的,并且通过了会计师事务所的审计,最终的结果是标准无保留意见的审计报告。

（4）涉及公司未来发展计划的前瞻性描述。前瞻性描述就是公司准备做但还没有做的事。在这一部分,投资者可以获得关于公司发展方向的重要信息,而且这

## 第 2 章 小文档有大学问，财报解码一二三

部分也是获得这一信息的最为重要的渠道。因为这些事情并没有真实地发生，公司只是对未来的规划，所以公司也会声明，这一信息并不能构成对投资者的实质承诺，上市公司也需要在实际发展中根据市场变化及时做出调整。同时，报告也提出公司来年业务发展面临的经营风险，因为上市公司最了解其经营模式，所以它们重点强调公司经营所存在的风险，投资者一定要仔细阅读。

因为中兴通讯是在深交所和港交所同时上市的，所以这份报告分别以中英文两种文字编制，上市公司也会特别强调，按照港交所财务报告准则编制的财务报告，以英文文本为准。另外，上市公司也会披露自己的法定信息披露渠道，比如中兴通讯就在《中国证券报》《证券时报》《上海证券报》和巨潮资讯网披露自己的财报。

在目录页，也可以发现港交所的报告明显比深交所的要美观（见图 2.2）。我们还是以港交所的报告为例，可以发现上市公司年报的目录主要包括以下几个部分：

"定义"部分，解释了在本次报告中出现的相关名词的具体含义，没有在定义中出现的其他有特定含义的词语，都将被收录在"词汇表"部分中。由于上市公司从事的业务有些可能特别复杂，对于不熟悉这个行业的投资者来说，在定义和词汇表环节有基础的概念普及其实是非常必要的。

（a）港交所报告　　　　　　　　　　（b）深交所报告

图 2.2　目录页样式对比

小组特别强调一点,定义部分是需要重点留心的。因为定义部分,一般来说会将与上市公司有重点联系的供应商、子公司等相关名称做一个具体披露,投资者在财务报表附注中能找到相关的经营数据或者财务数据,这是上市公司相关经营情况的一个重要窗口。由于中国的很多公司会做非常复杂的交易结构,如通过设置体外的关联公司进行一些财务操作,因此这些关联主体其实是需要重点留心的,而在一份年报的开篇定义部分,我们就可以找到这些关联主体的痕迹。

除了定义和词汇表,目录还包括上市公司简介,公司基本情况,董事长报告书,集团大事记,上市公司会计数据和财务指标摘要,公司业务概要,董事会报告,重要事项,股份变动和股东情况,董事、监事及高级管理人员和员工情况,公司治理结构,境内审计师报告,按照中国会计准则编制的财务报表及附注,独立核数师的报告,按照港交所财务报告准则编制的财务报表及附注以及其他相关的备查文件。

## 2.2 报告的具体内容:非财务报告部分

### 2.2.1 公司基本情况

公司基本情况部分,主要关注上市公司的注册地址、会计师事务所、律师事务所、公司网站、渠道等相关信息。主流股票软件的桌面版都设置了F10快捷键,从这一页面上的信息中可以获得这些信息。在一份报告中,提取尽可能多的有价值的信息,是最考验投资者投资研究功力的。比如小组之前研究过的一家公司——联美控股,在其一份报告中披露,其注册地址是西藏,当时就引起了小组的关注。因为这是一家东北公司,而且成立得非常早,小组发现它其实2000年前后就已经搬到西藏,这对企业家来说实际上是非常领先的理念。后来小组又发现,这家公司还有很多VIE结构(可变利益实体),考虑到实际控制人是60多岁的苏老太太,实际上它的玩法已经可以比肩非常厉害的VC(风险投资)大佬了。

### 2.2.2 管理层汇报

年报的董事长汇报、管理层汇报部分都是需要特别关注的,因为这些部分通常是管理层向市场传达其对整个行业发展与公司经营判断的核心渠道,很多股票软件会把这一部分专门收录进来就是因为它是整个年报中最重要的文字部分之一。以中兴通讯的年报为例,管理层汇报部分首先讲述了过往一年的经营业绩、营业收入、净利润以及各核心分部的业务发展情况,从资产负债表、利润表到现金流量表都有覆盖。在基础的财务信息介绍之后,管理层会重点强调业务发展方面的情况,比如主营业务的变化趋势、行业竞争情况的变化以及公司未来的重点策略。在中兴通讯的年报中,它就强调了在国际业务方面的规划、在国内业务方面的想法以及对核心运营商的态度。可以这样说,上市公司的年报,不仅是写给投资者的,也是写给业务伙伴看的,是公司对外展示形象的重要窗口。

管理层汇报部分,还有一项内容是非常重要的,就是公司关于未来发展的展望。一般来说,管理层对未来发展的规划、行业变化趋势的判断、公司自身竞争策略的调整,都会在这一部分有所表述。对A股四大地产(万科、保利、招商、金地)在管理层讨论部分,我们做了过去十年的复盘。对一类公司进行复盘后你会发现哪些管理层判断对了行业趋势、之前对公司未来的规划有没有实现,从而明显地感觉到管理层水平的高下。如果你对上市公司十分熟悉,你就会发现哪些公司是说一套做一套,对其真实意图能有一个交叉验证。

对于A股而言,管理层汇报部分还有一些其他价值。国内很多上市公司会在管理层汇报中非常清楚地说明主业增长乏力,有外延并购扩张的意图,其实就是说明公司要进行收购扩张,要搞重组。因此管理层汇报部分,可以说是投资者最需要花精力琢磨的,也是整个年报前半段含金量最高的部分。

### 2.2.3　集团大事记

像中兴通讯这样非常重视信息披露的公司,也会将集团大事记放在年报中(见图2.3)。但是对于普通投资者来说,想获取公司发展历程的核心信息,需要参考的最重要文件其实是公司的招股说明书。在招股说明书中公司会非常清楚地披露业务发展的沿革以及股东变化的历史,这些信息对投资者而言是非常有价值的。初次了解某一公司时,投资者需要阅读的文件,必然包括上市公司的招股说明书和最新一期的年报。通过两相比较,投资者可以发现这家公司从上市之初到现在究竟发生了哪些变化,这些变化究竟是否符合上市公司最初披露的融资要求。比如,某家公司要融资扩产,那么其产能在后续的年报中是否真的发生变化,有没有变更募资投向,落地究竟如何,通过前后文档的比较,实际上是可以清晰地看到答案的。

中兴通讯股份有限公司

集团大事记

2017

| | |
|---|---|
| 2017年 2月 | 中兴通讯发布5G全系列预商用基站　引领5G商用进程 |
| 2017年 2月 | 中心通讯首发基于IP+光的5G承载方案Flexhaul |
| 2017年 3月 | 中兴通讯PCT国际专利申请三度夺冠　连续7年居全球前三 |
| 2017年 6月 | 中兴通讯ZENIC SDON斩获下一代光网络论坛「最佳多层SDN控制器应用大奖」 |
| 2017年 7月 | 中兴通讯FDD Massive MIMO预商用验证峰值创新高 |
| 2017年 9月 | 中兴通讯发布中国自主研发的首颗NB-IoT安全物联网芯片RoseFinch7100 |
| 2017年 10月 | 折叠智能手机中兴天机Axon M发布　革新用户体验 |
| 2017年 10月 | 欧洲首个5G预商用网络启动　中兴通讯携手意大利Wind Tre、Open Fiber共建 |
| 2017年 12月 | 中兴通讯发布新一代物联网平台ThingxCloud兴云 |
| 2017年 12月 | 中兴通讯推出基于服务化架构的5G核心网产品 |

图 2.3　中兴通讯集团大事记

### 2.2.4　公司业务概要

公司业务概要部分，对公司的主营业务按照不同的地区、不同的行业、不同的产品线进行了细致的分类。不同上市公司此部分的信息披露会有较大的差异。中兴通讯在这一部分的信息披露就相对比较完整：首先，按照产品线做了陈述，比如分成了运营商网络、政企业务和消费者业务。同时在此部分强调了公司拥有的核心资产，作为一家技术公司，它也会向投资者传递自己在技术创新方面的情况。中兴通讯年报公司业务概要部分具体如下：

#### 公司业务概要

**一、主要业务**

本集团致力于为客户提供满意的 ICT 产品及解决方案，集“设计、开发、生产、销售、服务”等于一体，聚焦于“运营商网络、政企业务、消费者业务”，本年度内本集团主要业务无重大变化。

运营商网络：聚焦运营商网络演进需求，提供无线接入、有线接入、承载网络、核心网、电信软件系统与服务等创新技术和产品解决方案。

政企业务：聚焦政企客户需求，基于“通信网络、物联网、大数据、云计算”等产品，为政府以及企业提供各类信息化解决方案。

消费者业务：聚焦消费者的智能体验，兼顾行业需求，开发、生产和销售智能手机、移动数据终端、家庭信息终端、融合创新终端等产品，以及相关的软件应用与增值服务。

### 二、所属行业

本集团是全球领先的综合通信信息解决方案提供商，为全球 160 多个国家和地区的客户，提供创新的技术与产品解决方案。

本集团拥有通信行业完整的、端到端的产品和融合解决方案，通过全系列的"无线、有线、云计算、终端"等产品，灵活满足全球不同客户的差异化需求，以及快速创新的追求。

未来，本集团将继续聚焦主流市场和主流产品，不断提升客户满意度和市场占有率，坚持核心技术自主创新，不断提升产品竞争力，以更开放的态度与合作伙伴展开密切合作，构建合作共赢的产业生态链，共同拥抱最好的"万物移动智能互联"的美好新时代。

### 三、主要资产

本年度内本集团主要资产无重大变化，本集团资产、负债状况分析请见本报告"董事会报告之（二）在中国企业会计准则下的经营情况讨论与分析之7、本集团资产、负债状况分析"。

### 四、技术创新情况

2017 年，本集团坚持围绕 5G 先锋策略，聚焦主业，坚持核心技术自主创新，持续加大核心领域研发投入，在 5G 无线、核心网、承载、接入、芯片等核心技术领域，保持业界领先；聚焦主流运营商市场和价值客户，积极参与全球网络建设与技术演进，致力于为全世界带来更便捷的互联互通服务；积极探索新兴技术，以更开放的态度与合作伙伴密切合作，构建合作共赢的产业生态链。

随着 5G 时代的来临以及 ICT 技术在各行业各领域的加速应用，本集团的核心战略部署开始聚焦引领 5G 创新。

无线方面，2017 年 9 月，完成中国 5G 技术研发试验第二阶段所有条目测试，包括连续广域覆盖、热点高容量（低频和高频）、低时延高可靠、低功耗大连接等七大场景测试；业内首家推出 Massive MIMO 商用产品，开启了 5G 技术 4G 化先河，Pre-5G 持续规模商用，在全球 60 余个国家部署了超过 110 个 Pre-5G 网络；产业推进上，始终坚持在 3GPP 主道下制定

5G全球统一标准；2017年年初，本集团正式加入5G汽车联盟（5G Automotive Association），加强5G垂直行业合作，拓展5G行业应用，打造开放、共赢的5G生态圈；与高通、中国移动携手开展基于5G NR规范的互操作性测试和OTA（Over-the-Air Technology，空中传输技术）外场试验，进一步确立5G领导者地位。

公司会在公司业务概要部分对所从事的业务进行一个阐述和说明，虽然不像招股说明书中介绍的那样详尽，但是这一比较简单、直接的业务描述，对于没有关注过这家公司主营业务的投资者来说，就是对上市公司商业模式产生直观认识的一个简单渠道。

## 2.2.5　董事会报告

董事会报告是另一个重要部分，不同于公司业务概要部分，本部分将公司业务经营情况和财务数据紧密结合，披露一些财务细节。比如说细分行业的具体经营情况和财务数据。如果说前面的讨论是为整个公司业务搭框架，那么这一部分的内容就是向框架中填充详细的内容和血液，对经营业绩按照行业市场做细分的介绍。但与公司业务概要部分不同的是，董事会报告部分更侧重于对公司实际经营情况的汇报。小组曾经研读过石油石化行业的报表，关于石油石化行业经营的一些细节，比如加油站的个数、管网的覆盖面等，就是从这一部分获得的。这一部分的数据介于三大财务报表数据和财务报表附注之间，是将报表数据与经营细节有机结合的一个部分，但往往很多投资者忽略了对这一部分的研读。中兴通讯年报中董事会报告部分具体如下：

**董事会报告**

从业务分部看，本集团2017年营业收入较2016年同期有所增长，主要是由于运营商网络、政企业务、消费者业务三大业务营业收入均较2016年同期增长。本集团2017年运营商网络营业收入同比增长8.32%，主要是由于国内外4G系统产品、国内外光接入产品以及国内光传输产品营业收入同比增长。本集团2017年政企业务营业收入同比增长10.41%，主要是由于国内外政企业务营业收入同比增长。本集团2017年消费者业务营业收入同比增长5.24%，主要是由于国际手机产品和国内家庭终端产品营业收入同比增长。

另外董事会报告中一个需要强调的文字部分,是上市公司的业务展望和经营风险。业务展望,其实在其他文段中都会有所提及,所以这一部分重点关注上市公司主动提到的经营风险。不少投资者认为这一部分是在讲车轮话、客套话,但实际上这一部分呈现了上市公司不得不说的经营风险。以中兴通讯为例,在其年报中就披露了国别风险、知识产权风险、汇率风险、利率风险和客户信用风险。在国别风险中,上市公司披露了它所面对的贸易保护、债务变化、政治冲突以及政府更替问题,这些问题其实都在后来有所体现。虽然我们现在拥有的是"上帝"视角,但其实回头发现,上市公司将自己经营中面对的风险都已经讲给我们。从中兴通讯年报公司业务展望和经营风险部分具体如下:

## 董事会报告

**(六) 2018年业务展望及面对的经营风险**

1. 2018年业务展望

展望2018年,随着网络流量的快速增长,本集团面临新的发展机遇。这些机遇体现为:网络基础设施持续升级,5G商业进程加速;智能终端需求旺盛;新技术、新模式不断出现,人工智能、物联网、智慧家庭等新增长点涌现。为此,本集团在2018年将采取如下经营策略:

运营商网络方面,对无线领域,本集团继续坚持创新道向,加快新品上市,通过新机型、新技术创造客户价值,进一步强化5G先锋形象,推动全球范围的5G商用进程。对有线领域,本集团将进一步发挥平台融合的优势,实现主力产品竞争力领先,通过"5G承载、IP+光、CO重构"等方案创新,提升重点产品市场占有率,以客户满意度为导向,领航极速网络时代。

政企业务方面,本集团将把握全行业数字化转型催生的市场发展机会,聚焦重点行业,聚焦产品竞争力,联合合作伙伴,共同打造具有竞争力的行业创新方案,重点在"政府、公共安全、金融、能源、交通"等领域,助力用户数字化转型升级,同时加大产业联盟、开放实验室、开发平台等领域的投资建设,构建更加开放的云网生态圈。

消费者业务方面,本集团坚持"专注创新、聆听和满足消费者需求"的策略,巩固"全球销售渠道、运营商伙伴、全球用户规模、技术重构力、设计创新力和全业务运营"六大优势,加大研发投入以保持技术领先和竞争力,聚焦大国市场,加强与核心运营商的合作。在国内市场,本集团将大力加强在公开渠道市场的投入,做好顶层架构设计,重塑国内品牌,深耕原有优势的运营商市场,稳扎稳打,控制风险,提升市场份额和销售收入。

2018年,本集团将围绕"2020战略",进一步聚焦价值客户,不断提升客户满意度;坚持核心技术自主创新,持续加大5G等核心产品研发投入,以强化产品竞争力;抓住全球电信市场技术和格局变化的机遇,坚定地提高市场占有率,提升全球市场地位;聚集一流人才,加强合规和内控,不断完善公司内部管理,以实现本集团的稳健和可持续发展。

2. 面对的经营风险

(1) 国别风险

国际经济及政治形势纷繁复杂,本集团业务及分支机构运营覆盖160多个国家,业务开展所在国的贸易保护、债务风险、政治风险甚至战争冲突、政府更替问题都将继续存在,可能对本集团的日常经营产生影响,同时,全球各国政府在进出口管制、税务合规、反不正当竞争、反垄断等方面也对本集团的经营和控制风险能力提出较高要求,本集团目前主要通过对各国政治经济形势、政策要求进行研究,定期评估、及时预警、积极应对来系统地管理国别风险,以及通过购买国别险来控制风险。

(2) 知识产权风险

本集团一直着力于产品技术的研发和知识产权的保护与管理。本集团在生产的产品及提供的服务上都有注册商标保护,并且这些产品及服务都具有相关专利权保护。然而,即使本集团已采取并实行了十分严格的知识产权保护措施,但不能完全避免与其他电信设备厂商、专利许可公司以及与本集团存在合作关系的运营商之间产生知识产权纠纷,本集团将继续秉承开放、合作、共赢的原则推进相关问题的解决。

## 2.2.6 财务数据重大变化说明

从投资者的角度来看,上市公司如果要用自己的财务报告向投资者讲一个故事,那么这个故事一定是在这一部分讲。上市公司会将收入和成本变动的分析,不管是经营情况变好还是经营情况变差,都在这里给出一个具体的解读。从中兴通讯的报告中,我们可以清楚地看到,上市公司将收入成本费用构成、研发投入、现金流量变动情况,都在这里做了比较清晰的说明。同时根据监管要求,上市公司会把财务报表发生重大变动的科目做文字解释。一般来说,这些报表科目的重大变化又是与上市公司的经营情况相联系的,比如处置了土地,造成固定资产减少;再如公司有了重要客户的业务拓展,带来了比较多的存货变动和应收账款。这些发生了重大变化的科目,是报表分析中需要关注的核心,一定要去核实公司实际的业务,究竟有没有与财务报表确切真实地联系起来。A股市场的很多上市公司会说,我们有了巨大的业务拓展,但是实际上在财务报表中并没有看到其经营数据的变化,这些巨大变化的第一步呈现一定是在波动巨大的科目中。上市公司如果持有一些证券投资或者衍生品,也会在这一部分进行披露。

### 2.2.7 董事、监事及高级管理人员和员工情况

董事、监事、高级管理人员的信息,在上市公司的定期报告中并不起眼,但是价值量很大。仔细阅读高管履历,对于普通投资者来说,也是发现投资机会的重要渠道。在过去的A股市场,很多企业家的文化水平并不高,但是随着A股市场的扩容,越来越多的科学家成为上市公司的实际控制者。这些科学家的技术研发实力、产业判断和业界资源,其实都是老企业家所不能比拟的。通过仔细阅读上市公司高管的履历,会发现很多出人意料的细节,如果有些公司上市之后管理层纷纷退出,那么这些公司未来增长的压力可能就比较大。而有些公司在管理层不断添补核心技术人员、市场渠道人员,这些公司的发展后劲显然是不同于其他公司的。同样地,在这一部分,如果发现上市公司管理层很多是家族成员,而不是正常的职业经理人,那么就要重点关注核心大股东的年龄和健康问题,考虑会不会出现家庭成员对财产分配不均导致上市公司股权发生变化的情况。在2018年非常火热的关于疫苗的讨论中就可以发现,疫苗产业链的核心管理层其实都是师出同门,这些信息早早就写在相关年报和招股说明书中,并不是什么神秘的资料,只要投资者用心研读,就会发现其中的线索和端倪。就小组的经验来说,投资者应重点参考以下五个人的经历。

一是上市公司的实际控制人、董事长。其过往经历,直接决定了这家公司的基因,包括这家公司是否有转型的意向,实际控制人是否还想继续发展。

二是上市公司的总经理。上市公司的总经理通常是董事长所聘用的职业经理人,职业经理人的专业素养决定了公司业务落地的能力。

三是上市公司的副总经理。与公司总经理相搭配的主管核心业务的副总经理,也是小组特别关心的人物。一家公司的核心业务由什么人管理,其履历和过往经验实际上比董事长和总经理更为重要,比如对于百度来说,主管搜索和流量的副总经

理就是百度内部非常核心的管理人员。

四是上市公司的董秘。在A股市场中，董秘的职责其实有大有小，大董秘除了正常的信息披露，还参与公司的融资规划、资本运作等相关筹划；而小董秘则主要负责上市公司的信息披露，可以简单地理解为公司证券办公室。因为这些年公司上市非常多，在大董秘中还有一些核心董秘，这些董秘一手推动了公司的股份制改造，联络了中介机构，将老板辛苦经营的产业送到资本市场，行内俗称"跑会的董秘"。

五是财务总监。一般来说，财务总监和董秘是由不同的人员担任的，但是有些公司这两个职位由同一人来承担。财务总监与董秘相对应，要看他是否承担了公司的融资规划、资本运作等相关任务。如果承担了相关方面的工作，那么就是权责比较大的财务总监。一家公司财务总监的水平直接决定了其财务报表的水平。好的财务总监，精通捉迷藏游戏，能够在会计政策允许的范围内合理腾挪，展现创意会计的威力。所谓"创意会计"，就是通过合理的财务调节，既能相对真实地反映财务信息，又能适应大股东或者管理层的一些特别诉求，比如在当期释放相对多的利润，获取一个比较好看的财务报表，利于上市公司进一步融资；在当期多计提一些费用，为将来释放利润做好储备。根据小组的经验，真正厉害的财务总监能将一个很大的异常值散布在很多个科目里，用不同的会计期间花两三年的时间平滑掉，而水平一般的财务总监因为公司质地的影响，财务调节的手段相对较少，有经验的财务分析师能一眼看出其报表中的软肋。中兴通讯年报董事、监事及高级管理人员和员工情况部分具体如下：

## 董事、监事及高级管理人员和员工情况

### （一）本公司董事、监事及高级管理人员简历

1. 董事简历

殷一民，男，1963年出生。本公司董事长、执行董事。殷先生1988年毕业于南京邮电学院（现易名为"南京邮电大学"）通信与电子系统专业，获得工学硕士学位，具备高级工程师职称。殷先生1991年起担任深圳市中兴半导体有限公司研发部主任；1993年至1997年担任中兴新副总经理；1997年至2004年2月曾担任本公司副总裁、高级副总裁，曾分管研发、营销及手机业务等多个领域；2004年2月至2010年3月担任本公司总裁；2010年10月至今任中兴创投董事长兼总经理；2015年8月至2017年9

月任中兴新董事长;1997年11月至今任本公司执行董事;2016年10月至2017年4月兼任本公司终端事业部总经理;2017年3月至今任本公司董事长。殷先生具有多年的电信行业从业经验及超过27年的管理经验。

张建恒,男,1961年出生。本公司副董事长兼非执行董事。张先生1982年毕业于大连大学工学院化工机械专业,具备正高级工程师职称。张先生1982年至1989年任职于化工部第一胶片厂;1989年至1996年任职于中国乐凯胶片公司第一胶片厂;1996年至2011年历任中国乐凯胶片集团公司董事、副总经理、总经理,其间先后兼任乐凯胶片股份有限公司总经理(副董事长)、董事长;2012年11月至2016年6月担任中国乐凯集团有限公司董事长;2011年11月至今任中国航天科技集团有限公司副总经理;2012年3月至2017年2月担任中国航天国际控股有限公司(一家在香港联合交易所有限公司上市的公司)非执行董事及董事局主席;2012年4月至今任本公司副董事长兼非执行董事。张先生拥有丰富的管理及经营经验。

栾聚宝,男,1962年出生。本公司副董事长兼非执行董事。栾先生于1983年毕业于哈尔滨工业大学金属材料及工艺系焊接专业,于2000年获中南财经大学工商管理硕士学位,具备研究员级高级工程师职称。栾先生1983年至1993年任职于航天部066基地万山厂;1993年至2000年历任航天总公司066基地万山厂第一副厂长,厂长;2000年至2006年任中国航天科工集团066基地红峰厂厂长;2006年至2008年任中国航天科工集团第九研究院技术中心主任;2008年2月至2008年7月任中国航天科工集团第九研究院万山特种车辆有限公司董事长;2008年7月至2014年10月任河南航天工业总公司总经理、河南航天管理局局长;2014年10月至今任航天科工深圳(集团)有限公司董事及总经理,并兼任深圳航天广宇工业有限公司董事及总经理;2016年10月至今任深圳航天工业技术研究院有限公司董事及总经理;2015年11月至今任本公司副董事长兼非执行董事。栾先生拥有丰富的管理及经营经验。

赵先明,男,1966年出生。本公司执行董事兼总裁。赵先生于1997年毕业于哈尔滨工业大学通信与电子系统专业,获得工学博士学位。赵先生于1998年加入本公司从事CDMA产品的研发和管理工作;1998年至2003年历任研发组长、项目经理、产品总经理等职;2004年任本公司高级副总裁后曾负责 CDMA 事业部、无线经营部工作;2014 年 1 月至 2015 年 12 月担任本公司首席技术官(CTO)、执行副总裁,并负责本公司战略及平台、各系统产品经营部工作;2015 年 11 月至今任本公司执行董事;2016 年 4 月至 2017 年 3 月任本公司董事长;2016 年 4 月至今任本公司总裁。赵先生拥有多年的电信行业从业经验及超过 27 年的管理经验。

王亚文,男,1963 年出生。本公司非执行董事。王先生 1985 年毕业于华中师范大学物理系获理学学士学位,2006 年毕业于哈尔滨工业大学管理科学与工程专业获管理学硕士学位,具备研究员职称。王先生 1985 年至 2000 年历任中国运载火箭技术研究院十九所编辑室副主任、胶印室主任、照排中心主任、科技处处长、副所长、所长等职务;2000 年 9 月至 2003 年 1 月任中国远望(集团)总公司常务副总经理;2003 年 2 月至今任中国航天时代电子有限公司副总经理,2003 年 2 月至 2015 年 1 月先后兼任中国时代远望科技有限公司总经理、董事长;2009 年 2 月至今任中国航天电子技术研究院副院长;2008 年 6 月至今任航天时代电子技术股份有限公司(一家在上海证券交易所上市的公司)董事(2014 年 6 月起任副董事长)、总裁;2015 年 11 月至今任本公司非执行董事。王先生拥有丰富的管理及经营经验。

## 2.2.8 股份变动及股东情况

投资者比较关心的上市公司股份变动和股东实际持股情况,也在年报中有专门的章节进行披露。个人投资者最关心的实际上是十大股东的情况,这十大股东既包含了限售股的股东,也包含了流通股的股东。在限售股股东部分,我们能够看到这家公司实际上是由什么人控制的;在流通股股东部分,我们能够看到对市场价格影响最大的那些人,比如在最新一期的报表中有哪些投资机构新进了这家公司,或者退出了这家公司,其交易操作就是在一定时期内对价格影响最大的人。但是普通投资者整理这一变动的数据其实非常麻烦,所以很多股票软件专门做了十大股东变动的跟踪,在各个股票软件的 F10 中都可以比较清楚地查阅,有些软件甚至根据机构信息反过来提供了其所持有的其他股票的情况。持股股东部分,大家重点关注的其实是筹码集中度,还有新进股东有没有带来想象空间。

筹码集中度的实际应用是,如果一家公司在低位,筹码高度集中,那么它上涨的概率可能比较大;如果在高位,筹码高度集中,那么它下跌的概率可能比较大。市场总是在情绪的高峰和低谷中不断轮换,这个市场情绪的高峰和低谷其实就是大家对一只股票看好的程度,大多数人看好时可能股票反而不会再有太多的表现,因为价格已经都被充分反映了。

在流通股股东部分,为什么会有股东带来新的想象空间?其实老股民都知道,王亚伟(前华夏基金副总经理)华夏大盘买入的股票就会给大家带来重组预期,股民还是相信机构投资者的研究实力的。所以根据十大股东的情况,实际上也能够发现一些投资机会,让大的机构投资者作为我们的打工仔,将其研究成果输出给我们,我们在研究的成果基础上进行博弈。在小组过往分析的案例中,外运发展的十大股东之一陈经建,给我们留下了很深的印象。他持有外运发展很多年,期间有一期报表,他忽然从十大股东中消失。仔细研究后发现,原来在这一年,他将持有的头寸变成了中信证券的融资担保账户,后来他取消了这一操作,又以个人身份出现在十大股东中,这些其实就是仔细研究十大股东变化发现的细节。对于博弈重组来说,研究有哪些股东提前潜伏在了十大股东中是非常重要的。比如,上市公司大湖股份就有很多资深资本玩家,尤其是PE、VC领域的权威,成为上市公司十大股东,还是定向增发进入的。对于这样一家质地一般的农林牧渔企业,这些股东的介入无疑带来了巨大的产业转型的想象空间,后来也确实如此,上市公司转型收购保健医疗。我们举这些例子,无非是想证明,通过仔细阅读财务报表的细节能够发现非常多的有价值的信息。而普通投资者要么是没有重点,要么是缺乏科学的方法,很可能没有让上市公司年报体现出其应有的价值。中兴通讯年报股份变动及股东情况部分具体如下:

## 八、股份变动及股东情况

### (一) 本年度内股份变动情况

单位:股

| | 本年度期初 | | 本年度内变动增减(+,-) | | | | | 本年度期末 | |
|---|---|---|---|---|---|---|---|---|---|
| | 数量 | 比例 | 发行新股[注1] | 送股 | 公积金转股 | 其他[注2] | 小计 | 数量 | 比例 |
| 一、有限售条件股份 | 4 820 945 | 0.12% | 275 400 | — | | -1 911 635 | -1 636 235 | 3 184 710 | 0.08% |
| 1. 国家持股 | — | — | — | — | — | — | — | — | — |
| 2. 国有法人持股 | — | — | — | — | — | — | — | — | — |
| 3. 其他内资持股 | | | | | | | | | |
| 其中:境内非国有法人持股 | | | | | | | | | |

(续表)

| | 本年度期初 | | 本年度内变动增减（+,-） | | | | | 本年度期末 | |
|---|---|---|---|---|---|---|---|---|---|
| | 数量 | 比例 | 发行新股[注1] | 送股 | 公积金转股 | 其他[注2] | 小计 | 数量 | 比例 |
| 境内自然人持股 | — | — | — | — | — | — | — | — | — |
| 4.外资持股 | | | | | | | | | |
| 其中:境外法人持股 | — | — | — | — | — | — | — | — | — |
| 境外自然人持股 | | | | | | | | | |
| 5.高管股份 | 4 820 945 | 0.12% | 275 400 | — | | -1 911 635 | -1 636 235 | 3 184 710 | 0.08% |
| 二、无限售条件股份 | 4 179 807 227 | 99.88% | 7 768 271 | — | | 1 911 635 | 9 679 906 | 4 189 487 133 | 99.92% |
| 1.人民币普通股 | 3 424 304 693 | 81.83% | 7 768 271 | | | 1 911 635 | 9 679 906 | 3 433 984 599 | 81.90% |
| 2.境内上市的外资股 | | | | | | | | | |
| 3.境外上市的外资股（H股） | 755 502 534 | 18.05% | — | | | — | — | 755 502 534 | 18.02% |
| 4.其他 | — | — | — | — | — | — | — | — | — |
| 三、股份总数 | 4 184 628 172 | 100.00% | 8 043 671 | — | — | — | 8 043 671 | 4 192 671 843 | 100.00% |

注1：本年度内，本公司2013年股票期权激励计划的激励对象共行使8 043 671份A股股票期权，本公司A股股票相应增加8 043 671股；

注2：按照境内相关规定，对董事、监事及高级管理人员的股份按比例进行锁定或解除限售。

## 股份变动及股东情况

| 前10名无限售条件股东持股情况 | | |
|---|---|---|
| 股东名称 | 持有无限售条件股份数量（股） | 股份各类 |
| 1. 中兴新 | 1 269 830 333 | A股 |
| | 2 038 000 | H股 |
| 2. 香港中央结算代理人有限公司 | 754 291 510 | H股 |
| 3. 中央汇金资产管理有限责任公司 | 52 519 600 | A股 |
| 4. 方德基 | 45 450 161 | A股 |
| 5. 全国社保基金一零四组合 | 41 988 781 | A股 |
| 6. 湖南南天集团有限公司 | 41 516 065 | A股 |
| 7. 全国社保基金四零一组合 | 23 000 062 | A股 |
| 8. 李凤英 | 22 574 667 | A股 |
| 9. 孙惠刚 | 20 511 339 | A股 |

(续表)

| 前10名无限售条件股东持股情况 | | |
|---|---|---|
| 股东名称 | 持有无限售条件股份数量(股) | 股份各类 |
| 10. 全国社保基金一一七组合 | 20 000 000 | A股 |
| 上述股东关联关系或一致行动的说明 | 1. 中兴新与上表其他前10名股东及其他前10名无限售条件股东不存在关联关系,也不属于一致行动人。<br>2. 除上述情况以外,本公司未知其他前10名股东及其他前10名无限售条件股东之间是否存在关联关系,也未知其是否属于一致行动人。 | |
| 前10名股东参与融资融券业务情况说明(如有) | 前10名股东中的第4名股东方德基、第8名股东李凤英,分别通过信用证券账户持有本公司A股股票45 450 161股、22 574 667股。 | |

## 2.3 报告的具体内容：财务报告部分

### 2.3.1 审计报告

上市公司年报最重要的部分就是财务报表与财务报表附注。除了枯燥的表格,上市公司也会请会计师事务所对报表发表审计意见,这些审计意见直接体现了会计师事务所对报表本身的判断。同时,会计师会特别强调关键审计事项,一般来说关键审计事项就是这家公司财务上需要特别重视的点,而且很可能是这家公司的风险点。

审计意见分为五种,第一类是比较常见的标准无保留意见。像中兴通讯2017年的年报,安永会计师事务所通过审计中兴通讯有限公司的财务报表,包括2017年年末的合并及母公司资产负债表、合并及母公司利润表、股东权益变动表、现金流量表以及相关财务报表附注,认为相关报表在所有重大方面的编制符合企业会计准则的基本规定,公允地反映了企业过去的经营成果、财务状况和现金流量。具体如下：

## 境内审计报告

**安永华明(2018)审字第 60438556_H01 号**
**中兴通讯股份有限公司**

中兴通讯股份有限公司全体股东：

一、审计意见

我们审计了中兴通讯股份有限公司的财务报表，包括2017年12月31日的合并及公司资产负债表，2017年度的合并及公司利润表、股东权益变动表和现金流量表以及相关财务报表附注。

我们认为，后附的中兴通讯股份有限公司的财务报表在所有重大方面按照企业会计准则的规定编制，公允地反映了中兴通讯股份有限公司2017年12月31日的合并及公司财务状况以及2017年度的合并及公司经营成果和现金流量。

二、形成审计意见的基础

我们按照中国注册会计师审计准则的规定执行了审计工作。审计报告的"注册会计师对财务报表审计的责任"部分进一步阐述了我们在这些准则下的责任。按照中国注册会计师职业道德守则，我们独立于中兴通讯股份有限公司，并履行了职业道德方面的其他责任。我们相信，我们获取的审计证据是充分、适当的，为发表审计意见提供了基础。

三、关键审计事项

关键审计事项是我们根据职业判断，认为对本期财务报表审计最为重要的事项。这些事项的应对以对财务报表整体进行审计并形成审计意见为背景，我们不对这些事项单独发表意见。我们对下述每一事项在审计中是如何应对的描述也以此为背景。

我们已经履行了本报告"注册会计师对财务报表审计的责任"部分阐述的责任，包括与这些关键审计事项相关的责任。相应地，我们的审计工作包括执行为应对评估的财务报表重大错报风险而设计的审计程序。我们执行审计程序的结果，包括应对下述关键审计事项所执行的程序，为财务报表整体发表审计意见提供了基础。

第二类是带有强调事项段的无保留意见。在这种情况下，审计师认为相关报表的编制基本符合相关会计准则的要求，并在相关重大方面公允地反映了被审计单位的财务状况、经营成果和现金流量，但是存在需要特别说明的事项，提示对持续经营能力有重大影响,或者企业经营的重大不确定事项。

第三类是有保留意见,这种类型的审计意见在2017年其实是比较多的。2017年证监会处罚了一批财务中介机构,其中不乏知名的会计师事务所。如果上市公司财务弄虚作假,则会计师事务所连带受罚。

第四类是否定意见。否定意见意味着审计师认为报表整体是不值得看的,并没有按照适用的会计准则进行编制,整体已经丧失公允性。

第五类是无法表示意见。无法表示意见意味着审计师的正常职能并没有得到履行,比如审计师并没有获取充分的审计证据,上市公司并不配合,而且因为审计范围受限,审计师无法正确地对公司进行评估分析,产生的影响可能十分重大。

对于普通投资者而言,最好只与第一类标准无保留意见的上市公司打交道,第二类到第五类都不适合普通投资者,蕴含着比较大的财务风险。个别机构投资者如果没有受到合规限制的话,则可能在第二类带有强调事项段的上市公司做一些投资。但是一般而言,随着投资机构尤其是国有金融机构在投资端的合规性不断加强,上市公司被出具带有强调事项段的无保留意见,意味着无法通过大型金融机构的合规检查流程,例如不在公募基金可选股票池中。

除了注册会计师的审计意见,在每期报告中还会专门披露本次报告的关键审计事项,这也是十几年来审计报告最大的变化。有人称它为审计报告改革中的核心看点,简而言之,就是它披露了与审计项目相关的个性化信息,增强了财务报表的透明度。一个审计项目被识别出的特别风险、重大错报风险的数量越多,其关键审计事项的数量也会越多。在过去的财务报表中,一般没有提供与审计项目相关的个性化信息,实际上投资者获得的信息是比较有限的,现在财务报表披露也在向投资者服务转变。

关键审计事项分为两类:一类是会促使注册会计师出具非无保留意见的事项,或者对持续经营造成重大不确定性影响的事项;另一类是有关描述的关键审计事项,这些审计事项的最终结果从整体来看是令注册会计师满意的,但是在审计过程中注册会计师可能劳心劳力,或者曾经纠结过一段时间,他会将审计过程中发现的重大错报、风险较高的事项,或者整个结构相对复杂有一定主观判断的事项,或者判断结果比较具有挑战性的事项在关键审计事项中进行披露。

在中兴通讯2017年的年报中,其关键审计事项主要涉及建造合同完工百分比法、应收账款坏账准备和存货跌价准备,每一个关键审计事项都有注册会计师做出的审计应对解释。比如对建造合同完工百分比法,注册会计师就详细地披露了相关审计程序，主要是理解项目管理流程并评价其内部控制，包括预算管理、成本归集、完工百分比计算等；执行细节测试，比如抽取合同，查看合同日期、合同金额等关键条款等，并重新计算完工百分比。中兴通讯年报关键审计事项部分具体如下：

三、关键审计事项（续）

| 关键审计事项： | 该事项在审计中是如何应对的： |
| --- | --- |
| *建造合同完工百分比法* | |
| 定制化网络方案及一些网络建设，在合并财务报表及公司财务报表中作为建造合同根据完工百分比法确认收入及成本，合同完工进度按累计实际发生的合同成本占合同预计总成本的比例确定。…… | 我们的审计程序主要包括：了解项目管理流程并评价其内部控制，包括预算管理、成本归集、完工百分比计算等；执行细节测试，例如抽取合同，查看合同日期、合同金额等关键条款，以及查看发票、工时表等检查已发生的成本，并重新计算完工百分比。 |
| 关于建造合同收入确认政策的披露参见附注三、20；关于收入确认的判断和估计的披露参见附注三、29；关于收入类别的披露参见附注五、40；关于应收和应付工程合约款的披露参见附注五、8。 | |
| *应收账款坏账准备* | |
| 应收账款（包含应收票据和长期应收款）于2017年12月31日在合并财务报表的账面价值为人民币27 642 988千元，占资产总额的19%；在公司财务报表的账面价值为人民币34 824 591千元，占资产总额的26%。对单项金额重大的应收账款单独进行减值测试，当有客观证据表明应收账款发生减值的，计提坏账准备。对于此类应收账款的减值计提取决于管理层对这些客观证据的判断和估计。对于单项金额不重大及在单项减值测试中没有客观证据证明需要计提单项坏账准备的应收账款，根据客户类型及账龄等信用风险特征划分为不同的资产组，对这些资产组进行减值损失总体评价。管理层以信用风险等级及历史还款记录为基础，确定除计提单项坏账准备以外的各应收账款资产组的坏账准备。管理层对资产组的预计损失比例取决于管理层的综合判断。 | 我们了解了对应收账款可收回性进行估计的流程并评价了其内部控制。针对单项金额重大的应收账款，我们执行的审计程序主要包括：了解并检查表明应收账款发生减值的相关客观证据；查看与应收账款坏账准备计提及核销相关的董事会决议；了解并检查是否存在客观证据表明应收账款价值已恢复的情况；检查报告期后是否收回款项。针对单项金额不重大及在单项减值测试中没有客观证据表明需要单独计提坏账准备的应收账款，我们执行的审计程序包括：通过检查原始单据（例如账单和银行进账单等）测试管理层的账龄划分，通过检查各账龄段的历史还款记录和坏账率，评价对于各账龄段坏账准备的计提比率。 |

(续表)

| 关键审计事项： | 该事项在审计中是如何应对的： |
|---|---|
| 关于应收账款减值准备估计的披露参见附注三、10、29；关于应收账款坏账准备计提金额的披露参见附注五、4。 | |

## 2.3.2 财务报表

上市公司的三大报表主要包括资产负债表、利润表和现金流量表，以及上市公司合并口径的资产负债表、利润表和现金流量表。合并口径的财务报表是说，控股公司和所有的附属公司作为一个统一的实体，汇总全部资产负债，在此基础上进行财务状况和经营业绩的汇报。对于母公司和子公司、子公司和子公司之间进行的各种经济业务，在合并报表中进行抵销处理，对内部交易和往来事项予以剔除。合并报表反映的对象是由母公司报表和其全部子公司所组成的会计主体，是其经济意义上的唯一主体，但不是法律意义上的主体。合并报表有利于发现母公司利用控制关系，人为粉饰财务报表的情况。比如，子公司从母公司购进一批设备，又返回给母公司无偿使用，通过合并报表就会发现，这部分虚增的收入被剔除。

小组在分析时经常使用的母公司报表和合并报表差异分析方法就来自这两张表的对比。比如，通过对比可以发现，乐视网旗下子公司占用了大量母公司资金，并且存在体外循环；某知名医药企业同样占用子公司大量资金，这些其实都是潜在的风险点。一般的投资者在做日常财务报表分析时，主要关注的是合并报表，实际上在母公司报表中也能看出非常多的有价值的信息。

三大报表的信息基本上都是企业日常会计记录加工汇总生成的，是对企业运营绩效的综合反映。三张报表要彼此结合，有所侧重，综合阅读，这样才能发现企业经营的核心点。国内上市公司披露的主要是季报和年报，其中年报又必须通过注册会计师的审计，所以年报的信息往往会比季报更加详细和充分。对于新三板上市公司或者债券，披露的要求就相对低一些，主要是半年报和年报。

**1. 资产负债表**

资产负债表是对上市公司在某一特定日期全部资产、负债、所有者权益的综合描述。企业全部资产的构成、负债的构成及所有者权益的细节都在这份报表中披露。我们常说的资产等于负债加所有者权益，就是这张报表的特征。中兴通讯2017年年报资产负债表具体如下：

## 中兴通讯股份有限公司
## 合并资产负债表

2017 年 12 月 31 日

人民币千元

| 资产 | 附注五 | 2017 年 | 2016 年 |
|---|---|---|---|
| 流动资产 | | | |
| 　货币资金 | 1 | 33 407 879 | 32 349 914 |
| 　衍生金融资产 | 2 | 116 794 | 54 857 |
| 　应收票据 | 3 | 2 052 945 | 1 984 493 |
| 　应收账款 | 4 | 24 345 283 | 25 998 188 |
| 　应收账款保理 | 4 | 1 080 449 | 2 261 280 |
| 　其他应收款 | 5 | 3 629 933 | 4 430 072 |
| 　预付款项 | 6 | 591 664 | 1 739 691 |
| 　存货 | 7 | 26 234 139 | 26 810 568 |
| 　应收工程合约款 | 8 | 9 012 909 | 9 345 123 |
| 　其他流动资产 | 20 | 7 758 594 | 7 877 874 |
| 流动资产合计 | | 108 230 589 | 112 852 060 |
| 非流动资产 | | | |
| 　可供出售金融资产 | 9 | 3 181 668 | 2 659 667 |
| 　长期应收款 | 10 | 1 244 760 | 1 376 563 |
| 　长期应收款保理 | 10 | 2 608 006 | 1 391 746 |
| 　长期股权投资 | 11 | 3 960 597 | 665 876 |
| 　投资性房地产 | 12 | 2 023 809 | 2 016 470 |
| 　固定资产 | 13 | 8 694 456 | 7 516 241 |
| 　在建工程 | 14 | 1 472 986 | 1 729 450 |
| 　无形资产 | 15 | 4 741 615 | 4 354 096 |
| 　开发支出 | 16 | 1 902 077 | 1 365 890 |
| 　商誉 | 17 | 308 806 | 186 206 |
| 　递延所得税资产 | 18 | 1 464 250 | 1 604 575 |
| 　长期递延资产 | | 34 983 | 34 953 |
| 　其他非流动资产 | 20 | 4 093 613 | 3 887 117 |
| 非流动资产合计 | | 35 731 626 | 28 788 850 |
| 资产总计 | | 143 962 215 | 141 640 910 |

后附财务报表附注为本财务报表的组成部分

## 中兴通讯股份有限公司
## 合并资产负债表(续)

2017 年 12 月 31 日

人民币千元

| 负债 | 附注五 | 2017 年 | 2016 年 |
|---|---|---|---|
| 流动负债 | | | |
| 　短期借款 | 21 | 14 719 023 | 15 132 120 |
| 　应收账款保理之银行拨款 | 4 | 1 080 472 | 2 263 015 |
| 　衍生金融负债 | 22 | 49 830 | 40 148 |
| 　应付票据 | 23 | 10 848 511 | 11 689 957 |
| 　应付账款 | 24 | 23 614 556 | 25 243 881 |
| 　应付工程合约款 | 8 | 8 050 655 | 5 876 790 |
| 　预收款项 | 25 | 8 702 351 | 8 092 164 |
| 　应付职工薪酬 | 26 | 7 389 544 | 5 169 051 |
| 　应交税费 | 27 | 1 263 723 | 997 189 |
| 　应付股利 | 28 | 1 322 | 50 317 |
| 　其他应付款 | 29 | 7 070 099 | 13 660 418 |
| 　递延收益 | | 454 891 | 712 657 |
| 　预计负债 | 30 | 533 126 | 887 366 |
| 　一年内到期的非流动负债 | 31 | 3 816 844 | 1 932 025 |
| 流动负债合计 | | 87 594 947 | 91 747 098 |
| 非流动负债 | | | |
| 　长期借款 | 32 | 3 002 146 | 5 018 276 |
| 　长期应收款保理之银行拨款 | 10 | 2 948 006 | 1 391 746 |
| 　长期应付职工薪酬 | 26 | 133 191 | 146 106 |
| 　递延所得税负债 | 18 | 338 131 | 98 380 |
| 　递延收益 | | 1 224 978 | 790 223 |
| 　其他非流动负债 | 33 | 3 340 669 | 1 563 991 |
| 非流动负债合计 | | 10 987 121 | 9 008 722 |
| 负债合计 | | 98 582 068 | 100 755 820 |

后附财务报表附注为本财务报表的组成部分

## 中兴通讯股份有限公司
### 合并资产负债表(续)
2017 年 12 月 31 日

人民币千元

| 股东权益 | 附注五 | 2017 年 | 2016 年 |
| --- | --- | --- | --- |
| 股东权益 | | | |
| 　股本 | 34 | 4 192 672 | 4 184 628 |
| 　资本公积 | 35 | 11 304 854 | 10 734 300 |
| 　其他综合收益 | 36 | (723 770) | (822 724) |
| 　盈余公积 | 37 | 2 205 436 | 2 022 709 |
| 　未分配利润 | 38 | 14 667 683 | 10 282 238 |
| 归属于母公司普通股股东权益合计 | | 31 646 875 | 26 401 151 |
| 其他权益工具 | | | |
| 　其中:永续票据 | 39 | 9 321 327 | 9 321 327 |
| 少数股东权益 | | 4 411 945 | 5 162 612 |
| 股东权益合计 | | 45 380 147 | 40 885 090 |
| 负债和股东权益总计 | | 143 962 215 | 141 640 910 |

后附财务报表附注为本财务报表的组成部分

## 2. 利润表

利润表是对上市公司在一定会计期间的经营成果的整体汇报,它涵盖了上市公司在对应经营期间所实现的全部收入及全部费用,上市公司的收入和费用只会在利润表中进行汇报。我们更关注营业收入和营业成本的对应情况,如果营业收入大于营业成本,那么意味着企业经营尚可;如果营业成本大于营业收入,那么意味着企业经营压力相对较大。中兴通讯 2017 年年报合并利润表具体如下:

### 中兴通讯股份有限公司
### 合并利润表
2017 年度

人民币千元

| | 附注五 | 2017 年 | 2016 年 |
| --- | --- | --- | --- |
| 营业收入 | 40 | 108 815 273 | 101 233 182 |
| 减:营业成本 | 40 | 75 005 818 | 70 100 658 |
| 　税金及附加 | 41 | 942 119 | 868 208 |
| 　销售费用 | 42 | 12 104 355 | 12 458 152 |

(续表)

|  | 附注五 | 2017 年 | 2016 年 |
|---|---|---|---|
| 管理费用 | 43 | 3 057 208 | 2 487 918 |
| 研发费用 |  | 12 962 245 | 12 762 055 |
| 财务费用 | 46 | 1 043 482 | 207 773 |
| 资产减值损失 | 47 | 2 533 608 | 2 853 127 |
| 加:公允价值变动收益 | 44 | 58 301 | 29 978 |
| 投资收益 | 45 | 2 540 328 | 1 640 279 |
| 其中:对联营企业和合营企业的投资（损失）/收益 |  | (128 201) | 45 166 |
| 资产处置损失 | 48 | (31 275) | — |
| 其他收益 | 49 | 3 019 138 | — |
| 营业利润 |  | 6 752 930 | 1 165 548 |
| 加:营业外收入 | 50 | 159 277 | 4 361 548 |
| 减:营业外支出 | 50 | 193 283 | 6 294 847 |
| 利润/(亏损)总额 |  | 6 718 924 | (767 751) |
| 减:所得税费用 | 52 | 1 332 582 | 640 118 |
| 净利润/(亏损) |  | 5 386 342 | (1 407 869) |
| 归属于母公司普通股股东 |  | 4 568 172 | (2 357 418) |
| 归属于永续票据持有者 |  | 501 300 | 501 300 |
| 少数股东损益 |  | 316 870 | 448 249 |
| 其他综合收益的税后净额 |  | 318 567 | (5 158) |
| 归属于母公司普通股股东的其他综合收益的税后净额 |  | 98 954 | (137 657) |
| 以后不能重分类进损益的其他综合收益 |  |  |  |
| 重新计量设定受益计划净资产的变动 |  | 15 572 | 743 |
|  |  | 15 572 | 743 |
| 以后将重分类进损益的其他综合收益 |  |  |  |
| 可供出售金融资产公允价值变动 |  | 94 575 | 58 780 |
| 套期工具的有效部分 |  | (12 327) | (57 047) |
| 外币财务报表折算差额 |  | 1 134 | (140 133) |
|  |  | 83 382 | (138 400) |
| 归属于少数股东的其他综合收益的税后净额 | 36 | 219 613 | 132 499 |
| 综合收益总额 |  | 5 704 909 | (1 413 027) |

(续表)

| | 附注五 | 2017年 | 2016年 |
|---|---|---|---|
| 其中： | | | |
| 归属于母公司普通股股东的综合收益总额 | | 4 667 126 | (2 495 075) |
| 归属于永续票据持有者的综合收益总额 | | 501 300 | 501 300 |
| 归属于少数股东的综合收益总额 | | 536 483 | 580 748 |
| 每股收益(元/股) | 53 | | |
| 基本每股收益 | | 人民币1.09元 | 人民币(0.57)元 |
| 稀释每股收益 | | 人民币1.08元 | 人民币(0.57)元 |

后附财务报表附注为本财务报表的组成部分

## 3. 现金流量表

现金流量表统计的也是上市公司一定会计期间内的活动，它汇总了上市公司在一定会计期间所有活动产生的现金流入和现金流出情况。这些活动包括经营活动、投资活动和筹资活动，每一项活动的结果都以当期现金的净流入或者净流出来表达，在最后汇总对应报告期间现金的净增加或者净减少。中兴通讯2017年年报合并现金流量表具体如下：

**中兴通讯股份有限公司**
**合并现金流量表**
2017年度
人民币千元

| | 附注五 | 2017年 | 2016年 |
|---|---|---|---|
| 一、经营活动产生的现金流量 | | | |
| 销售商品、提供劳务收到的现金 | | 115 579 157 | 113 551 944 |
| 收到的税费返还 | | 7 969 630 | 7 448 038 |
| 收到的其他与经营活动有关的现金 | 54 | 3 516 155 | 3 230 598 |
| 经营活动现金流入小计 | | 127 064 942 | 124 230 580 |
| 购买商品、接受劳务支付的现金 | | 78 111 408 | 84 325 441 |
| 支付给职工以及为职工支付的现金 | | 19 683 442 | 17 651 948 |
| 支付的各项税费 | | 7 310 548 | 7 906 466 |
| 支付的其他与经营活动有关的现金 | 54 | 14 739 570 | 9 086 519 |

（续表）

|  | 附注五 | 2017年 | 2016年 |
|---|---|---|---|
| 经营活动现金流出小计 |  | 119 844 968 | 118 970 374 |
| 经营活动产生的现金流量净额 | 55 | 7 219 974 | 5 260 206 |
| 二、投资活动产生的现金流量 |  |  |  |
| 收回投资所收到的现金 |  | 1 378 058 | 2 324 577 |
| 取得投资收益收到的现金 |  | 619 745 | 683 483 |
| 处置固定资产、无形资产和其他长期资产收回的现金净额 |  | 128 716 | 98 620 |
| 处置子公司及其他经营单位所收到的现金净额 | 55 | — | 964 261 |
| 收到其他与投资活动有关的现金 | 54 | 1 771 000 | — |
| 投资活动现金流入小计 |  | 3 897 519 | 4 070 941 |
| 购建固定资产、无形资产和其他长期资产支付的现金 |  | 5 984 005 | 4 002 460 |
| 投资支付的现金 |  | 2 200 283 | 3 087 455 |
| 支付其他与投资活动有关的现金 | 54 | 647 838 | — |
| 投资活动现金流出小计 |  | 8 832 126 | 7 089 915 |
| 投资活动产生的现金流量净额 |  | (4 934 607) | (3 018 974) |
| 三、筹资活动产生的现金流量 |  |  |  |
| 吸收投资收到的现金 |  | 102 439 | 2 532 627 |
| 其中：子公司吸收少数股东投资收到的现金 |  | 14 200 | 2 160 567 |
| 取得借款收到的现金 |  | 35 148 401 | 30 425 813 |
| 筹资活动现金流入小计 |  | 35 250 840 | 32 958 440 |
| 偿还债务支付的现金 |  | 35 048 391 | 28 929 382 |
| 分配股利、利润或偿付利息支付的现金 |  | 1 962 060 | 2 802 549 |
| 其中：子公司支付给少数股东的股利、利润 |  | 337 596 | 25 613 |
| 筹资活动现金流出小计 |  | 37 010 451 | 31 731 931 |
| 筹资活动产生的现金流量净额 |  | (1 759 611) | 1 226 509 |
| 四、汇率变动对现金及现金等价物的影响 |  | (466 278) | (34 946) |
| 五、现金及现金等价物净增加额 |  | 59 478 | 3 432 795 |
| 加：年初现金及现金等价物余额 |  | 30 049 791 | 26 616 996 |
| 六、年末现金及现金等价物余额 | 55 | 30 109 269 | 30 049 791 |

后附财务报表附注为本财务报表的组成部分

根据监管机构的有关规定,上市公司必须定期披露财务报告,而年度报告是在每一个会计年度结束之日起四个月内编制完成的,半年报是在半年度结束后两个月内编制完成的,披露的时间实际上晚于报告真实汇报的时间点,即我们在2018年4月看到的中兴通讯2017年年报,实际上只反映公司截止到2017年12月31日这一天的财务状况。

### 2.3.3 财务报表附注

上市公司的三大报表(即资产负债、利润表和现金流量表)是上市公司最重要的财务报表,但是它们并不能反映上市公司经营活动的全貌,所以我们还需要关注上市公司年报中的财务报表附注,了解更多上市公司经营活动和财务细节的信息。中兴通讯2017年年报财务报表附注具体如下:

**中兴通讯股份有限公司**
**财务报表附注**
2017年12月31日
人民币千元

一、本集团基本情况

中兴通讯股份有限公司("本公司"或"公司")由深圳市中兴新通讯设备有限公司、中国精密机械进出口深圳公司、骊山微电子公司、深圳市兆科投资发展有限公司、湖南南天集团有限公司、陕西电信实业公司、中国移动通信第七研究所、吉林省邮电器材总公司、河北省邮电器材公司共同发起,并向社会公众公开募集股份而设立的股份有限公司。1997年10月6日,本公司通过深圳证券交易所上网发行普通股股票,并于1997年11月18日,在深圳证券交易所挂牌交易。

本公司及附属子公司(统称"本集团")主要从事生产程控交换系统、多媒体通信系统、通信传输系统;研制、生产移动通信系统设备、卫星通信、微波通信设备、寻呼机、计算机软硬件、闭路电视、微波通信、信号自动控制、计算机信息处理、过程监控系统、防灾报警系统、新能源发电及应用系统等项目的技术设计、开发、咨询、服务;铁路、地下铁路、城市轨道交通、公路、厂矿、港口码头、机场的有线无线通信等项目的技术设计、开发、咨询、服务(不含限制项目);电子设备、微电子器件的购销(不含专营、专控、专卖商品);承包境外通信及相关工程和境内国际招标工程,上述境外工程所需的设备、材料进出口、对外派遣实施上述境外工程的劳务人员；电子系统设备的技术开发和购销(不含限制项目及专营、专控、专卖商品)；经营进出口业务(按贸发局核发的资格证书规定执行)；电信工程专业承包(待取得资质证书后方可经营)；自有房屋租赁。

本集团的控股股东和最终控股股东为于中国成立的深圳市中兴新通讯设备有限公司。

本财务报表业经本公司董事会于2018年3月15日决议批准。根据本公司章程，本财务报表将提交股东大会审议。

合并财务报表的合并范围以控制为基础确定，本年度变化情况参见附注六。

二、财务报表的编制基础

本财务报表按照财政部颁布的《企业会计准则——基本准则》以及其后颁布及修订的具体会计准则、应用指南、解释以及其他相关规定(统称"企业会计准则")编制。

本财务报表以持续经营为基础列报。

编制本财务报表时，除某些金融工具和投资性房地产外，均以历史成本为计价原则。资产如果发生减值，则按照相关规定计提相应的减值准备。

三、重要会计政策及会计估计

本集团根据实际生产经营特点制定了具体会计政策和会计估计，主要体现在应收款项坏账准备的计提、存货计价方法、政府补助、收入确认和计量、开发支出、固定资产折旧、无形资产摊销和投资性房地产计量等。

1. 遵循企业会计准则的声明

本财务报表符合企业会计准则的要求，真实、完整地反映了本公司及本集团于2017年12月31日的财务状况以及2017年度的经营成果和现金流量。

……

财务报表附注披露的是在三大报表中没有体现的细节或重大事项，其核心内容其实与三大报表有关。但是有差别的是，其通过跨期比较、细分拆解、文字描述等方式，对财务报表中具体的科目内容进行了进一步的分解解释和补充。"股神"巴菲特常说，"看上市公司年报就够了，要认真研读年报，魔鬼都藏在细节之中"，其实讲的就是要仔细阅读上市公司财务报表附注，但大部分普通投资者没有在财务报表附注中提取核心信息的能力。

财务报表附注包含了很多细节信息,首先是上市公司的重要会计政策、会计估计以及会计变更的说明。企业是可以自主选择会计政策和会计估计的,所以企业会在这一部分对所采用的会计政策和会计估计进行说明,如果发生变更,则要在这里说明变更的原因和对历史财务报表的影响。对于会计处理的相关问题,一般在这一部分也都可以找到。

其次是上市公司财务报表重要项目的细分资料,比如应收账款的细节、库存商品的细节、货币资金的细节,这些细节最终汇总成三大报表中的某一个具体科目。财务报表附注的细分资料部分,为我们进行财报分析提供了大量数据。小组所从事的财务风险监测工作,很多核心细节都来自这部分。

还有一些其他重要事项也会在财务报表附注中进行披露,比如企业对外担保的信息、利润分配的计划、联营机构经营的情况、关联交易的细节、股权投资的细节等。

# 第 3 章
# 资产软,负债硬,公司家底没秘密

前面已经讲过,资产负债表是记录企业在某一特定时点资产、负债、所有者权益情况的会计报表,它的编制遵循了最基础的会计恒等式:

资产＝负债+所有者权益

等式的左边是资产,资产可以理解为企业所掌握的全部经济资源,企业通过运营这些资源,产生经济效益,根据经济效益的情况,进一步调整企业经营运作的方式。比如,企业是否选择扩大再生产,体现为固定资产等核心资产规模的扩大;企业是否进行商业模式的转型,体现为从重资产向轻资产转变,或者从轻资产向重资产转变;等等。

等式的右边第一项是负债,负债包括短期负债和长期负债,资产负债表根据负债到期期限分类汇报,可以使读者迅速评估企业面临的短期资金压力。企业负债的构成,与企业的商业模式高度相关,有息负债和经营性负债的比重,是我们需要特别关注的。因为欠债并不是件不好的事儿,投资者往往容易误解,经营性负债(比如对上游的应付账款)及预收账款,实际上体现了企业在产业链中的地位及经营管理的能力。对于有息负债而言,企业通过债务融资,增加了自己的资本规模,分散了股权投资者的投资风险,是对杠杆的一种运用。

等式的右边第二项是所有者(股东)权益,即所有股东在企业利益的总和,它是由企业所有的资产扣除负债后剩余的部分构成的,主要有实收资本、资本公积、盈余公积、未分配利润等。

打个比喻,资产负债表就像在某一时点对企业进行拍照,这张照片反映了企业在这一时点的所有资产,以及这些资产又分别在什么样的科目中存在。比如,上市公司有多少现金,有多少存货,有多少因为并购而产生的商誉,这些都是上市公司资产端的分布,观察这个分布的变化,就可以掌握上市公司资产结构的变化。同样,这张照片反映了企业的债务情况。比如,上市公司有多少长期借款,有多少短期借款,有多少是无息负债,有多少是有息负债,以及所有者权益是怎样的。总而言之,资产负债表主要是帮助我们评价企业资产的质量和偿债的能力。

我们以中兴通讯年报为例,其资产负债表的资产端主要被分成了两部分,一部分是流动资产,一部分是非流动资产,流动资产与非流动资产的总和,就构成了全部的资产。

这种划分主要是基于资产流动性的不同。流动性其实刻画的是资产变现的过程:如果资产可以非常容易地变现,那么该资产的流动性很好;如果资产变现的过程不是那么容易,那么可以理解为它的流动性相对较差。对资产按照流动性进行划分,其实是比较清楚的,比如应收账款和存货,基本上随着企业的经营周期,很快就能以现金的形式回收,虽然A股有一些周转比较慢的上市公司,但是对于大部分企业来说,应收账款和存货都是流动性相对较好的短期资产。与之相对应的,厂房、设备等固定资产要使用很多年,并且通过很长的时间才能重新变成现金,所以流动性相对较差。同时,有形资产一旦形成就面临贬值的压力,举一个简单的例子,钢铁企业某一个车间中的设备,只有在整个生产链条的循环中才有价值,拆出来单看其实就是破铜烂铁,随着技术更新,它们的贬值是必然的。

进一步讲,企业的商业模式反映在其财务报表上,即它不断地投入资本、技术、人力和物力,将所有的投入转化成财务报表上记录的各种科目,又将这些科目重新变成现金,为了维持这个循环,其还需要不断地进行投资、融资,扩大再生产。不同的企业有着不同的商业模式,不同的商业模式体现出了不同的财务特征。一些大家耳熟能详的名词,如高周转、低周转、高杠杆、低杠杆等,其实描述的都是企业商业模式和财务特征的结合。企业本身就是依托商业模式对资源进行再配置的组织。有些组织竞争力比较强,它可以尽可能地将手上的资源转化成更多的现金;有些组织竞争力比较弱,未能将手上的资源转化成更多的现金,反而消耗掉了手上存量的资源。商业社会的淘汰,在这样的循环中不断地周期往复。

资产软,负债硬,现金为王,小组在每日公众号的文章中不断地强调这个观点,这也是我们对财报分析的一个核心概括。在宏观环境收紧、全市场资金紧张的情况下,这是再合适不过的一个描述了,由俭入奢易,由奢入俭难。如果市场是信用扩张、流动性泛滥的环境,那么企业最理想的状态当然是不断地加杠杆、屯资产,等待资产升值。这也是过去十来年国内不断重演的一幕。资产的价格是在不断变动的,不管是房地产、股票,还是应收账款、存货、固定资产,只要不是在手的现金,它的价格就会随着市场环境的变化而不断波动。比如,这几年非常火的数字货币,就让挖矿的机器卖出了远高于成本的价格,当行情不好时,这些矿机的价格又大幅下跌,其实这就是资产软的一个明证。所有资产其实都是由市场需求和市场情绪来确定其价格的,只要它不是现金,它就要参考市场情绪确定自己估价的锚。从全社会范围来看,资产定价最核心的锚就是市场上的流动性和大家对宏观经济的预期。从这个角度上讲,资产就是非常软的,它会随着时间的变化而变化,价格可高可低,杠杆的方向加对了,企业家就会赚到很高的资产端的升值收益;杠杆的方向加错了,资产价格下行就会让大部分企业家输掉所有的筹码。

带着资产软的观点,我们可以仔细看一下上市公司资产负债表中资产端的情况。其中,流动资产主要包括以下科目:货币资金、交易性金融资产、应收票据、应收账款、预付账款、应收利息、应收股利、其他应收款、存货、一年内到期的非流动资产、其他流动资产。非流动资产主要包括以下科目:可供出售金融资产、持有至到期投资、投资性房地产、长期股权投资、长期应收款、固定资产、在建工程、无形资产、商誉、长期待摊费用、递延所得税资产、其他非流动资产。下面我们就分门别类,从流动资产开始,仔细讲述每一个科目如何理解、有哪些内涵,以及分析上的一些技巧。

## 3.1 流动资产

流动资产是资产负债表上记载的能够在一年内或者超出一年的一个正常营业周期内变现、出售、耗用的资产。简单地说,就是变现速度比较快的资产,变现时间通常不超过一年。在资产负债表中,流动资产按照可变现程度进行了自上而下的排序。小组比较喜欢流动资产头重脚轻的特点,即流动资产中流动性最好的资产,如现金或交易性金融资产要占据大多数。下面我们就逐一分析流动资产科目。

### 3.1.1 货币资金

定义

货币资金是资产负债表中的第一个科目,也是所有资产中流动性最好的科目。这个科目一般包括三大部分:库存现金、银行存款、其他货币资金。

库存现金是指存放在企业的现金,对于一般的企业而言,库存现金用以日常的琐碎开销,所以数目并不大。货币资金的主要部分是银行存款。其他货币资金又可细分为外埠存款、银行汇票存款、银行本票存款、信用证保证金存款、信用卡存款、存出投资款等,微信账号和支付宝账号上的资金也可以计入其他货币资金。相较于上市公司账户上列示的现金,其他货币资金的变现能力相对较差,甚至存在比较大的变现风险,比如以各种保证金形式存在的货币资金。所以我们在分析货币资金时,一定要关注其他货币资金的占比,尽管这在"财务小白"眼里看起来是一个非常普通的、没什么值得关注的科目,实际上它却是"财务老手"最看重的科目之一,因为大部分有限制性的货币资金都放在了这里,这些信息在财务报表附注的货币资金部分可以查明。

## 科目详解

从企业常规的运营流程来看,产生货币资金的企业行为无非融资和经营。出售资产、股份,或者是日常销售产生的现金流量净额最终都会使企业的货币资金增加,向外部举债也是增加货币资金的途径。因此,了解企业货币资金的来源及构成十分重要。如果货币资金主要来自企业的产品、劳务销售,则说明该企业整体状态比较健康;如果货币资金中有大部分来自负债或者股权融资,则说明该企业有打肿脸充胖子的嫌疑。所谓"出来混,迟早要还"——借来的钱当然是一定要还的;至于股权融资,虽然不用还,但是长期"收割韭菜"必然败坏自己在资本市场上的声誉,不可长期持续。A股市场是一个持续融资的市场,大部分企业的分红意识比较差,一方面是因为企业经营不善,没有那么多经济效益能拿来分配;另一方面是因为企业缺乏分红的意识,即使手头上没有比较好的投资再生产的机会,也不愿拿出一部分收益与二级市场投资者分享。对于那些持续分红的企业来说,产业投资者和机构投资者又对其股价寄予了不错的溢价期望。现金分红的核心来源,就是账面上列示的这些货币资金。

货币资金增加的另一面就是货币资金的消耗,我们要关注不同会计期间货币资金是如何变化的,其减少究竟影响了什么科目、转化成了哪些科目。有些A股上市公司经营不错,营业收入大幅上涨,理论上来说其货币资金应该有所增加,但基本上没有什么变化;有些A股上市公司甚至出现货币资金大幅减少的情况。这些就属于财务上比较异常的地方。我们需要关注上市公司是不是拿现金去偿还了之前的借款,或者说其营业收入的增长实际上并没有变成真实的现金收入,而是变成了公司的应收账款。仔细查看会发现,简简单单的货币资金其实也蕴含着很多分析的技巧。如果货币资金中的其他货币资金占比较高,但是企业又未能给出合理的解释,那么这就是一个值得警惕的信号,因为很有可能其他货币资金中藏匿着企业无法动用的资金。

另外,很多企业存在报告期突击货币资金的行为,具体表现为:在普通季报期货币资金余额较低,而到了年报期货币资金余额明显提高,虽然经营回款可以解释部分周期性,但是若出现持续地周期性货币资金暴涨,那么投资者一定要警惕。

小组曾经专门做过上市公司货币资金的统计,从货币资金最多的上市公司来看,可以很明显地发现,国有企业拥有大部分货币资金,其中十余家超过千亿元资金。A股前10%的上市公司拥有超过60%的货币资金,这其中不少上市公司的货币资金实际上是通过举债获得的,而另一些上市公司账面上积累的巨额资金则主要来自经营积累或股权融资。另外,部分上市公司的现金流十分可怜,账面上货币资金余额极低,连发放基本的员工工资压力都很大。

但是货币资金绝对额较大并不一定就是好事,因为很多上市公司的货币资金是靠有息甚至是高息负债堆起来的。A股很多上市公司看着有很多货币资金,但实际上大部分都是受限的,甚至是冻结的。流动资金奇缺,导致它们不得不从市场上持续融资,从而面临较大的经营风险。

 **例 3.1**

### 某上市公司高企的货币资金

一家新材料龙头企业,2017年年报显示其账上货币资金十分充裕,但是与其充裕的货币资金产生逻辑冲突的是不断融资的行为——不差钱为何还使劲融资?货币资金充裕的背后是资金质量堪忧。根据其年报中货币资金栏目的说明,首先,公司185亿元的货币资金中有34亿元使用受限,主要是其有大量的股权融资行为,这些股权融资款项都有专门的募集账户进行管理,并不能随便动用,所以公司实际可以支配的货币资金是有限的;其次,公司有息负债高达110亿元,其中一年内就要偿还的短期借款就有65.65亿元。账上资金不能用,短期负债居多,同时四处借钱,公司存在的问题不证自明。

一般来说,上市公司的货币资金余额经过注册会计师的审计,是值得信赖的。但是这两年也有一些上市公司在货币资金科目上弄虚作假,证监会也做了专门的披露,比如万福生科、天丰节能、欣泰电气,其操作手法各有不同,但是核心目的都是虚增账上的货币资金。

以万福生科为例,其通过操纵200多个外部自然人账户,用自有资金虚造交易,不断存取制造进出资金流,假冒对应的粮食收购款和销售完成后的回款,严重扭曲了其真实的货币资金情况,伪造了接近14亿元的银行回单。

天丰节能采取的手法则是直接伪造银行对账单,甚至为了配合其财务造假行为,将新乡市市区农村信用联合社对应账户的2年对账单也一并全套伪造,虚增货币资金3 000多万元。

欣泰电气为了虚增现金流量和银行存款,主要采取的手法是虚构应收账款的收回,通过虚减应收账款、其他应收款,累计虚增货币资金2亿元,虚增经营活动产生的现金流量净额接近9 000万元。

在被证监会处罚的另一家公司中,雅百特虽然主要是虚构业务,但其货币资金也有较大的问题。粗心的投资者因不仔细翻看年报而无法在附注中提取这些信息,单纯看报表所做出的关于上市公司货币资金余额的判断,往往会对自己的投资造成误导。

 例3.2

### *ST百特(雅百特):其他货币资金中的猫腻

2014—2015年,雅百特的货币资金增加了86%,我们需要关注其年报中的附注。附注说明,2015年雅百特将其壳公司5 000万元的银行存款纳入合并报表范围。2016年年报中关于货币资金的附注更是有这样的说明,"本报告期末其他货币资金中有银行承兑汇票保证金30 039 248.72元",这使得雅百特虽然银行存款大幅减少,但表面上看货币资金仍然充足。这种情况正是货币资金质量较差的典型。

## 综合分析

在看财务报表时,数字本身说明不了太多的问题,我们还需要将该科目与其他科目联合起来进行分析。

## 1. 货币资金与有息负债

有息负债包括短期借款、长期借款、应付债券。在关注货币资金总量的同时还须关注货币资金与有息负债的比例,比例过高是不太好的信号。任何时候,过高的有息负债都意味着企业较大的偿债压力(之后我们的很多分析都会涉及负债)。在负债中,须额外关注短期负债。如果货币资金少于短期负债,则说明企业短期偿债压力巨大,近期很有可能出现问题。上市公司完成债务融资,不管是通过短期借款、长期借款还是债券,其所融资金都是通过现金流入的形式进入货币资金科目。在货币资金转化为其他科目之前,货币资金与有息负债的比例应该是相对稳定的。如果是正常的生产经营循环,则可以发现货币资金逐渐变为资产端的各种科目,如应收账款、存货、固定资产、在建工程等;货币资金如果消耗得太快,那么就要关注上述这些资产重新变为货币资金的能力。

### 例 3.3

#### 天虹股份:优秀资产构成的代表

根据 2017 年年报,天虹股份拥有 46.56 亿元货币资金,占总资产的 30.8%,同时没有有息负债。46.56 亿元货币资金中有 39 亿元是银行存款,所有权受限的资金不过 6 亿元。这种货币资金结构比较优秀。

在这里,我们介绍一个衡量企业短期偿债能力的重要指标——现金比率:

$$现金比率 = \frac{货币资金 + 有价证券}{流动负债}$$

这个财务指标的侧重点在于发现企业因大量赊销而形成的应收账款,或因积压滞销而形成的高额存货,反映出企业在不依靠变现风险较高、变现效率较低的应收账款回收及存货销售回款的情况下支付当前债务的能力。对于债权人而言,现金比率越高越好;但是对于经营者而言则未必。

## 2. 货币资金的流动性

货币资金虽然已经是流动性最强的资产,但是其中除了库存现金,银行存款和其他货币资金的流动性是有梯度的。从一些企业合并财务报表项目的注释中可以看到对"使用受到限制的货币资金"的说明。货币资金使用受限的情形包括但不限于:共同管理账户中的资金、最低限额存款、保证金等。对于这类资金,企业是不能随时支取和使用的。因此，如果货币资金中存在大量此类资金，则说明企业运用货币资金的灵活性较差。

3. 货币资金与总资产

这是资产负债表垂直分析法中的一环，我们在后面会多次提及。所谓"资产负债表垂直分析法"，就是计算资产负债表内各个科目占总资产或权益总额的比重，主要用于观察企业的资产结构及其变动。这个比例存在一个合适的范围，虽然说这个范围在不同的行业有不同的情形，而且货币资金这种资产尽管流动性最强，但其收益率几乎为零，因此留存过多不一定是好事，可能意味着企业未能充分利用资金，从而使企业失去很多获利机会。但就最保底的情况而言，每个企业都无法避免一些月度刚性成本（房租、水电、管理费、员工工资等）。再怎样激进的经营策略，企业起码应该留足6个月相关刚性成本的货币资金，这是我们对货币资金乃至"准现金"占总资产的比例划定的一个底线。刚性成本的数据均在年报中，我们可以分别在年报的营业成本、销售费用和管理费用附注中根据明细项目的描述找到全年金额，加起来后简单除以2大概就是6个月的金额了。

 例3.4

### 如何算出我们定义的"应缴社保最低货币资金"

假定我们把员工工资下限设成4 000元，上限设成20 000元，企业给员工缴纳社保的比例设为28%，则一家公司每个月最低要为一个员工缴纳社保1 120元（=4 000×28%），最高要缴纳社保5 600元（=20 000×28%），一年就是13 440—67 200元，结果还真有公司账上的钱不够交社保的。

先解释一下表1，我们用最低应缴社保金额减去公司账上的资金（货币资金+理财产品等），结果还真有几家公司账上的钱不太够。我们的计算本来就很粗糙，所以就把差额不到1 000万元的公司都列了出来。

表1是按照最低应缴社保金额列的单子，如果按照最高应缴社保金额列单子的话，则有150家公司交不起社保，考虑到本身平均薪酬没有达到这个水平，这个极端情况发生的概率并不大。不过我们也提醒一下读者，如果一家公司的账面资金太少，则公司本身就面临极大的风险，稍微遇到一些政策调整，可能就是巨大的冲击。

表 1　部分上市公司 2018 年半年报账面资金情况

| 证券简称 | 货币资金+银行理财等（亿元） | 员工人数 | 最低应缴社保金额（亿元） | 最低应缴社保金额与资金差额（万元） |
| --- | --- | --- | --- | --- |
| 拉夏贝尔 | 4.67 | 37 554 | 5.0473 | 3 820.58 |
| 莲花健康 | 0.76 | 6299 | 0.8466 | 848.86 |
| 荣华实业 | 0.01 | 652 | 0.0876 | 805.29 |
| 园城黄金 | 0.01 | 23 | 0.0031 | -35.09 |
| 华东数控 | 0.11 | 761 | 0.1023 | -94.22 |
| 天龙光电 | 0.05 | 318 | 0.0427 | -114.61 |
| 金亚科技 | 0.03 | 143 | 0.0192 | -116.81 |
| 凯瑞德 | 0.03 | 62 | 0.0083 | -261.67 |
| 至正股份 | 0.08 | 343 | 0.0461 | -348.01 |
| 冀凯股份 | 0.14 | 721 | 0.0969 | -458.98 |
| 全新好 | 0.08 | 102 | 0.0137 | -659.91 |
| 天目药业 | 0.16 | 542 | 0.0728 | -840.55 |
| 天首发展 | 0.10 | 142 | 0.0191 | -843.15 |

从表 1 中可以发现，除了拉夏贝尔，有很多上市公司账面资金太少。但是，拉夏贝尔 4.67 亿元的资金（货币资金+银行理财等）也覆盖不住它的最低应缴社保金额，更不要说莲花健康和荣华实业这种账面资金不充裕的公司了，其货币资金风险是显而易见的。

另有一些分析货币资金的技巧主要是从 H 股市场的过往案例中学习得到的，即根据货币资金与理财产品产生的利息及账面货币资金余额，来倒算上市公司在对应时间点的利息率。这个利息率不应该偏离市场利率太多。

小组在研究中有一个清晰的印象，就是民营企业对其货币资金不会置之不理，企业家普遍运用财务杠杆到极限，这导致他们的资金状况其实是最大的风险点。持续融资的能力、自身造血维持财务杠杆的能力，都变成了评估他们业务之外风险的核心点。而对于国有企业，受体制约束，大量上市公司存有巨额资金不能随便动用，整体的资金使用效率比较低下，投资行为也比较少。有些优秀的集团公司为了提升资金使用的效率,会将资金交由专门的财务公司管理,但是大部分中小地方国有企业并不具备相应的条件。

小组常说,持有现金本身也是一种投资。也就是说,作为持有现金的理性个体,投资者会很自然地将钱配置到最需要配置的地方;如果不做配置,就意味着没有足够好的机会,对所有其他资产类别都是看空的状态。巴菲特常年持有大量现金,其实等待的就是带血的筹码,在正常的年景,你是不会以很优惠的价格买到核心资产的,因为盯着的人太多;等到了不好的年景,现金为王,资金就变得十分昂贵,这时持有大量现金的买家就能在市场上找到最好的资产。说到底,持有现金其实是一个拿时间换空间的故事,是在等待最合适的机会。当然前面说的部分国有企业除外,不太符合这种情况。

 **案例分析**

**航天信息:没有航天业务的财税企业**

近年来,航天信息的营业收入一直稳步提升(见图1),这得益于其渠道壁垒和技术壁垒都比较高。报告期内,营业毛利率降低也不是公司自身经营的问题,原因是国家发展改革委把金税盘的售价从490元降到了200元,增值税税控系统技术维护服务也由每户每年每套330元降为280元,导致报告期内公司增值税防伪税控系统毛利降低4亿元以上。尽管价格下降了,但营业收入仍在上升,这是因为公司同时扩大了市场和产业布局。

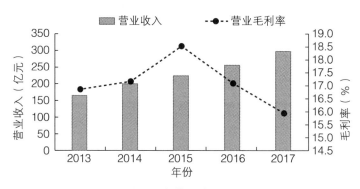

图1 航天信息营业收入与毛利率

航天信息的资产结构非常优秀(2017年年报),具体如图2所示。

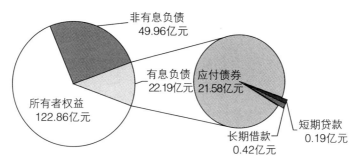

**图 2　航天信息资产结构（2017 年年报）**

从其 2017 年年报中可以看出，195.01 亿元的总资产中有 100.26 亿元是货币资金，有息负债主要是 21.58 亿元的应付债券和极少量的借款。为什么公司有这么多现金还要借钱呢？公司答案是：公司经营稳定，资产负债率极低，为充分发挥财务杠杆作用，以及根据实际业务的开展需要，也与相关金融机构开展了借款业务，但借款规模较小，不会对公司造成财务负担及重要影响。长期借款 4 200 万元，主要是申请的国有资本金，在其未转为国有资本金前，根据法规要求必须以借款方式使用。短期借款均是各子公司根据业务开展需要和自身资金情况，与各地金融机构进行的短期融资行为，旨在合理发挥财务杠杆作用，协调各子公司自身资金使用需要。

123.04 亿元的准现金类资产（见图 3）中，除了货币资金，还有一大部分是交易性金融资产，在报告期内以公允价值计价大约是 20.41 亿元，主要是参与了一个股票定增——之前的*ST 济柴，现在的中油资本。

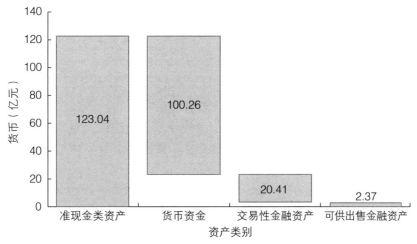

**图 3　航天信息准现金类资产**

*ST 济柴在重组后完全是脱胎换骨，中石油把旗下能注入的金融资产都放到了

中油资本中,现在公司有银行、保险、券商、信托和租赁等金融牌照。2016年公司向航天信息等十个对象非公开发行A股股票募集配套资金,价格为10.81元/股,当时航天信息买了1.76亿股,共19亿元。在报告期内这些股份按公允价值计量是20亿元左右,为航天信息带来了1.4亿元的收益。

按照现在的基本面和公司的基因,即使是在金融环境不友好的未来,航天信息也有理由活得非常体面。

## 3.1.2 交易性金融资产

**定义**

交易性金融资产是企业持有的能够随时变现,并且准备随时变现的各种对外投资,包括但不限于股票、债券、基金和其他金融证券投资。在这里要强调两点:一是证券持有时间不超过一年,能够随时变现;二是企业有足够强的主观意愿进行变现。企业持有的从证券的短期价格变化中获取利润的债权证券或权益证券就是企业的交易性金融资产。

**科目详解**

交易性金融资产都是期限较短、变现能力较强的资产,在流动性上仅次于货币资金。当企业认为自身有充足的资金时,会选择利用资金进行短期理财操作获得主要生产销售活动之外的利润,或者在宏观环境不确定性较大时用以保值。

在做财报分析时,"财务老手"会将货币资金的概念向外延展,加入流动性稍逊于货币资金的交易性金融资产(有时甚至包括可供出售金融资产)等"准现金",然后善用财务比率等方法进行综合分析来对企业做进一步的判断。

在持有期间,这些资产的价格变动会被计入利润表的"公允价值变动收益",也就是说,交易性金融资产价格上升也会提高当期的净利润。通过仔细阅读年报,我们也可以看到企业持有交易性金融资产的详细情况,包括债券、基金、股票等。通过交易性金融资产部分的明细,我们可以看到这些资产的质量水平,分析出相应的风险和企业在投资方面的策略。同时,过多的交易性金融资产也意味着风险的上升。

**综合分析**

1. 交易性金融资产与货币资金

货币资金中银行存款过多,说明企业有大量的现金列在账上未能得到有效利用。而选择投资高质量的理财产品获得短期盈利是一个较好的选择。对于企业而言,交易性金融资产与货币资金之间的比例存在一个合适的区间。交易性金融资产也常与货币资金一起作为"准现金"被分析。

2. 交易性金融资产与投资收益

交易性金融资产在持有期间产生的利息与分红会计入利润表的投资收益中。投资收益与交易性金融资产的比值越高,说明企业在这方面的投资能力越强,选择的金融资产质量越高。

近年来,有很多上市公司选择进入二级市场炒作股票,成为二级市场上不可忽视的产业投资者。这些上市公司表现各异,要想追踪这种行为,主要关注的就是交易性金融资产这个科目。

 **例 3.5**

### 上海莱士:"炒股之王"的穷途末路

上海莱士是这几年比较典型的炒股老手,但是盈亏同源,在 2018 年上半年出现了巨额的亏损,严重影响了上市公司的业绩。其交易性金融资产情况如表 1 所示。

表 1　上海莱士交易性金融资产情况　　　　　　　　　　　单位:亿元

| 项目 | 2018 年中报 | 2017 年年报 | 2016 年年报 | 2015 年年报 | 2014 年年报 |
| --- | --- | --- | --- | --- | --- |
| 货币资金 | 12.40 | 13.86 | 20.86 | 19.19 | 14.50 |
| 以公允价值计量且其变动计入当期损益的金融资产 | 18.62 | 31.36 | 21.57 | 16.13 | — |

但从另一个角度思考,能够有钱参与二级市场投资的上市公司,实力都还不弱。账上有现金,并且有闲钱能进行投资,说明之前有比较好的经营积累,现在认为主业吸引力一般,想赚取一些快钱。如果资金压力大的话,公司是没有资金可以用来买理财产品或参与二级市场投资的。

 **案例分析**

### 华西股份:不是所有独角兽概念股都只剩独角兽概念

华西股份 2017 年年报显示,公司共实现营业收入 284 238.73 万元,较 2016 年同期增长 33.74%;实现营业利润 23 064.82 万元,较 2016 年同期减少 71.42%;实现归属于母公司所有者净利润19 539.96万元,较2016年同期减少67.67%;经营活动产生的现金流量净额为950.67万元,较2016年同期减少95.91%。

从表1中可以看出,报告期内,华西股份的传统主营业务纺织化纤和仓储的营业收入都比2016年同期增长了二十多个百分点,传统主营业务增长稳健。那为何营业利润减少了呢?难道是转型的投资方向出了问题?

表1  2017年华西股份主营业务情况

| 分行业 | 营业收入(元) | 营业成本(元) | 毛利率(%) | 营业收入比上年同期增减(%) | 营业成本比上年同期增减(%) | 毛利率比上年同期增减(%) |
| --- | --- | --- | --- | --- | --- | --- |
| 纺织化纤 | 2 222 511 640.81 | 2 001 695 632.02 | 9.94 | 25.40 | 25.06 | 0.25 |
| 仓储 | 110 834 748.97 | 43 260 363.29 | 60.97 | 20.09 | 18.08 | 0.67 |

也不是投资方向出了问题。是因为2016年,华西股份把东海证券的股权卖了,轻轻松松实现了6.05亿元的税前投资收益,而2017年不想卖股权了,利润就下来了。

手牌多就是好,卖一个东海证券已经这么可观,更别提两只独角兽了:持股宁德时代0.24%,成本5 000万元,现在大概价值3亿元;持股英雄互娱1.69%,成本约1.1亿元,现在大概价值2.2亿元。

华西股份对金融平台的定位很高,布局在2016年之前就已经开始。平台的核心是两家子公司:一村资本和一村投资。一村资本负责各类并购投资业务,主要是TMT(技术、媒体、通信)、大健康、半导体、新能源这四个方向,两只独角兽就出自其手。而一村投资则为私募基金管理平台,产品目前包括权益类、量化投资类、债券类、股权投资类、债权融资类等,资产管理规模近10亿元。

再加上林林总总的子公司、孙公司,华西股份还有很多让人眼前一亮的股权投资:稠州银行(2.74%),报告期内获得分红960万元;联储证券(14.77%);人工智能芯片GTI项目(7.8%);澜起科技(2.11%);纵惠科技(25%);网鱼信息科技(3.42%);鱼泡泡(1.91%),这是网鱼信息科技的子公司,并有王思聪的部分投资。其中,公司认购稠州银行及联储证券共出资约16亿元,部分以发放债券的方式筹得。虽然比例不高,但并不妨碍这些标的的高成长性带来巨额收益。

华西股份二级市场投资也是做得风生水起,具体如表2所示。

第 3 章 资产软，负债硬，公司家底没秘密

表 2 华西股份二级市场投资情况

| 证券代码 | 证券简称 | 最初投资成本（元） | 期初账面价值（元） | 本期公允价值变动损益（元） | 计入权益的累计公允价值变动（元） | 本期购买金额（元） | 本期出售金额（元） | 报告期损益（元） | 期末账面价值（元） | 会计核算科目 | 资金来源 |
|---|---|---|---|---|---|---|---|---|---|---|---|
| 600919 | 江苏银行 | 298 571 058.00 | 2 396 032 740.45 | 0.00 | 1 147 632 504.19 | 0.00 | 0.00 | 44 288 040.27 | 1 828 747 730.25 | 可供出售金融资产 | 自有资金 |
| 601688 | 华泰证券 | 17 988 592.52 | 545 623 00.00 | 0.00 | 375 101 455.77 | 0.00 | 0.00 | 25 729 121.21 | 517 800 000.00 | 可供出售金融资产 | 自有资金 |
| 001233 | 嘉合货币B | 62 330 000.00 | 0.00 | 455 450.17 | | 122 330 000.00 | 60 000 000.00 | 1 210 458.67 | 62 785 450.17 | 交易性金融资产 | 自有资金 |
| 01336 | 新华保险 | 7 115 381.38 | 0.00 | 1 807 138.23 | | 24 424 244.19 | 13 347 631.71 | 52 741.34 | 11 076 612.48 | 交易性金融资产 | 自有资金 |
| 00895 | 东江环保 | 12 737 542.29 | 0.00 | 212 561.14 | | 21 350 880.83 | 8 613 338.54 | 119 369.90 | 12 737 542.29 | 交易性金融资产 | 自有资金 |
| 002273 | 水晶光电 | 11 426 705.22 | 0.00 | -588 892.71 | | 41 367 761.94 | 31 049 495.34 | 489 399.01 | 10 318 266.00 | 交易性金融资产 | 自有资金 |
| 01317 | 枫叶教育 | 8 994 511.78 | 0.00 | 911 970.69 | | 17 115 812.33 | 8 121 300.55 | -148 838.62 | 8 994 511.78 | 交易性金融资产 | 自有资金 |
| 603939 | 益丰药房 | 8 513 856.00 | 0.00 | 652 036.00 | | 9 674 642.00 | 1 160 786.00 | 0.00 | 8 513 856.00 | 交易性金融资产 | 自有资金 |
| 00966 | 中国太平 | 7 915 605.96 | 0.00 | 1 889 578.56 | | 15 268 880.83 | 7 353 274.87 | 1 892 356.16 | 7 915 605.16 | 交易性金融资产 | 自有资金 |
| 06869 | 长飞光纤光缆 | 6 395 699.88 | 0.00 | -21 005.24 | | 9 578 772.76 | 3 183 072.88 | -16 271.46 | 6 395 699.88 | 交易性金融资产 | 自有资金 |

063

另外还有 8 743 万元其他证券投资,所有证券投资部分总计 25.6 亿元。看看表 2 前两行,约 18.3 亿元的江苏银行最初成本约 3 亿元,5 亿多元的华泰证券最初成本约 1.8 亿元。不仅如此,华西股份还将 17 900 万股江苏银行股票用作质押发行可交换债券,质押市值约 15.6 亿元,融资额 11.4 亿元。

公司可供出售金融资产情况如表 3 所示。

表 3　华西股份可供出售金融资产情况　　　　　　　单位:元

| 项目 | 期末余额 | | | 期初余额 | | |
| --- | --- | --- | --- | --- | --- | --- |
| | 账面余额 | 减值准备 | 账面余额 | 账面余额 | 减值准备 | 账面余额 |
| 可供出售债务工具: | 1 113 900 000.00 | | 1 113 900 000.00 | 586 400 000.00 | | 586 400 000.00 |
| 可供出售权益工具: | 5 166 293 993.93 | | 5 166 293 993.93 | 4 337 081 245.53 | | 4 337 081 245.53 |
| 按公允价值计量的 | 2 620 632 441.93 | | 2 620 632 441.93 | 2 944 155 740.45 | | 2 944 155 740.45 |
| 按成本计量的 | 2 545 661 552.00 | | 2 545 661 552.00 | 1 392 925 505.08 | | 1 392 925 505.08 |
| 合计 | 6 280 193 993.93 | | 6 280 193 993.93 | 4 923 481 245.53 | | 4 923 481 245.53 |

各类股权投资、证券投资、债券投资……算下来,华西股份有 62.8 亿元可供出售金融资产,8.7 亿元货币资金,2 亿元交易性金融资产,14 亿元长期股权投资,手牌非常充裕。

再来看看公司资产及负债情况(2018 年一季报),具体如图 1 所示。

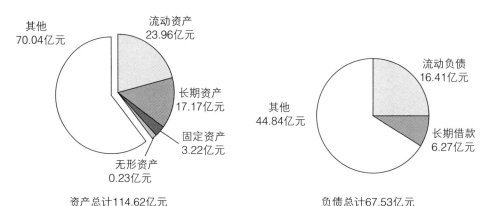

图 1　华西股份资产负债情况(2018 年一季报)

公司资产负债率在 A 股市场不算高，短期流动性压力并不大。前期投入的一些高成长性公司，比较容易带来估值提升和情绪催化。

总的来说，华西股份的可供出售金融资产非常充裕，达到了 62.8 亿元，考虑到 40 亿元有息负债，净可变现资产达到 22.8 亿元，公司当前市值为 72 亿元。公司向上的弹性催化剂也比较清晰，IPO 快速推进对于公司前期的投入容易带来事件刺激。或许正是因为既有较稳定的传统主营，又有比较重筹码的金融投资，使得华西股份的财务特征比较特殊，在 A 股市场中基本没有与华西股份财务基本面非常接近的标的。

### 3.1.3 应收票据

**定义**

应收票据是企业因销售商品和材料、提供劳务等而收到的商业汇票，是企业应该取得但尚未取得的外部资金。应收票据主要分为银行承兑汇票和商业承兑汇票。银行承兑汇票是指由在承兑银行开立存款账户的存款人签发，向开户银行申请并经银行审查同意承兑的，保证在指定日期无条件支付确定金额给收款人或持票人的票据。商业承兑汇票是指由付款人或收款人签发，付款人作为承兑人承诺在汇票到期日对收款人或持票人无条件支付汇票金额的一种票据。一般来说，前者优于后者，毕竟商业承兑汇票能否及时完全兑换成现金，要看开具票据企业的具体情况，银行无疑更可靠一点。

**科目详解**

应收票据是出于使应收账款更为灵活的目的而诞生的。企业与企业之间有各种上下游关系，互相都存在打白条的现象，甲欠乙钱，乙欠丙钱，丙欠丁钱，丁欠甲钱，但是程序上无法将这种互相欠债按照数量抵销，于是票据被发明出来。甲向乙购买了产品，但是没有付钱，只是给了一张票据，持有这张票据的人可以在指定日期找到规定的承兑人兑换现金。债务不可直接转让，但票据可以，这样就可以做到连环欠债最终落到丁拿着票据去找甲拿钱。可以说，票据的使用盘活了企业的现金流，但开具票据的流程给企业粉饰报表数据提供了操作空间。

在转让票据时，需要有一系列合规操作，在此我们简单科普一下：

**背书**：持票人为将票据权利转让给他人或者将一定的票据权利授予他人行使，

而在票据背面或者粘单上记载有关事项并签章。

**贴现**:收款人将未到期的商业承兑汇票或银行承兑汇票背书后转让给受让人,受让人按票面金额扣去自贴现日至汇票到期日的利息以将剩余金额支付给持票人。商业汇票到期,受让人凭票向该汇票的承兑人收取款项。

**转贴现**:办理贴现的银行将其贴现的未到期票据,再向其他银行或贴现机构进行贴现。

**再贴现**:中央银行通过买进商业银行持有的已贴现但尚未到期的商业票据,向商业银行提供融资支持。

### 综合分析

1. 银行承兑汇票与商业承兑汇票的数额比较

如前所述,前者比后者更可靠。企业持有的应收票据中银行承兑汇票越多,说明企业在产品销售方面地位越强;如果商业承兑汇票较多,则说明企业在销售方面对买方要求宽松,同时大量商业承兑汇票意味着较高的难以兑付风险。小组之前写过长园集团和台海核电两家公司,在应收票据这个科目上两者都有值得关注的地方,可以作为分析的参考。

## 例 3.6

### 长园集团:"坑爹"的下游客户

长园集团于 2017 年收购了中锂新材,而中锂新材的第一大客户沃特玛频频爆出财务危机,给中锂新材的经营业绩带来了恶劣的影响。沃特玛的一大坑人之处在于虚开商业承兑汇票。沃特玛在 2018 年因拖垮了坚瑞沃能而成功地引起了大家广泛的关注。其实,长园集团的子公司中锂新材也是一个受害者,但这些信息都藏在年报的附注之中,不用心查询的话其实很难发现。

## 例 3.7

### 台海核电:谜一样的承兑汇票

根据年报,截至 2017 年年末,台海核电已背书或贴现且在资产负债表日尚未到期但终止确认的商业承兑汇票约 1.9 亿元。应收票据终止确认,要么就是拿去银行贴现了，要么就是支付给他人（比如供应商）了，说明应收票据的相关风险转移了，但票据的接收方是谁，为什么放弃对企业的追索权或风险可以完全转移，是否存在其他附加条件等，合理性还需其他信息辅助解释。但令人起疑的是，根据信永中和的审计报告，这笔1.9亿元的商业承兑汇票又变成了银行承兑汇票，一下子风险程度大减，其中缘由不得而知。

2. 应收票据与应收账款

应收账款就是接受别人赊的账，应收票据相较于应收账款更为灵活。通过比较两者的大小，在某种程度上可以评判企业在外资金能否收回的风险大小，不过我们更多关心的是应收票据和应收账款之和占总资产的比例。这一点我们在应收账款部分讲解。

3. 在证监会处罚案例中，承兑汇票也是一个经常被操纵的科目

以登云股份为例，公司在2011年和2012年以票据背书的方式，向申源特钢支付了1.4亿元。在2013年上半年，公司向申源特钢的采购金额远小于向其支付的承兑汇票金额。登云股份与申源特钢之间的资金往来，其实是需要特别关注的，但保荐机构并没有注意到这一点。上市公司违规借款、往来或者交易不入账、往来或者交易入账不规范，以及与供应商发生了超乎寻常的频繁资金往来，这些行为对上市公司资金及债务的真实情况都会形成扭曲，尤其是在资金金额较大的情况下。

### 3.1.4 应收账款

**定义**

应收账款是企业在正常的经营过程中因销售商品或产品、提供劳务等，应向购买单位收取但尚未收到的款项。对于无法收回的应收账款，需要做坏账损失处理。企业每期期末都会对应收款项做坏账损失估计，计提坏账准备。当应收账款无法收回，坏账真实发生时，坏账金额直接冲抵已经计提的坏账准备。

**科目详解**

从企业经营的角度来看，应收账款的产生与企业的销售模式息息相关。企业向买家出售商品或者提供劳务，"一手交钱一手交货"的理想状况不是任何时候都能保证的。很多时候实际的合作模式都是买家先得到商品，过一段时间再补交货款，对

于卖家而言就形成了应收账款,对于买家而言则形成了应付账款。由于本质上应收账款属于一种债权,所以被计入企业的资产,但是这种资产是"虚"的,"并没有揣在企业自己的腰包里",并且时刻面临收不回来的风险,所以应收账款的数额和质量与企业的资产质量紧密相联。

在年报中,我们能够找到一家企业应收账款较多的前几位客户的名单,通过进一步考察这些"欠债"大户的基本情况,可以评估这些应收账款的风险;也能从应收账款明细中看到其账龄,过高的账龄值得警惕。同时,由于应收账款的产生并不需要货款实际到账,只需货物发出即可,因此企业可以对外发货的方式来营造大量应收账款,达到虚增资产的目的。这种行为也会相应地在资产明细披露中留下蛛丝马迹。

由于应收账款的多少直接受销售模式影响,因此应收账款也反映了企业在市场中的地位。强势的企业是不会产生太多应收账款的,相反,还有可能是先收钱再发货。当然,销售模式也是看行业整体情况的,需要区别看待。当出现异常的应收账款变化时,还要查看年报的详细解释和企业对问询的回复。

 例 3.8

#### 欢瑞世纪:四季度暴涨的应收账款

深圳证券交易所在2017年年报问询函中指出:欢瑞世纪合并财务报表应收账款账面价值17.20亿元,占合并资产总额的41.89%,较期初应收账款账面价值增长126.91%,要求公司详细说明应收账款大幅增长的原因。公司在回函中称,因为在电视剧集获得发行许可证后才能确认收入,平台和电视台有一定的付款周期,在收入确认时点与销售回款时点之间存在时间差。

根据公司回函中提供的数据,我们配合收入情况做个测算。公司2017年年末的应收账款为17.2亿元。根据披露的数据,《天下长安》《白蛇传说》《秋蝉》贡献了约10.8亿元的收入,但根据应收账款账面金额(17.2亿元)和三部电视剧应收账款的占比(65.54%)可知,这三部电视剧创造了11.27亿元的应收账款,与收入出现了"倒挂",也就是说应收账款竟然比对应的收入还大。

# 第3章 资产软，负债硬，公司家底没秘密

**综合分析**

1. 应收账款周转率

$$应收账款周转率 = 营业收入/平均应收账款$$

其中，平均应收账款 =（期初应收账款余额 + 期末应收账款余额）/2

应收账款周转率代表的是应收账款在一年中周转的次数，也就是企业的应收账款在一年内变成现金的次数，反映了企业的运营效率。应收账款周转天数（= 360天/应收账款周转率）代表的是应收账款收回的平均天数。这两个指标不是仅根据报表计算出来并简单看看就行，在使用时需要考虑以下问题：

（1）从指标真正想要说明的企业性质出发。严格意义上，应收账款周转率应该写成"赊销产生的营业收入/平均应收账款"，这样才能精准地表达收回买家赊账的效率，但是由于赊销金额很难取得，因此退而求其次，一般就使用总的营业收入。如果企业销售情况在前后发生了较大变化，使得赊销金额占营业收入的比例发生较大变动，那么应收账款周转率的可比性就会大打折扣。

（2）计算时需要看一下坏账准备。坏账准备越多，应收账款越少，对应的应收账款周转率越高，但这并不是好情况。所以在坏账准备较多的情况下，计算应收账款周转率时要把计提的坏账准备加回应收账款。

（3）应收票据是更加灵活的应收账款。如果说应收账款是"别人腰包里的自己的钱"，那么应收票据就可以说是"这笔钱从别人腰包里露出了一半"，但本质上还是"没进自己的腰包"，所以计算应收账款周转率时可以把应收票据加上，算成"应收账款与应收票据周转率"。

最后，应收账款周转率不是越低越好，需要视具体的行业情况进行评判。

2. 应收账款与货币资金

应收账款与货币资金是一个经营循环的左右手，企业要么收到钱，要么挂账计入应收账款。由于应收账款又会产生坏账准备，当企业的现金不增加而应收账款持续增加时，就要小心应收账款质量恶化，对净利润产生侵蚀。如果应收账款远大于净利润，那么就要注意这家上市公司的经营风险。

3. 应收账款与营业收入之比

也可以是应收款项（应收账款 + 应收票据）与营业收入之比。这个比例就是看营业收入里面可能的水分有多少，过高的应收账款占比不是一个好的信号。在做同行业分析时，该指标也是比较有价值的。如果一家企业是在正常的生产经营循环中，

那么生产规模的扩大会带来资产、负债等所有相关项目成比例的增长。销售多了，应收账款自然也会增加，如果受到宏观经济不景气的影响，则应收账款还会进一步增加；同样，采购端也需要更多的货币资金和应付账款。有经验的分析师会发现，其实这些科目都是彼此联系的，不会有单一科目出现太大的变化。如果一家公司某一个与收入挂钩的科目出现了异常波动，或者与收入严重不匹配，那么这家公司就有比较大的财务报表调节甚至造假的可能。

### 例3.9

#### 康得新：应收账款的大头

根据公司2017年年报，康得新应收账款44亿元，占全部营业收入的1/3还多一点，最高点2016年的应收账款则高达48亿元。上市公司辛辛苦苦一整年，真正到账的资金很有限，大部分都是挂账，这就对盈利的质量产生了巨大的影响。一个正常的经营循环应该是以现金为终止，现在变成了以应收账款为终止，需要进一步等待应收账款变成现金，在这个过程中应收账款一旦出现履约风险，就会直接侵蚀上市公司利润。

### 例3.10

#### 华帝股份：无可奈何收白条

小组写过的另一家上市公司华帝股份也面临应收账款的问题，但还好这家公司的问题并不算太严重，更多的是行业层面的因素。华帝股份与其竞争对手老板电器的应收账款与应收票据占营业收入之比均在较高水平，并且2017年该项指标增长很快。厨电行业深受房地产行业影响，抽油烟机和灶台都是慢消品，买新房、搬家、装修才会换新。所以房地产收紧之后，公司为了保证收入不得不接受赊销，应收款项出现大幅增长。

4. 应收账款与总资产之比

也可以是应收款项（应收账款+应付票据）与总资产之比。总资产的结构是财报分析的重头戏，我们也常用来分析行业特征。后面我们会将几个类似指标联合举例说明，在此我们先看看基建行业的应收款项。

### 例 3.11

#### 这不是黑天鹅

基建类公司使用完工百分比法确认收入,即由业主和监理方确认进度后基建类公司就可以正式确认收入,但并不是所有业主都有那么多钱,所以**很大一部分收入会计入应收账款**。应收账款与总资产之比过高的风险估计大家都比较清楚,举个极端的例子,万一欠款方到时候跑路了……我们对基建类公司 2017 年应收账款占比排了个序(见表 1)。从表 1 中我们可以看出,应收账款占比越大,资产越"软"。

表 1 基建类公司应收账款占比排序

| 证券简称 | 2017年已完工未结算/总资产 | 2016年应收账款(亿元) | 2017年应收账款(亿元) | 2017年总资产(亿元) | 2017年应收账款/总资产 |
| --- | --- | --- | --- | --- | --- |
| 弘高创意 | 0.00% | 45.71 | 39.85 | 49.19 | 81.00% |
| 金螳螂 | 0.00% | 178.49 | 180.24 | 281.84 | 63.95% |
| 奇信股份 | 4.24% | 24.34 | 27.62 | 43.41 | 63.64% |
| 宝鹰股份 | 2.61% | 54.96 | 51.28 | 83.77 | 61.22% |
| 亚夏股份 | 7.89% | 114.81 | 121.99 | 199.36 | 61.19% |
| 亚泰国际 | 0.00% | 14.10 | 15.51 | 25.94 | 59.81% |
| 达安股份 | 0.00% | 3.47 | 4.19 | 7.14 | 58.76% |
| 中装建设 | 3.03% | 17.53 | 23.38 | 41.30 | 56.61% |
| 维业股份 | 0.00% | 10.71 | 11.61 | 20.65 | 56.25% |
| 柯利达 | 0.49% | 17.14 | 18.35 | 35.56 | 51.61% |
| 东方新星 | 3.98% | 3.17 | 4.45 | 8.67 | 51.34% |
| 广田集团 | 6.00% | 96.80 | 80.00 | 158.64 | 50.42% |
| 神州长城 | 4.43% | 37.25 | 57.07 | 116.68 | 48.91% |
| 神州B | 4.43% | 37.25 | 57.07 | 116.68 | 48.91% |
| 江河集团 | 5.91% | 118.17 | 117.46 | 241.06 | 48.73% |
| 勘设股份 | 0.00% | 12.64 | 16.65 | 34.63 | 48.07% |
| 全筑股份 | 9.53% | 18.56 | 25.38 | 53.07 | 47.83% |
| 中设集团 | 0.00% | 20.27 | 24.98 | 52.69 | 47.41% |
| 中设股份 | 0.00% | 1.76 | 2.08 | 4.49 | 46.38% |
| 美芝股份 | 9.92% | 5.54 | 6.46 | 14.01 | 46.13% |
| 瑞和股份 | 0.00% | 13.49 | 18.87 | 41.57 | 45.39% |

（续表）

| 证券简称 | 2017年已完工未结算/总资产 | 2016年应收账款（亿元） | 2017年应收账款（亿元） | 2017年总资产（亿元） | 2017年应收账款/总资产 |
| --- | --- | --- | --- | --- | --- |
| 苏交科 | 0.00% | 36.98 | 49.47 | 109.24 | 45.29% |
| 合诚股份 | 0.00% | 2.39 | 3.31 | 7.36 | 45.05% |
| 洪涛股份 | 0.00% | 44.33 | 50.21 | 111.90 | 44.87% |
| 建艺集团 | 0.00% | 12.29 | 15.75 | 36.24 | 43.46% |
| 蒙草生态 | 6.58% | 33.87 | 54.21 | 124.76 | 43.45% |
| 山鼎设计 | 0.00% | 1.52 | 1.67 | 3.88 | 42.99% |
| 设计总院 | 0.00% | 7.78 | 11.35 | 26.77 | 42.41% |

A股上市公司通过关联主体进行一系列虚增收入的操作，一个核心的看点就是应收账款。在应收账款的详细披露中，要仔细看账期和账款分布，如果应收账款过于集中，那么就要小心了。欣泰电气、海联讯等公司都在应收账款上出现问题，受到证监会的处罚。其中，欣泰电气通过伪造银行单据来虚构应收账款的收回，并且少计提大量坏账准备和资产减值损失，对净利润影响巨大。

 **案例分析**

### 儿子到底是不是爸爸的关联方？

不得不说，东山精密对暴风集团是真的好——不仅股权上出钱，而且提供产品及赊销。但公司上市又不是为了做慈善，东山精密是怎么算这笔账的呢？

东山精密对暴风集团的子公司暴风统帅的持股比例为10.53%，2017年向其销售了12亿多元的商品，持有其8亿多元的应收账款，但年报中只字未提。为什么？因为根据深交所对关联方的定义①，东山精密是暴风集团的关联方，暴风集团却不是

---

① 具有下列情形之一的法人或者其他组织，为上市公司的关联法人：
（1）直接或者间接地控制上市公司的法人或者其他组织；（2）由前项所述法人直接或间接控制的除上市公司及其控股子公司以外的法人或者其他组织；（3）由本规则10.1.5条所列上市公司的关联自然人直接或者间接控制的，或者担任董事、高级管理人员的，除上市公司及其控股子公司以外的法人或者其他组织；（4）持有上市公司5%以上股份的法人或者其他组织及其一致行动人；（5）中国证监会、本所或者上市公司根据实质重于形式的原则认定的其他与上市公司有特殊关系，可能或者已经造成上市公司对其利益倾斜的法人或者其他组织。

东山精密的关联方;爸爸是儿子的关联方,儿子不是爸爸的关联方。好吧,反正东山精密因此无须披露和暴风集团的业务关系,在报表里骄傲地宣布前五大销售客户里没有关联方(前五大销售客户情况见表1)。

表1 东山精密前五大销售客户情况

| 前五大销售客户合计销售金额(元) | 7 989 211 246.64 |
|---|---|
| 前五大销售客户合计销售金额占年度销售总额比例(%) | 51.91 |
| 前五大销售客户销售额中关联方销售额占年度销售总额比例(%) | 0.00 |

东山精密甚至在给深交所的回函里也隐晦地称暴风集团为B公司。公司回函显示,2017年度,公司投资额66 276.45万元对应的投资明细情况如表2所示。

表2 投资明细

| 被投资公司名称 | 实际投资金额(万元) | 持股比例(%) | 披露日期 | 公告编号 |
|---|---|---|---|---|
| B公司 | 40 000.00 | 10.53 | 2017年12月8日 | 对外投资公告(2017.106) |
| eASIC Corporation | 5 880.78 | 9.70 | 2017年11月1日 | 对外投资公告(2017.100) |
| 苏州威斯东山电子技术有限公司 | 4 400.00 | 44.00 | 2016年12月28日、2017年5月23日 | 对参股子公司苏州威斯东山电子技术有限公司进行增资的公告(公告编号2017.039) |
| MFLX并购相关远期外汇合约 | 3 957.15 | — | 2016年6月29日 | 第三届董事会第三十次会议决议公告(2016.065) |
| X2 Power Technologies Ltd | 1 684.33 | 8.00 | 2017年8月7日 | 对外投资公告(2017.069) |
| 银行结构性存款(保本型) | 9 984.20 | — | — | — |
| 苏州东灿光电科技有限公司 | 245.00 | 49.00 | — | — |

(续表)

| 被投资公司名称 | 实际投资金额（万元） | 持股比例（%） | 披露日期 | 公告编号 |
|---|---|---|---|---|
| 江苏南高智能装备创新中心有限公司 | 125.00 | 12.50 | — | — |
| 合计 | 66 276.45 | — | — | — |

对于应收账款，东山精密也只根据欠款方的金额大小列出了前五名（见表3）。根据暴风集团的年报，自己欠了东山精密8.55亿元，但在东山精密的年报中并没有这一金额的欠款方，这又是怎么回事？表3中第二名欠了10.80亿元，和暴风集团披露的8.55亿元较为接近，我们暂且把第二名算作暴风集团，那这2.25亿元的差额是怎么来的？

表3　按欠款方归集的期末余额前五名的应收账款情况（2017年年报）

|  | 账面余额（元） | 占应收账款余额比例（%） | 坏账准备（元） | 计提坏账准备（%） |
|---|---|---|---|---|
| 第一名 | 1 441 558 064.60 | 23.14 | 7 207 790.32 | 0.50 |
| 第二名 | 1 080 176 483.66 | 17.34 | 5 400 882.42 | 0.50 |
| 第三名 | 371 770 826.27 | 5.97 | 1 858 854.13 | 0.50 |
| 第四名 | 282 947 392.37 | 4.54 | 1 414 736.96 | 0.50 |
| 第五名 | 193 338 593.71 | 3.10 | 10 632 244.82 | 5.50 |
| 合计 | 3 369 791 360.61 | 54.09 | 26 514 508.65 | 0.79 |

暴风集团披露其向东山精密采购了12.4亿元的货物，而东山精密披露的前五大销售客户中并没有这个数字（见表4）。小组只能再次把数字比较接近的客户二当作暴风集团，而两者又出现了1.3亿元的差额。小组琢磨了半天，发现东山精密的月均销售额大概也是2亿元多一点，莫非是2017年12月的产品，东山精密认为自己发货了，而暴风集团却认为自己没有收到货？那这欠款的2.25亿元巨资，到底算谁的呢？

表 4　东山精密前五大销售客户资料

| 序号 | 客户名称 | 销售额（元） | 占年度销售总额比例（%） |
|---|---|---|---|
| 1 | 客户一 | 4 588 067 567.68 | 29.81 |
| 2 | 客户二 | 1 374 349 981.00 | 8.93 |
| 3 | 客户三 | 1 000 925 410.91 | 6.50 |
| 4 | 客户四 | 641 866 181.26 | 4.17 |
| 5 | 客户五 | 384 002 105.79 | 2.50 |

另外，东山精密对暴风集团的应收账款只按 0.5% 计提了坏账准备，公司在给深交所的回函里也对欠款方信心十足：公司应收账款和存货资产质量较好，变现能力较强。公司客户资源较为优质，主要为国内外知名的企业，客户信誉度良好，公司 6 个月以内应收账款占比在 89% 以上，应收账款回款情况较好。2016 年、2017 年，公司存货周转率分别为 4.01、4.52，存货周转率较为良性，且呈现上升趋势，公司存货周转情况良好。

根据东山精密对不同账龄应收账款计提坏账准备的标准，只有 0.5% 的概率会出现坏账的应收账款应该在半年内回收，但东山精密在 2016 年对暴风集团的销售金额就高达 10.49 亿元，这些应收账款的账龄真的不到半年吗？可能东山精密善意地理解为，暴风集团总是还了旧债才借新债，有借有还再借不难。

不过，小组对应收账款进行递延分析发现，这些账款并不是那么好收回的（见表 5）。

表 5　东山精密应收账款延迟收回比例　　　　　　　　单位：%

| 账龄 | 计提比例 | 实际延迟回收比例 |
|---|---|---|
| 0—6 个月 | 0.50 | — |
| 7—12 月 | 5.00 | — |
| 1 年以内小计 | 0.71 | 9.87 |
| 1—2 年 | 20.00 | 44.01 |
| 2—3 年 | 60.00 | 78.71 |
| 3 年以上 | 100.00 | 100.00 |

2017 年东山精密对前四大欠款方都只计提了 0.5% 的坏账准备，但在 2018 年第

一大欠款方计提比例突然由 0.5% 激增到 4.48%（见表 6），这说明它的账款已经拖延半年以上了。

表 6　按欠款方归集的期末余额前五名的应收账款情况（2018 年半年报）

| | 账面余额（元） | 占应收账款余额比例（%） | 坏账准备（元） | 计提坏账准备（%） |
| --- | --- | --- | --- | --- |
| 第一名 | 1 144 733 634.98 | 18.56 | 51 233 445.14 | 4.48 |
| 第二名 | 420 242 710.57 | 6.82 | 2 101 618.29 | 0.50 |
| 第三名 | 324 630 092.95 | 5.26 | 1 623 150.46 | 0.50 |
| 第四名 | 198 569 560.90 | 3.22 | 992 847.80 | 0.50 |
| 第五名 | 176 877 418.57 | 2.87 | 884 335.20 | 0.50 |
| 小计 | 2 265 053 417.97 | 36.73 | 56 835 396.90 | 2.51 |

东山精密对暴风集团一掷千金，那它自己的偿债能力和现金流状况如何呢？

公司的资产负债率一直居高不下，2018 年上半年达到 68%，长短期借款上升得很快（见图 1），直接导致公司仅 2018 年上半年的利息支出就高达 3.1 亿元，抵上 2017 年全年的 3.6 亿元了。

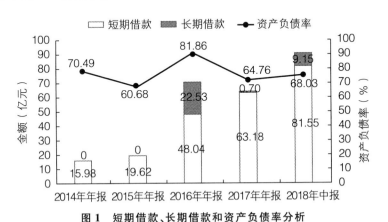

图 1　短期借款、长期借款和资产负债率分析

根据最新财务数据，公司短期偿债能力堪忧，货币资金加上应收票据只有 34.7 亿元，远不及短期负债 81.6 亿元，这其中在未来三个月内到期的负债就高达 59.4 亿元，公司的现金流相当紧张。

并且，公司的收现比并不好，这两年更是连续下滑（见图 2）。

## 第3章 资产软，负债硬，公司家底没秘密

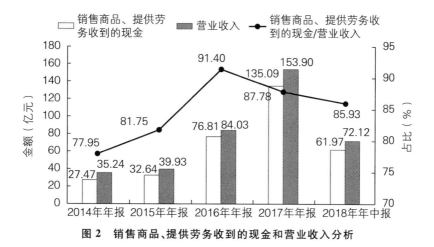

**图2 销售商品、提供劳务收到的现金和营业收入分析**

公司营业收入没有带来相应的现金流入，反而变成了高企的应收账款。公司应收账款一路攀升，到2018年上半年还有59.48亿元的应收账款，而2017年年底应收账款一共才60.63亿元（见图3）。东山精密在2018年上半年补提了大量坏账准备，确认了1亿元的资产减值损失，几乎和2017年全年1.3亿元的金额持平。

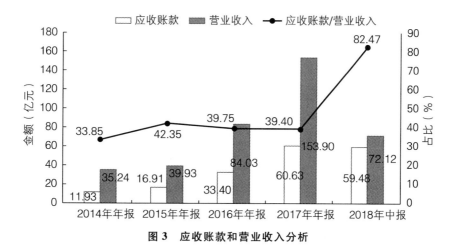

**图3 应收账款和营业收入分析**

东山精密2018年上半年的利息为3.1亿元，资产减值为1亿元，却仍然暴增了113.8%的净利润。看着挺好的，但公司2018年上半年**营业收入只增长了**17.8%，而且一个生产电子产品的公司毛利率只有区区13.5%，还不如做酱油的海天。

营业收入没怎么长，毛利率也不是特别高，但是净利润暴增。怎么做到的？除了正常的经营利润，还有投资收益和政府补助。东山精密在2018年上半年有1亿

多元的投资收益和 5 000 万元的政府补助。而 2017 年全年的投资收益都比不上 2018 年上半年的一半,政府补助在 2017 年同期更是一分没有,直到下半年才拿了 3 000 多万元。

### 3.1.5 预付账款

**定义**

预付账款是指企业按照购货合同的规定,预先以货币资金或货币等价物支付给供应单位的款项。一般来说,如果卖方提供的商品或者服务特别稀缺,那么卖方会要求买方预付一笔资金;同时,只有当买方也确实想将这些东西握在手里,有通过预付达成交易的意愿时,才会出现预付账款。预付账款一般包括预付的货款、购货定金。施工企业的预付账款主要包括预付工程款、预付备料款等。

**科目详解**

从销售的角度来看,预付账款正好与应收账款相对。应收账款是货发出去,钱还没到;预付账款则是钱打过去,货还没来。总之,就是属于企业的资产还在外面飘着,有风险需要承担。同样,预付账款和应收账款都体现了企业的议价能力与市场地位。

值得注意的是,预付账款也有可能存在猫腻,内在逻辑和应收账款的虚构是一致的:因为实际上不需要收到货物就能把账给记上,所以企业可以通过对外打款的方式为自己虚增资产,甚至还可以进行隐匿的资金转移。

以万福生科为例,湖南证监局上市公司检查组发现,2012 年万福生科的预付账款存在重大变化,相较于上年同期,预付账款余额增长过快,于是证监会稽查总队对其立案后进一步调阅了银行流水,最终发现了万福生科体外虚造经营循环,虚增收入、利润的重大违法事实。

**综合分析**

至此我们已经介绍了应收票据、应收账款和预付账款,相信读者对三者在生产经营活动中的作用有了一定的了解。三者本质上都是企业放在别家公司的资产,所以我们很多时候可以将其打包,对比营业收入和总资产来看其议价能力。

**例 3.12**

### 天虹股份：优势市场地位

天虹股份的应收票据、应收账款、预付款项之和与资产总额之比低于行业水平（见图 1），说明天虹股份议价能力优秀。

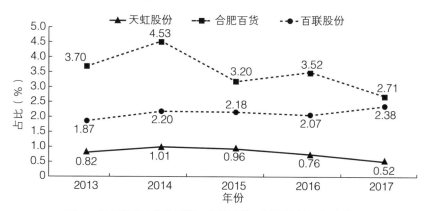

图 1　天虹股份（应收票据+应收账款+预付款项）/资产总额

 **案例分析**

### 永辉超市：生鲜之外的新零售

永辉超市是一个快速增长的零售龙头，在行业中名列前茅。

1. 资产结构

永辉超市是一家比较典型的现金型公司，其资产构成（2017 年年报）如图 1 所示。

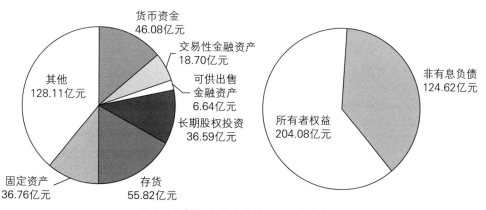

图 1　永辉超市资产构成（2017 年年报）

先看资产端：公司的总资产是328.7亿元，其中有46.08亿元现金，金融资产部分有18.70亿元的理财产品，其他流动资产部分还有33.70亿元的结构性存款（约等于现金），现金总额接近100亿元。

公司的长期股权投资高达36.59亿元，其中中百集团18亿元，红旗连锁9.5亿元。这些上市公司的股权不仅有投资价值，还有战略意义：永辉超市通过并购地方区域超市、便利店龙头（红旗连锁—四川、中百集团—湖北、联华超市—上海等）等，可以用较轻的资产快速占领市场、扩张线下渠道，顺便输出自己的营运能力和供应链优势，改善这些传统超市的经营模式，摆脱区域限制。从投资的角度来说，永辉超市并购这些估值较低的地方区域超市，在短时间内既可以分享正常经营的盈利，又可以提升自己的估值，这点在之前的长牛走势中也有所体现。

永辉超市有约19.04亿元的预付款项，而且其中81.80%的账龄都在一年以内（见表1）。预付款项主要是租金。账龄超过1年的预付款项主要系本集团部分门店为争取租金优惠向业主一次性支付1年以上租金尚未摊销的租金余额。换句话说，这部分预付款项说明了永辉超市的店面正在快速扩张。

表1 永辉超市预付款项情况（2017年年报数据）

| 账龄 | 金额（元） | 比例（%） |
| --- | --- | --- |
| 1年以内 | 1 557 804 657.17 | 81.80 |
| 1—2年 | 140 479 923.05 | 7.38 |
| 2—3年 | 56 080 556.11 | 2.95 |
| 3年以上 | 149 866 657.53 | 7.87 |
| 合计 | 1 904 231 793.86 | 100.00 |

再看负债端：公司在报告期内没有有息负债。

不过年报里更新了一波筹资计划：2018年打算发行不超过81亿元的短期融资券，并申请256亿元的授信额度，确保良好的融资能力和顺畅的融资渠道。

负债端的大头就是应付账款和预收款项。

永辉超市的应付账款是75.91亿元，预收款项是18.37亿元，共计94.28亿元，占总负债的75.65%，和小组之前分析过的天虹股份很像。这说明公司占上下游的款项较多，议价能力较强。

## 2. 经营状况

现金流可以有效地反映公司的经营水平。公司 2013—2017 年的收现比都在 110% 以上(见图 2),现金流状况非常好(收到的现金高于营业收入是因为营业收入不含税)。

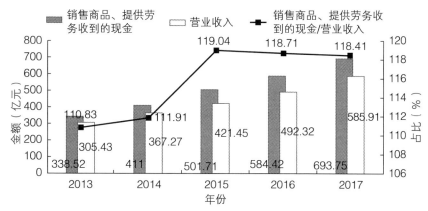

**图 2　营业收入与销售商品、提供劳务收到的现金分析**

永辉超市 2013—2017 年经营活动产生的现金流量净额都比净利润高(见图 3),因为公司每年都有较多的预收款项,现金流状况非常好。

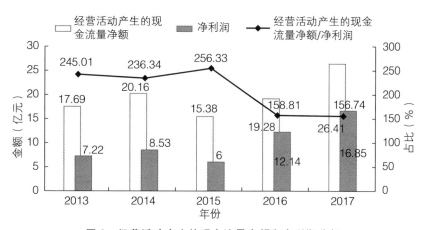

**图 3　经营活动产生的现金流量净额和净利润分析**

零售行业一定要关心存货的周转水平。尤其是像永辉超市这样,存货金额高达 55.82 亿元的公司。2017 年永辉超市的存货占比并不低,但周转水平比不上天虹股份,需要 42.54 天(见图 4)。公司主导的生鲜业务天然就要求高周转,但生鲜的高周转并没有拉高公司的存货周转水平,也就是说生鲜以外的存货周转需要重点关注。

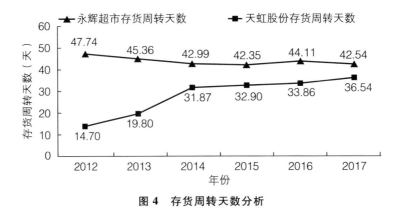

图 4 存货周转天数分析

零售行业还需要关心资产的周转水平。与天虹股份相比,永辉超市的资产周转水平较高(见图 5)。

综合下来,永辉超市的存货周转水平比较差,但是总资产周转水平领先天虹股份,说明永辉超市的固定资产占比相对较低。

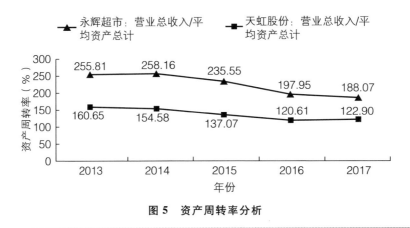

图 5 资产周转率分析

### 3.1.6 应收利息、应收股利

**定义**

应收利息是企业从借款方得到的利息;应收股利则是企业可能会持有其他公司股票,而发行这些股票的公司年末应该分配给本企业的股利。这两个科目不是重点,连同应付利息、应付股利一起,本书不做赘述。

## 3.1.7 存货

**定义**

存货就是企业在日常生产活动中所持有的以备出售的产成品或商品、处在生产过程中的在产品,以及在生产过程或提供劳务过程中会耗用的材料或物料。

在产品是指企业正在加工尚未完成的产品,广义地说它是指正在加工的产品和准备进一步加工的半成品;狭义地说它是指正在加工的产品。产成品是指企业已经完成全部征税过程,并且已经符合入库标准,可以被准确计量,能够按照合同规定递交给客户作为商品对外销售的产品。

存货是资产负债表中资产端需要特别关注的科目,如果以小组的偏好进行排序,则存货绝对是资产端需要关注的排名前三的科目。原因有三个:一是这个科目本身金额比较重大,生产经营的含义也相对重大,会计调整的空间也比较大;二是已经有大量的上市公司在这个科目上用各种各样的花招,与二级市场上的投资者玩儿捉迷藏,出了不少典型的案例;三是上市公司财务报表中的关键审计事项很多与存货有关,这几年引发了越来越多的关注。

**科目详解**

存货是财报分析重点关注的对象,也是与企业的生产经营直接相关的指标,分析存货可以直观地看到企业的运行状况和经营战略。

存货放在仓库里并不是高枕无忧的。存货的市场价格随时都有可能发生变化,比如竞争对手的新款手机突然面世,自家仓库里的大量老式手机必然面临降价;另外,存货也会发生毁损,仓库被淹、火灾或者老鼠啃咬等都有可能发生。所以企业需要对存货计提跌价准备。分析存货时,一定要注意存货跌价准备是否正常,正常与否的标准可以参考行业均值与产品特征。存货跌价准备表现不正常,说明存货的价值可能经过企业粉饰。为了虚增利润,企业可能少提存货跌价准备,即便仓库里的粮食都发霉了,也强撑着说今年过冬没问题。尤其是产品保质期和使用寿命较短的,或者更新换代速度极快的行业,大家要多加注意存货价值的真实性。

在存货价值的真实性上,大多数行业的产品有市场价格作为评估指导,但是部分行业的存货价值无法直接评估,这就给企业带来了很大的发挥空间,存货就沦为调节产出和利润的工具。农林牧渔行业的产品就很难直接评估其价值,前有著名的蓝田股份造假事件,后有獐子岛事件,两个案例都堪称经典。

### 例 3.13

#### 獐子岛：扇贝挂了，扇贝跑了

审计人员去獐子岛这类企业做年终审计时是很头疼的——要跑很远不说，问题是有些数据真的不太好验证其真实性。渔民们指着一片海，说这下面的大虾、扇贝都是我们的存货，价值多少多少万元。谁知道这是不是真的呢？事实证明，獐子岛连年出现虾夷扇贝大面积死亡、外逃的情况，并且广遭质疑此类事件非天灾而是人祸。这样的存货根本"站不住脚"，不知道哪天就全都没了，外人也看不出这片海平面下究竟发生了什么。

存货与企业的多个主要经营流程相挂钩：生产多少产品？卖出多少产品？市场需要多少？需要买进多少原材料？这些信息都能在年报的存货明细中找到。库龄、存货种类、原材料数量都十分重要，这些项目的变化也能反映出企业经营情况与策略的变化。大量存货可能意味着企业销售面临困难；也可能意味着企业判断未来市场价格上行，目前先囤货待涨。那么究竟是卖不出去还是囤货待涨，这就需要结合库龄和原材料数量等其他信息来判断。如果近期原材料价格也跟着存货价格一起上涨，则说明企业有可能是扩大生产并且要囤货。

### 例 3.14

#### 寒锐钴业：紧俏的东西拼命攒

寒锐钴业 2017 年存货大幅上涨，如果从传统的会计角度解读，则一般企业存货上涨并不是什么好事，有可能是销路不畅，且要担心存货的跌价准备；但如果从新能源产业链的投资角度来看，寒锐钴业的存货大幅上涨则意味着公司资产大幅增值、盈利大幅增加的可能性。钴是锂电池的重要原料之一，暂时没有替代品。大家对钴的关注，与新能源汽车的需求量提升有紧密联系。

寒锐钴业 2017 年第二季度存货暴增，占总资产的比重从一季度的 26.34% 增至 40.87%（见图 1），而其同行业竞争对手华友钴业的存货水平则一直保持稳定。公司 2017 年中报是 8 月 29 日发出的，其中明确说明公司囤了一块潜力很大的资产。

## 第3章 资产软，负债硬，公司家底没秘密

图 1 存货/资产总计分析

其实在中报没有发出之前，就能从一些蛛丝马迹中发现寒锐钴业囤积的原材料不少：2017年6月底，公司在接受券商调研时（记录可以在互动易上找到）表示，公司在刚果有一座矿山的采矿权暂时没有使用，原材料供应没问题，产能可能会扩大。招股说明书也明确说明了下一步的产能扩建计划。因此，寒锐钴业对原材料供应毫不担心，对比存货暴增，就很能说明情况了。

另外，投资者还需要了解存货的会计记录方式，因为存货的计算流程给了企业粉饰利润率的机会。企业本期生产的产品和购买的原材料，要先进入存货科目，然后再用于销售、生产。很多企业对存货的发出计量，采用了加权平均法或移动平均法，这样企业在计算产品的平均成本时，基数是所有生产出来的产品，而非销售出去的产品。如果企业的固定成本较多，且多生产一件产品增加的边际成本实际很少的话，则可以通过多生产产品来摊薄每一件产品的成本。举个例子，生产20件产品和生产10件产品的成本很可能差不多，但是平均成本就少了一半，平均成本降低后毛利率和净利率就上升了。因此企业不顾销售大量生产的话，虽然美化了毛利率，但会有大量存货积压在库。

最后，需要强调一下白酒行业和房地产行业的存货。白酒行业整体的存货周转率都相对较低，存货金额也相对较大，这是与其行业特性相关的。以茅台为例，茅台的存货周转天数接近7年，这其实从另一个角度说明了茅台最畅销的酒是平均贮存了7年的陈酿。但是也有一些公司，在存货上面存在一些问题，比如皇台酒业存货突然消失，成为掩盖其财务窟窿的借口。对于房地产行业的库存，企业之间有很大的差别，追求高周转的企业和追求捂盘待涨的企业是两种状态，所以需要关注企业过往存货管理的战略。但是一般而言，除了白酒企业，大部分上市公司的存货都应

该是周转得越快越好。

**综合分析**

1. 存货与总资产

存货与总资产之比属于资产负债表垂直分析的一环,当分析企业的资产结构或者想重点关注企业的存货情况时,第一步可以看一看存货与总资产之比。

2. 存货周转率

存货周转率反映了企业的销售与存货管理水平,是销售成本与平均存货的比值,平均存货就是期初存货与期末存货的平均数。存货周转天数就是计算期天数除以存货周转率。通常来说,存货周转率越高,企业存货的流动性就越强,不会出现库存积压如山卖不出去的情况。根据不同的产品特性,各行业都有各自不同的存货周转率平均水平。比如,生鲜食品行业存货周转率不得不高。存货周转率的选取基准也有所不同,不同的基准有不同的结果。

讲完存货周转率,我们就可以结合前面讲到的应收账款周转率,引入一个新的组合概念:企业的营业周期=存货周转天数+应收账款周转天数。

## 例 3.15

### 天虹股份:合适的营业周期

2016—2017年,零售行业平均营业周期在80天以内,天虹股份2017年的营业周期为37.55天,与百联股份水平相近(见表1),在行业中处于上游水平。

表1 2014—2017年零售业公司营业周期情况

单位:天

| 公司简称 | 指标 | 2017年 | 2016年 | 2015年 | 2014年 |
|---|---|---|---|---|---|
| 天虹股份 | 营业周期 | 37.55 | 35.05 | 33.83 | 32.63 |
| | 存货周转天数 | 36.54 | 33.86 | 32.90 | 31.87 |
| | 应收账款周转天数 | 1.01 | 1.19 | 0.93 | 0.76 |
| 合肥百货 | 营业周期 | 60.31 | 54.22 | 44.13 | 35.60 |
| | 存货周转天数 | 57.97 | 52.26 | 42.49 | 34.37 |
| | 应收账款周转天数 | 2.34 | 1.96 | 1.64 | 1.23 |

（续表）

| 公司简称 | 指标 | 2017年 | 2016年 | 2015年 | 2014年 |
|---|---|---|---|---|---|
| 百联股份 | 营业周期 | 34.57 | 36.47 | 33.16 | 33.09 |
| | 存货周转天数 | 30.93 | 33.62 | 30.45 | 30.87 |
| | 应收账款周转天数 | 3.64 | 2.85 | 2.70 | 2.22 |

3. 已完工未结算的存货

基建行业由于建造周期长的特性，因此其收入和利润按照完工百分比法确认。由施工方自己确认支出成本的项目进度是完工进度，完工后经监理单位审核、业主承认的完工进度就可以转化为结算进度。完工进度一般要大大领先于结算进度。不过企业自己确认完工了，但业主方还没同意，这时"已完工未结算"的部分是计入存货的，等到业主确认了再转为结算进度。对于已完工未结算的存货，这部分存货数额的增长幅度与营业利润的增长幅度存在关联（即企业在根据完工百分比法确认自身收入和成本时，可以将这部分已完工未结算存货计入其中，作为未完工工程的内含毛利），有些企业可能通过增加已完工未结算的存货来推动利润暴增。此外，还要看这项存货占总资产的比重，比重过高的话，一旦计提跌价准备，就会对利润有很大影响。

 例 3.16

### 美丽生态：房子建了，但我拿不到钱

根据美丽生态2017年年报，公司总资产31.05亿元，其中有18.88亿元都是存货，而存货中已完工未结算部分的账面余额又高达18.2亿元，计提了1.3亿元的存货跌价准备（见表1）。

表1 美丽生态存货跌价准备情况    单位：元

| 项目 | 期初余额 | 本期增加金额 | | 本期减少金额 | | 期末余额 |
|---|---|---|---|---|---|---|
| | | 计提 | 其他 | 转回或转销 | 其他 | |
| 消耗性生物资产 | 1 087 299.00 | 5 776 500.48 | | 2 393 986.00 | | 21 469 813.48 |

（续表）

| 项目 | 期初余额 | 本期增加金额 | | 本期减少金额 | | 期末余额 |
|---|---|---|---|---|---|---|
| | | 计提 | 其他 | 转回或转销 | 其他 | |
| 建造合同形成的已完工未结算资产 | 4 030 474.48 | 127 858 920.48 | | | | 131 889 394.96 |
| 合计 | 22 117 773.48 | 133 635 420.96 | | 2 393 986.00 | | 153 359 208.44 |

根据深交所对公司发出的针对其2017年年报的问询函信息，公司2016年年末前已完工或完工百分比在95%以上的项目，存在大量未及时审计结算的情况，合计已完工未结算金额超过3亿元。这种已完工未结算项目都是没拿到钱的，一旦与业主方发生纠纷导致减值甚至核销，公司资产和利润就会遭受暴击。

4. 存货跌价准备

存货跌价准备是利润的重要影响科目，很多上市公司的存货跌价准备实际上都少提了，毕竟现在通过实业挣钱太不容易了。如果存货金额巨大，那么稍微提一些存货跌价准备，可能就会让公司一年的净利润打水漂了。

所以我们需要重点关注那些存货金额巨大的上市公司，同时关注其存货跌价准备。一般而言，如果存货周转得比较快，那么上市公司少提一些存货跌价准备其实是可以的；但是如果存货本身周转得比较慢，并且行业竞争相对激烈，那么存货跌价准备的计提其实对上市公司报表是有直接压力的。

我们也要关注存货与净利润的比值。存货跌价准备计提的基础就是存货，假定上市公司始终计提5%的存货跌价准备，如果存货总量快速增长，那么存货跌价准备总量也会同比例较快增长。如果上市公司净利润没有发生太大的变化，那么存货跌价准备就会侵蚀很多净利润的空间。

以海信科龙为例，库存商品跌价准备是其关键审计事项，公司库存商品采用成本与可变现净值孰低的方法进行计量。截至2016年年底，公司库存商品余额高达20亿元，而库存商品跌价准备只有3 400万元，从而公司库存商品跌价准备是否计提充分对报表的影响是十分明显的。由于海信科龙的产品面临的市场竞争相对激烈，管理层的重大判断有比较大的操作空间，因此投资者需要有一个清晰的判断。

**存货舞弊的套路**

近年来在存货上出事的公司相当多，獐子岛、中银绒业、紫鑫药业都是在存货上面做文章,存货可以说是资产负债表中最容易装东西的科目。小组的后台经常遇到询问存货相关问题的读者,所以我们专门用一段文字讲一讲存货舞弊的套路。

俗话说,做账做全套,上市公司想要收入、利润,一定需要资产端的科目来做配合。而可以配合做账的资产端的科目,除了非流动资产(如固定资产、在建工程),还有流动资产中的存货、应收账款。存货因为随着企业生产经营的不断增加而减少,并且有不同的计价方式可以调整,所以成为财务人员调节上市公司报表最喜欢的科目之一。

在采购环节,上市公司可以虚构存货及其价值,也可以通过其他报表科目进行腾挪,如在建工程、预付账款。在销售环节,上市公司可以调整结转营业成本的数量和金额,在不同的报表期间实现利润平滑。但是分析上市公司的存货并不是完全没有路径可循,重要的是需要关注上市公司有没有财务舞弊的动机。如果上市公司存货金额巨大,又迫切需要释放利润,或者远超同行表现地释放了利润,那么就需要关注存货有没有参与跨期调节。另外,每一家上市公司都有自己的投入-产出表,存货的造假也会带动其他科目异常变动,通过关注存货与销售收入、总资产、总成本等的变动,多进行比率分析和趋势分析,是很可能发现重大舞弊的线索的。

 **案例分析**

### 益盛药业:回答问询函的技巧

益盛药业的主要产品是胶囊类、针剂类、化妆品类和人参相关产品,目标是打造人参全产业链,现在已经形成人参种植、人参初加工、药品、保健食品、化妆品等业务板块。

我们先来看看公司的资产结构(2017年年报)(见图1):

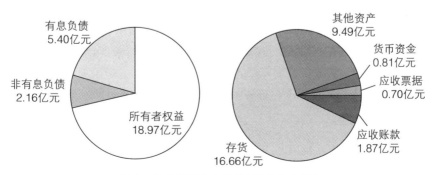

**图1 益盛药业资产结构(2017年年报)**

公司的资产负债率为28.51%,但在26.53亿元的总资产中,只有货币资金0.81亿元,银行承兑汇票(约等于现金)0.70亿元,共计1.51亿元,现金类资产占比只有5.69%。资产中占比最高的是**存货,16.66亿元,占比高达62.79%**。因此深交所发出了问询函,要求说明存货状况:

四、报告期末,你公司存货账面价值为16.66亿元,当期计提存货跌价准备1 745.46万元,存货账面价值占合并财务报表资产总额的62.79%。

1. 请结合同行业可比公司情况,说明你公司存货处于较高水平的原因及合理性。

根据公司的回函,2017年年末的存货中有14.47亿元都是人参,还补充说明了要囤这么多人参的原因:近年来人参种植面积下降,为了防止原材料供应短缺,增加了人参的储备量。

近几年益盛药业存货增量如图2所示,存货的增长完成了数量级的飞跃。

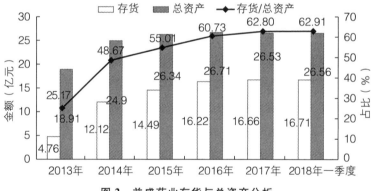

图2 益盛药业存货与总资产分析

从2013年开始,公司的货币资金逐渐减少,短期借款逐渐增加,存货则直接"添了个零"(见图3)。在2013年和2014年年报中,公司说明了货币资金减少和现金流量降低是采购鲜人参、生晒参、红参及人参种植增加所致,在存储原材料上不遗余力。

根据公司的回函,16.66亿元的存货中有约13.26亿元的人参存货(不含消耗性生物资产),所谓"不含消耗性生物资产",是说这部分没有把正在培育中的人参算进去。根据库龄和上述存货的增量来看,公司这些年增长的存货主要就是原材料。

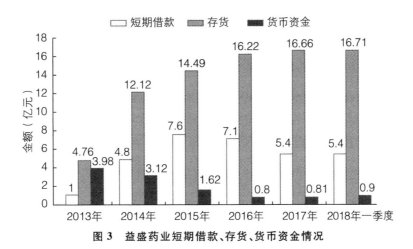

图 3　益盛药业短期借款、存货、货币资金情况

2017年12月31日,公司存货账面余额中人参类别的存货为13.26亿元(不含消耗性生物资产),占期末存货余额的76.72%。人参类别存货情况如表1所示。

表1　益盛药业人参类别存货情况

| 库龄 | 账面余额(元) |
| --- | --- |
| 1年以内 | 44 311 008.01 |
| 1—2年 | 193 352 386.71 |
| 2—3年 | 246 018 102.51 |
| 3—4年 | 842 091 342.70 |
| 合计 | 1 325 772 839.93 |

根据吉林省人参科学研究院出具的《人参长期保藏及使用说明材料》,人参在一定的储存条件下,有效期可达10年以上,并且其质量及有效成分可保持稳定,不会发生不良改变。公司所有人参存货均存放于公司自建冷库。冷库内采用风冷设计,环境温度控制在-5℃—-10℃,相对湿度控制在20%—25%,可以做到通风、防潮、防虫蛀,存放条件均达到相关要求,故不存在价值易于减损、长期呆滞的情况,同时人参属于传统珍贵药材,也不存在更新周期快的情况。

那囤了这么多的存货,公司的周转状况如何呢?交易所也比较关心,从而替广大投资者问了一下。公司的回复如表2所示。

表2　益盛药业及可比公司存货周转情况

| 项目 | 益盛药业 | 紫鑫药业 | 康美药业 |
| --- | --- | --- | --- |
| 年末存货余额(元)① | 1 728 064 921.09 | 4 833 163 885.38 | 15 731 499 314.02 |
| 年末存货跌价准备(元)② | 61 831 411.59 | | 31 310 874.68 |
| 存货跌价准备计提比例(%)③=②÷① | 3.58 | | 0.20 |
| 年末存货账面价值(元)④ | 1 666 233 509.50 | 4 833 163 885.38 | 15 700 188 439.34 |
| 年末资产总额(元)⑤ | 2 653 485 977.68 | 8 879 497 809.11 | 68 722 020 630.61 |
| 年末存货与总资产之比(%)⑥=④÷⑤ | 62.79 | 54.43 | 22.85 |
| 年初存货余额(元)⑦ | 1 621 781 126.59 | 2 673 244 932.69 | 12 619 374 963.24 |
| 平均存货余额(元)⑧=(⑦+④)÷② | 1 644 007 318.05 | 3 753 204 409.04 | 14 159 781 701.29 |
| 本年营业收入(元)⑨ | 1 034 442 376.85 | 1 327 230 839.27 | 26 476 970 977.57 |
| 存货周转次数(以营业收入为基础) | 0.63 | 0.35 | 1.87 |

注:可比公司选择标准为业务结构中人参相关产业占比较大的上市公司。

表2是以营业收入为基础进行的测算,比较基准选得好——存货周转次数是0.63,周转天数是365/0.63=579天,1年多一点。据此来看,公司的周转表现能排在行业中游。但是公司的产品毛利率很高,真实成本的周转率并没有那么高。

我们再按照消耗的成本做个测算:公司的营业成本是268 651 121.03元,平均存货是1 644 007 318.05元。用平均存货除以营业成本就是其周转期,**大约是6年**。紫鑫药业和康美药业的周转期若按营业成本测算,则分别是13—14年和不到1年。其中,紫鑫药业曾因业绩造假被处罚;康美药业与两者的主营业务构成差别较大,不做比对。

按营业收入计算,公司存货周转期为1年;按营业成本计算,公司存货周转期为6年。这两个数字都是真实的,只是前者看起来更有安全感,但实际的周转率并不高。

公司资产软的核心问题在于,存货的体量实在太大,大到占总资产的62.79%,但公司的盈利能力并不是很强,存货只要波动哪怕一个点,公司一年就白干了。

在资金扩张的循环中,大家容易看涨资产价格。现在去杠杆,资金紧张,资产变现比以前困难了,人参价格也有涨跌,关注存货跌价准备和存货周转水平就是分析这家公司的关键。

## 3.1.8 其他应收款

**定义**

其他应收款是指企业除应收票据、应收账款、预付账款、应收股利和应收利息以外的其他各种应收及暂付款项。

**科目详解**

"其他应收款"中的其他二字值得细细品味,尤其是当一个企业有大量的其他应收款时。从直觉上来讲,看到其他二字就应该头疼。这两个字就意味着这个账户像收纳箱一样,不清不楚,杂七杂八,搞不好还是一个垃圾箱,是个藏污纳垢的地方。好的企业,就应该光明磊落,主营业务清晰,每笔钱的来龙去脉一目了然,要是各种钱到最后都归为了"其他",则要么是其财务人员水平不行,要么是有什么猫腻。

与主营业务无关的应收款,企业都可以放入其他应收款。正因为如此,企业可以将一些别有目的的资金放入其中,隐藏其真实来路。例如,隐藏短期投资,截取投资收益;转移资金;私设小金库;隐藏利润和费用等。此外,既是应收款,就有坏账的风险。"垃圾"丢进去,指不定能否收回来。

**例 3.17**

### 银星能源:其他应收款收不回来了

根据银星能源2017年年报,公司其他应收款的账面余额为1.48亿元,共计提坏账准备1.28亿元,计提比例高达86.49%(见表1)。公司每对其他应收款计提一次坏账准备,将对当期利润造成负面影响。

表1 银星能源其他应收款情况

| 类别 | 年末金额 | | | | 账面价值(元) |
|---|---|---|---|---|---|
| | 账面余额 | | 坏账准备 | | |
| | 金额(元) | 比例(%) | 金额(元) | 比例(%) | |
| 单项金额重大并单项计提坏账准备的其他应收款 | 112 659 266.83 | 76.17 | 112 659 266.83 | 100.00 | — |

(续表)

| 类别 | 年末金额 | | | | 账面价值(元) |
|---|---|---|---|---|---|
| | 账面余额 | | 坏账准备 | | |
| | 金额(元) | 比例(%) | 金额(元) | 比例(%) | |
| 按账龄组合计提坏账准备的其他应收款 | 33 640 430.66 | 22.74 | 14 088 920.92 | 41.88 | 19 551 509.74 |
| 单项金额虽不重大但单项计提坏账准备的其他应收款 | 1 607 632.82 | 1.09 | 1 607 632.82 | 100.00 | — |
| 合计 | 147 907 330.31 | — | 128 355 820.57 | — | 19 551 509.74 |

## 综合分析

1. 其他应收款与应收账款

其他应收款与应收账款之比应该在正常范围内(一般理解为不突破常规认知的比例,可以参考行业均值,如果偏离了且是毫无道理的偏离,则就是异常了),否则有不规范之嫌。

2. "其他应收款+应收账款"与货币资金

如果企业本身资金短缺,但是有大量的应收款,则有两种可能:要么赊账太多,经营风险过高;要么经营惨淡,靠伪造应收款来支撑总资产。

3. 特殊情况

小组分析资产负债表的习惯是先看在总资产中占比较大的科目,或者是科目数值较大,但是并非经营中常规的科目。小组曾分析过江淮汽车,在其财务报表中,其他应收款占比较高,从2016年达到45亿多元之后,波动极小(见表3.1)。从2015年开始出现的其他应收款占比快速上升,就是江淮汽车的财务特征异常点。

表 3.1  江淮汽车 2014—2018 年流动资产情况　　　　　单位:亿元

| | 2018年中报 | 2017年年报 | 2016年年报 | 2015年年报 | 2014年年报 |
|---|---|---|---|---|---|
| 货币资金 | 112.25 | 110.60 | 160.32 | 124.56 | 79.86 |
| 以公允价值计量且其变动计入当期损益的金融资产 | — | — | 0.28 | 0.30 | 0.63 |

## 第3章 资产软，负债硬，公司家底没秘密

（续表）

|  | 2018年中报 | 2017年年报 | 2016年年报 | 2015年年报 | 2014年年报 |
|---|---|---|---|---|---|
| 应收票据 | 11.14 | 9.59 | 16.66 | 25.12 | 25.73 |
| 应收账款 | 43.19 | 31.10 | 33.66 | 19.56 | 5.28 |
| 预付款项 | 4.69 | 4.66 | 3.78 | 4.79 | 5.82 |
| 应收股利 | 0.00 | — | — | 0.03 | 0.01 |
| 其他应收款 | 46.19 | 45.73 | 45.54 | 15.03 | 0.76 |
| 存货 | 20.64 | 15.88 | 28.39 | 18.28 | 13.24 |
| 划分为持有待售的资产 | 0.01 | 0.01 | — | — | — |
| 其他流动资产 | 21.51 | 17.32 | 22.28 | 11.15 | 10.71 |
| 流动资产合计 | 259.61 | 234.90 | 310.91 | 218.83 | 141.93 |

仔细看公司财务报表附注会发现，这部分其他应收款主要是国家发放的新能源汽车补贴，并且将中央、地方的补贴做了详细的分类。江淮汽车将这些补贴都作为其经营成果，但是并没有收到对应的现金。虽然政府信用在国内通行无阻，但是产业政策的变化也会对上市公司产生重大影响。近年来随着新能源汽车补贴的快速发展，很多业内公司出现了大量的违规操作，因此国家对相关政策进行了重大调整，上市公司受到的影响实际上是滞后的，但是不用心研读财务报表的投资者会忽视这种影响对未来价格波动的潜在冲击。

截至我们写作本书之时，江淮汽车的市值只有100亿元，尽管估值已经很低，但是"跌跌"不休的价格还是提前反映了市场对其他应收款的担心，一旦这45亿多元的其他应收款因政府政策变化而无法收回，就会对江淮汽车的经营业绩和净资产产生重大影响。江淮汽车并不是没有看到其他应收款的风险，其在会计政策解释中说明，预期政府补贴能够在3年内收回，2018年其实已经是第3年了。而地方政府和中央政府的财政压力在这几年其实变化非常大，要用钱的地方太多，能否给上市公司兑现允诺的补贴要打一个巨大的问号。有经验的投资者实际上可以提前避免这样的财务风险，但是大部分投资者是在事后才发现，原来上市公司并没有收到对应的政府补贴。这就是研读上市公司年报，尤其是上市公司财务报表附注的收获。江淮汽车2017年财务报表附注对该部分的说明具体如下：

新能源汽车收入及补贴

☑ 适用 □ 不适用

单位:元 币种:人民币

| 车型类别 | 收入 | 新能源汽车补贴金额 | 补贴占比(%) |
|---|---|---|---|
| 新能源汽车 | 5 201 544 958.08 | 2 133 461 445.00 | 41.02 |

涉及政府补助的应收款项

☑ 适用 □ 不适用

单位:元 币种:人民币

| 单位名称 | 政府补助项目名称 | 期末余额 | 期末账龄 | 预计收取的时间、金额及依据 |
|---|---|---|---|---|
| 中央财政部门 | 新能源汽车国家补贴 | 3 771 992 025.00 | 3年以内 | 依据国家电动车补助政策,预计3年内收取补助 |
| 各级地方财政部门 | 新能源汽车地方补贴 | 577 387 640.00 | 2年以内 | 依据国家电动车补助政策,预计2年内收取补助 |
| 合计 | | 4 349 379 665.00 | | |

## 3.2 非流动资产

### 3.2.1 可供出售金融资产

**定义**

可供出售金融资产是交易性金融资产和持有至到期投资以外的其他债权证券和权益证券。企业购入可供出售金融资产的目的是获取利息、股利或市价增值。可供出售金融资产属于非流动资产,主要是因为其持有期限通常超过一年。上市公司通常通过财务投资形成报表上的可供出售金融资产。但是随着这几年会计政策的调整及2017年3月31日《企业会计准则第22号——金融工具确认和计量》的发布,将原先以公允价值计量且变动计入当期损益的金融资产、持有至到期投资、贷款和应收款项、可供出售金融资产修改为了三类,并去掉了原先的可供出售金融资产科目。新的金融资产分类主要是"以摊余成本计量的金融资产""以公允价值计量且其变动计入其他综合收益的金融资产"及"以公允价值计量且其变动计入当期损益的金融资产"。

**科目详解**

在以往会计准则下,企业会因持有可供出售金融资产而在牛市中产生大量的浮盈,虽然不能在当期计入损益,但是只要企业对其进行处置,就会极大地美化当期的利润表。所以在过去,可供出售金融资产是平滑利润、创造收益的重要科目。而在现行会计准则下,如果金融资产被指定为"以公允价值计量且其变动计入其他综合收益的非交易性权益工具投资"(属于"以公允价值计量且其变动计入其他综合收益的金融资产"中的子分类),那么企业将金融资产处置掉之后,这部分账面浮盈将直接进入综合收益,就不会在利润表中直接体现,对利润的调节作用大大弱化。上市公司想靠卖股票保壳,不能走以前的套路了。

天宸股份 2018 年资产总计 28.61 亿元,其中可供出售金融资产就接近 20 亿元;2015 年行情较好时,天宸股份的资产接近 54 亿元,其中可供出售金融资产就达到了 46.27 亿元。细心的读者可能发现,可供出售金融资产在天宸股份财务报表中波动剧烈(见表 3.2),但实际上公司对这部分资产一直没有处置,其波动完全是由市场的正常波动造成的。天宸股份在早年投资了绿地控股(规模最大的房地产企业),当年的投资额非常低,仅为 3 492 万元,如今换来几十亿元的回报。作为较早上市的上海本地股,天宸股份因为资金实力和经营压力,退出房地产市场已经很久了,现在全靠早些年打下来的家底支撑着。绿地控股每年的分红大概几千万元,构成了公司净利润的全部来源。公司持有的其他产业,要么微利,要么亏损,全靠当年这 3 492 万元投资支撑着。正是因为有了天宸股份这样小投入赚大钱的例子,企业家都争先恐后地投身股权投资市场,更不用说上市公司了,这也是各家上市公司乐此不疲地做金融资产投资的原因。

表 3.2 天宸股份 2014—2018 年资产情况 单位:亿元

| 项目 | 2018 年 | 2017 年 | 2016 年 | 2015 年 | 2014 年 |
| --- | --- | --- | --- | --- | --- |
| 报表类型 | 合并 | 合并 | 合并 | 合并 | 合并 |
| 流动资产: | | | | | |
| 货币资金 | 2.34 | 2.61 | 4.36 | 4.03 | 3.70 |
| 以公允价值计量且其变动计入当期损益的金融资产 | 0.01 | 0.80 | — | — | — |

(续表)

| 项目 | 2018年 | 2017年 | 2016年 | 2015年 | 2014年 |
|---|---|---|---|---|---|
| 应收账款 | 0.00 | 0.00 | 0.00 | 0.01 | 0.01 |
| 预付款项 | 4.76 | 0.03 | 0.00 | 0.00 | — |
| 其他应收款 | 0.01 | 0.01 | 0.31 | 0.14 | 0.15 |
| 存货 | 0.36 | 0.36 | 0.36 | 0.34 | 0.32 |
| 其他流动资产 | 0.81 | 1.71 | 0.60 | — | — |
| 流动资产合计 | 8.29 | 5.53 | 5.63 | 4.52 | 4.18 |
| 非流动资产： | | | | | |
| 可供出售金融资产 | 18.04 | 21.72 | 25.13 | 46.27 | 1.05 |
| 长期股权投资 | — | — | 0.13 | 0.54 | 0.67 |
| 投资性房地产 | 0.73 | 0.76 | 0.80 | 1.41 | 1.48 |
| 固定资产 | 0.60 | 0.67 | 0.74 | 0.21 | 0.20 |
| 固定资产清理 | 0.00 | — | — | — | — |
| 无形资产 | 0.95 | 0.97 | 0.99 | 1.00 | 1.02 |
| 递延所得税资产 | — | — | — | — | 0.02 |
| 非流动资产合计 | 20.32 | 24.13 | 27.79 | 49.43 | 4.44 |
| 资产总计 | 28.61 | 29.66 | 33.42 | 53.95 | 8.62 |

### 3.2.2 持有至到期投资

**定义**

持有至到期投资是指到期日固定、回收金额固定或可确定，且企业有明确意图和能力持有至到期的非衍生资产，最典型的例子是长期债权投资。固定利率国债、浮动利率公司债券等，都属于持有至到期投资，持有至到期投资分为长期和短期两种类型。但是根据最新的企业会计准则，这一科目已经消失，变成了我们前面所说的"以摊余成本计量的金融资产"。

## 3.2.3 长期应收款

**定义**

长期应收款是企业融资租赁产生的应收款项和采用递延方式分期收款、实质上具有融资性质的销售商品和提供劳务等经营活动产生的应收款项;如果实际上构成了对被投资单位的净投资,则也通过这一科目进行核算。这一科目在财务报表中其实并不常见,不是资产负债表中需关注的核心科目。

## 3.2.4 长期股权投资

**定义**

长期股权投资是指企业投资的、准备长期持有的其他公司股权,包括对联营企业和合营企业的投资。将其归入非流动资产,是因为企业没有在一年内变现的打算。看企业长期股权投资的回报有多少,能够分析出企业投资的眼光;看企业对什么样的公司有长期股权投资,可以分析出企业的经营战略。对于长期股权投资,小组日常分析更多的是从股票分析出发,对会计实务并不是特别关注。

**科目详解**

许多公司都涉及长期股权投资这一科目,我们在具体的财务分析中,一方面要直接查看财务报表附注中的长期股权投资明细,仔细翻看联营企业、合营企业的家底;另一方面要结合现金流量表,看看上市公司长期股权投资究竟累计花掉多少钱,花到哪些公司身上。如果有历史投资的处置,则看看这个子公司卖给了谁,现金流量表专门有一个科目"处置子公司及其他营业单位收到的现金净额",讲的就是这个。在 A 股市场,上市公司实际控制人通常将其子公司卖给关联公司,赚一笔非经常性损益,以确保公司盈利、不被交易所 ST 处理,真是为了利益输送费尽苦心。

有关长期股权投资的理解应注意以下两点:

首先,如果长期股权投资的对象是上市公司,那么这部分价值是可以被清晰计量的。比如,吉林敖东的长期股权投资占比很高,其所持有的长期股权投资是广发证券的股权,这部分价值实际上是可以被清晰计量的,有市场公允价格可以参考,并不需要等待广发证券披露对应的报表,投资者可以实时跟踪。由于市场也经常出现无效的情况,如果上市公司折价太多,那么就构成了比较好的买入机会。

其次,如果长期股权投资的对象是非上市公司,但是对上市公司(投资主体)的主营业务非常重要,就体现为上市公司拥有大量的联营、合营企业。永辉超市有高达36.59亿元的长期股权投资,通过并购地方区域超市、便利店龙头(红旗连锁—四川、中百集团—湖北、联华超市—上海等)等,用较轻的资产快速占领市场、扩张线下渠道,顺便输出供应链优势,改善这些传统超市的经营模式,使其摆脱区域限制。永辉超市并购这些估值较低的地方区域超市,在短时间内既可以分享正常经营的盈利,又可以提升其估值,这在公司股价的长牛走势中也有所体现。

**综合分析**

在做长期股权投资分析时要注意,上市公司的联营、合营企业,是构建关联交易的重要环节,有关联交易就有利益输送的可能。尤其是那些上市公司没有实际控制权的联营企业,投资收益可能持续为负。因为这部分长期股权投资占比较低,由此产生的投资收益不会对上市公司的净利润造成太大的影响,只要上市公司持续输血,就可以通过联营企业的关联公司构建一个利益输送的体外循环。

举个最简单的例子,上市公司投资许多联营企业,占比都不高,每年这些企业都会曝出普遍性的亏损,同时上市公司每年还对这些企业提供一些资金支持。实际上,这些联营企业通过上市公司的投资款,循环到体外的关联公司,再重新与上市公司签订业务合作,购买商品或服务,这样就成功地将上市公司的投资活动现金流变成经营活动现金流。小组接触的机构投资者大部分关注经营活动现金流的质量而忽视投资活动现金流的质量,投资活动的现金流除了购建固定资产和理财产品,大部分都流向了联营企业和合营企业。如果上市公司拥有的联营企业和合营企业足够多,业务体系足够复杂,则完全可以构建一个资金循环的迷魂阵,将需要虚增的营业收入通过一系列体外关联主体来完成,应收账款也可以记得相对分散,从而成功躲避二级市场分析师的关注。

一些简便的方法有助于我们识别上述操作。进行此类操作的上市公司股价诉求一般都非常强,其财务特征往往是:资产规模快速扩大,有息负债快速增加;经营活动现金流可能相对不错,但是对比投资活动现金流后发现,上市公司持续失血,投资收益持续为负;上市公司的历史投资回报连银行利息都赶不上;大量的货币资金转化为长期股权投资中的联营企业股权和合营企业股权。资金出去了,再进一步变回企业的应收账款,收入和利润就这样被吹大了。

小组关注的一些游戏类上市公司、医疗类上市公司、电子类上市公司,都有这方面的问题,虽然媒体没有太多的相关报道,监管也没有给予太多的关注,但是这些上市公司的现金流都十分紧绷,高度依赖外部融资,遇上宏观政策收紧就纷纷爆雷了。

## 案例分析

### 外运发展:外运发展整合并入中国外运

这里讲述的是中外运-敦豪(DHL 中国)(以下简称"敦豪")的大股东——外运发展的故事。

外运发展 2017 年营业收入结构如图 1 所示。

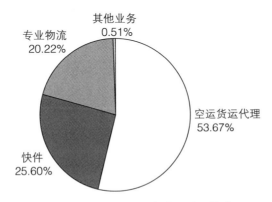

**图 1　外运发展 2017 年营业收入构成**

外运发展 2017 年报告期内的营业收入为 62.07 亿元,主营空运货运代理服务、电商物流服务和专业物流服务。其中,空运货运代理为主要优势,在报告期内贡献了超过 50% 的营业收入,而且毛利率在三块主营业务中也是最高的(9.75%)。公司电商版块的收入增幅达到了 121.11%,主要是因为出口电商业务增长,尤其是菜鸟业务迅猛发展。

但对外运发展的利润贡献最大的其实是对**敦豪**的投资收益,占净利润的 66%。

很明显,外运发展和敦豪这两家公司有很多业务是重叠的,合并能够有效解决同业竞争问题。

其实外运发展近几年的净利润大部分都来自敦豪。外运发展近 2013—2017 年所收到的对敦豪的投资收益,除 2016 年因欧元兑人民币升值幅度超过收入增速导致利润下滑外,每年的投资收益均稳定增长(见图 2)。

由于敦豪采用的是轻资产模式,再加上在海外强大的网络和运力,2017 年敦豪的净资产收益率高达 77%,远超国内快递龙头企业,净利率也达到 15%,处于较高水平。

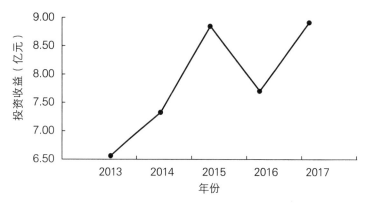

**图2 外运发展对敦豪的投资收益**

2017年外运发展对敦豪的投资收益为8.94亿元,虽然敦豪的增速低于同业水平,但根据Wind盈利预测,2018年市场给同业的市盈率估值大概是:顺丰40倍,德邦40倍,韵达32倍,圆通23倍,申通20倍。外运发展的想象空间还很大。

在对敦豪的投资收益稳定增长的前提下,该投资收益占净利润的比重却在逐年下降(见图3),说明公司主营业务不断成熟。

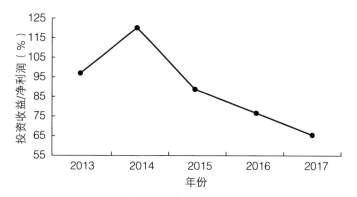

**图3 外运发展对敦豪的投资收益/净利润**

2017年报告期内,外运发展有49.08亿元的货币资金、3亿多元的可供出售金融资产、14.27亿元的长期股权投资,准现金类资产约67亿元(见表1)。可供出售金融资产是中国国际航空、东方航空和京东方的股票,长期股权投资最主要的是敦豪,量大质优。

**表1 外运发展准现金类资产**     单位:亿元

| 项目 | 2017年 | 2016年 |
| --- | --- | --- |
| 货币资金 | 49.08 | 32.91 |
| 可出售金融资产 | 3.61 | 8.51 |

(续表)

| 项目 | 2017年 | 2016年 |
|---|---|---|
| 交易性金融资产 | 0 | 0 |
| 长期股权投资 | 14.27 | 13.21 |
| 合计 | 66.96 | 54.63 |

物流行业大多有仓储中心和物流园等，外运发展也不例外：2017年报告期内，外运发展共有1.76亿元的投资性房产、9.76亿元的固定资产和2.47亿元的在建工程，大部分都是办公楼、物流中心、仓库等。这些资产都以成本计价，但面积及具体位置年报中并未披露。

约67亿元的准现金类资产，不到2亿元的有息负债（结构如表2所示），而外运发展的总资产也就100亿元。在资产软、负债硬的去杠杆大环境下，这样的资产结构让合并后的中国外运安全垫更厚，成长空间也更大。

**表2　外运发展有息负债结构**　　　　　　　　　　　　　　单位：亿元

| 项目 | 2017年 | 2016年 |
|---|---|---|
| 短期借款 | 1.67 | 1.36 |
| 长期借款 | 0 | 0 |
| 应付债券 | 0 | 0 |
| 合计 | 1.67 | 1.36 |

外运发展2017年对敦豪的长期股权投资是14.27亿元（按历史成本计价），这部分投资每年贡献约8亿元的利润，算下来约2倍的市盈率，但市场上普遍都是10倍，所以仅在敦豪这里就被低估了近65亿元。

总结一下，外运发展是一只现金流巨好又几乎没有有息负债、未来发展方向和空间都能看得很清楚的标的。

## 3.2.5　投资性房地产

**定义**

投资性房地产是指为赚取租金或资本增值，或两者兼有而持有的房地产，包括已出租的土地使用权、持有并准备增值后转让的土地使用权和已出租的建筑物。企业正在使用的房子,或者房地产企业打算卖掉的房子,都不能算作投资性房地产。投资性房地产重点强调的是房地产用于出租或者资本增值。

**科目详解**

在中国,参与炒房的个人投资者很多,上市公司也不能免俗。上市公司参与炒房的资金量比普通投资者大许多,小组之前专门写过一篇文章,调侃中国的上市公司是手握万亿的炒房团。其实,通过公司来买房的操作比较普遍,只不过因为不是公开信息,所以很难精准计量。但是上市公司要合规披露,所以我们能够通过上市公司的报表一窥其中的端倪。这个科目在房地产公司中的重要性不言而喻,但从一些非房地产公司的财务报表中来看就比较有意思了。沿着这个思路,我们列出了 2017 年投资性房地产最多的 20 家公司(剔除了房地产公司),具体如表 3.3 所示。

表 3.3  2017 年投资性房地产最多的 20 家公司

| 证券简称 | 所属行业 | 投资性房地产(亿元) | 投资性房地产变动损益(亿元) | 投资性房地产/总资产(%) |
| --- | --- | --- | --- | --- |
| 美凯龙 | 商业贸易 | 708.31 | 19.96 | 73.01 |
| 中国建筑 | 建筑装饰 | 571.13 | | 3.68 |
| 中国平安 | 非银金融 | 471.54 | | 0.73 |
| 中国银行 | 银行 | 210.26 | 7.71 | 0.11 |
| 金隅集团 | 综合 | 154.40 | 5.14 | 6.65 |
| 供销大集 | 商业贸易 | 143.40 | 3.02 | 25.69 |
| 海航控股 | 交通运输 | 100.80 | 0.43 | 5.11 |
| 中国太保 | 非银金融 | 87.27 | | 0.75 |
| 天茂集团 | 非银金融 | 85.99 | | 6.12 |
| 交通银行 | 银行 | 82.17 | 1.92 | 0.09 |
| 建发股份 | 交通运输 | 79.68 | | 4.55 |
| 豫园股份 | 商业贸易 | 78.84 | −0.61 | 32.69 |
| 农产品 | 商业贸易 | 70.33 | | 37.33 |
| 海宁皮城 | 商业贸易 | 66.42 | | 62.67 |
| 传化智联 | 交通运输 | 61.29 | 1.05 | 25.45 |

(续表)

| 证券简称 | 所属行业 | 投资性房地产(亿元) | 投资性房地产变动损益(亿元) | 投资性房地产/总资产(%) |
|---|---|---|---|---|
| 中国中铁 | 建筑装饰 | 57.89 | | 0.69 |
| 广汇物流 | 综合 | 54.54 | -0.71 | 57.86 |
| 茂业商业 | 商业贸易 | 49.93 | 0.08 | 28.10 |
| 晨鸣纸业 | 轻工制造 | 48.10 | | 4.55 |
| 新华保险 | 非银金融 | 47.41 | | 0.67 |

第一名是卖家具的美凯龙，708.31亿元的投资性房地产，占到了总资产的73.01%。为什么一家卖家具的公司有这么多投资性房地产？只要你逛过美凯龙应该就能明白了：美凯龙2017年有71家自营商场，面积达570万平方米，出租率超过97%。这些地和商场2017年给美凯龙带来了近20亿元的收入，占到了公司净利润的42.78%，租金收到手软。在过去国内房地产大发展的浪潮中，不少上市公司通过投资房地产取得了巨大收益。在房价上涨的过程中，这一资产对上市公司资产负债表的扩大是非常有利的，但是如果碰到房价下跌，则上市公司的利润表也会受到不利影响。从中国上市公司的财务报表状况来看，持有较多投资性房地产的主要是金融企业和国有企业，它们是房价上涨最大的受益者。也有个别重视线下网络的上市公司手持大量投资性房地产，这些公司的投资性房地产其实都是以公允价值计量，小组平时特别关注的隐蔽资产部分，一般不会在投资性房地产中出现，而是在固定资产中。

### 3.2.6 固定资产

**定义**

固定资产是企业为生产产品、提供劳务、出租或者经营管理而持有的，使用时间超过12个月的，价值达到一定标准的非货币性资产，包括房屋、建筑物、机器、机械、运输工具以及其他与生产经营活动有关的设备、器具、工具等。对于大部分重资产的行业来说，固定资产这个科目具备较大的腾挪空间，一家公司如果有巨大的隐蔽资产，往往也是将其藏在固定资产这个科目里。

## 科目详解

为什么说固定资产这个科目具备较大的腾挪空间呢？因为它是一个不断变化的值：一方面，随着在建工程的增加，一部分在建工程最终会转化为固定资产；另一方面，固定资产本身又需要按照会计准则进行折旧，计入当期损益。一加一减，两边都有比较大的腾挪空间。

一般情况下，固定资产都有使用寿命，企业每年要根据会计政策对固定资产计提折旧。所以折旧就是在资产预计的使用寿命内，根据事先确定的计提方法，在使用寿命内对企业可以消耗的价值部分进行分摊。其中，企业可以消耗的价值部分，就是固定资产原值与残值的差额。以钢铁企业的生产线为例，企业根据自身情况，制定了一个具体的折旧年限，假定为10年，价值10亿元的生产线，如果残值是1亿元，那么在这10年中需要计提的折旧总共是9亿元，用最简单的方法来计算，每年计提的折旧就是9 000万元，这9 000万元的折旧直接影响了上市公司的利润表，但实际上这并不是真正花掉的钱。这笔钱其实在上市公司购建固定资产时已经花掉了，日后的折旧其实对上市公司的净现金流量并没有实际的影响。

在上市公司的实际操作中，固定资产的投资也给公司留下了较大的操作空间：上市公司既可能夸大自身对固定资产的投资，来吸引更多的外部资金进入；也可能低估固定资产，使其远远低于市价。小组对固定资产这个科目还是比较谨慎的，因为固定资产要想变现，实在是太难了。还是以钢铁企业的生产线为例，一个完整的生产线，只有作为整体才有意义，才有经济价值，把任何一个部分单独拿出来卖，其实都是废铜烂铁，缺失其中一个环节可能就会使整个流程的经济价值归零。所以固定资产的投资实际上非常考验上市公司的眼光，很容易有去无回。如果投入的经济效益不如预期，则上市公司的真金白银是很难重新变成现金的，在市场竞争中公司就容易遭到淘汰。我们关注的一些固定资产投资大户，如石油、石化行业里的公司，经常会在其固定资产上加一些技术改造，不断地对其进行升级。比如，上海石化就经历了漫长的固定资产改造以及非常激进的折旧计提，报表上的生产经营资产实际上是被低估的。

钢铁企业的折旧有很多值得关注的点。因为折旧政策可以根据上市公司情况进行调整，这就给了上市公司调节利润的空间。在供给侧结构性改革之前，大部分钢铁企业因竞争过于激烈而经营惨淡、业绩巨亏。为了减轻亏损的影响，不戴上ST的帽子，很多企业就延长折旧年限，以减少对当期利润的冲击。这也给了我们一个新的分析思路，即通过折旧金额和固定资产的比值，来测算上市公司的折旧情况。

一般情况下,折旧金额和固定资产的比值应该是比较固定的,我们可以把它命名为历史折旧率。历史折旧率变低的企业可以理解为利润虚高,少提了折旧;历史折旧率变高的企业可以理解为比较激进地计提了折旧,隐藏了一部分利润。

小组曾经对全市场的历史折旧率进行了统计,很明显地发现 ST 公司和亏损边缘经营不善的公司历史折旧率出现过大幅下降。出乎小组的意料,很多创业板公司实际上也在历史折旧率上做了文章,2015 年、2016 年、2017 年分别有市值不小的创业板公司出现了历史折旧率大幅下降的情况。想想也是,创业板公司经营业绩大幅下滑的不少,改变折旧政策就能对利润有比较大的改观,上市公司自然是有很大的动力进行操作的。而且创业板公司的估值又比较高,折旧省出来 1 000 万元的利润,30 倍的市盈率在市场上就是 3 亿元的市值。二级市场投资者如果不仔细看报表,就很容易为这份资产赋予一个不合理的价格,买入实际上被高估了的股票。

还有一个分析思路,就是从固定资产的角度出发,去看固定资产增长的幅度和折旧金额增长的幅度的相关变化。如果固定资产增长了 50%—100%,而折旧金额却没有太大的变化,那么这个公司就需要特别警惕了。还有一类更恶劣的上市公司,在固定资产增加的情况下,折旧金额却在下降,这些都是在折旧科目上所做的手脚。这种不正常的处理,一定要引起投资者的警惕,尽管现在国内会计方面的监管政策还比较宽松,一些会计师事务所审计不严谨,监管机构也缺少人力、物力及时对财务报表风险做出提醒,但是这些年爆雷的上市公司基本上都有迹可循,折旧就是其中非常重要的一点。通过对固定资产和折旧的分析,我们虽然不能清楚地得出上市公司是否做了假,但是我们一定可以看出上市公司是否虚增了自己的利润。尽管这种虚增是在会计政策允许的范围内腾挪出来的,但它与二级市场投资者的投资利益是相违背的,并不是通过生产经营获得的真金白银,这种盈利质量是非常差的。

### 例 3.18

**中南传媒:书中自有黄金屋**

中南传媒是小组这些年在 A 股市场中看到的一家比较"奇葩"的公司,公司经营活动现金流十分优秀,账面现金高达百亿元,全是自己经营积累起来的。固定资产、在建工程、投资性房地产的金额也不算小(见表1)。

表1　中南传媒固定资产、在建工程及投资性房地产情况　　　　　单位:元

| 项目 | 2017年年末 | 2016年年末 |
| --- | --- | --- |
| 固定资产 | 1 367 697 269.83 | 1 344 286 121.71 |
| 在建工程 | 16 904 603.36 | 18 751 895.68 |
| 投资性房地产 | 253 209 691.42 | 90 839 928.04 |

而仔细翻看公司固定资产部分的细节会发现,其中大有玄机。在公司招股说明书中,列明了本公司及下属子公司共拥有653宗房产,其中取得房屋所有权证书的房产有626宗,折合建筑面积约75万平方米。这部分固定资产实际上都是以历史成本计价的,每年还要计提折旧。但现实情况是,这些经营用的房地产在这一轮房地产泡沫中都有了巨大的价值提升,本应该重新估值的房地产被每年的折旧严重压低了内在价值,即便是以15亿元计算,75万平方米房地产的历史成本也只有2 000元/平方米,而湖南房地产的平均价格已经远远不止这个数字了。考虑到当年湖南省新华书店(中南传媒全资子公司)占据的一般都是城市核心位置,这部分资产的重估价值就是小组在题目中所说的"书中自有黄金屋"。

## 案例分析

### 天宸股份:80亿元的隐蔽资产与股权之争

天宸股份的现金量并不是非常巨大,但准现金类资产占比很高,位居全市场第四(前三名分别是山东金泰、普路通和东方银星)。相较于前三名,天宸股份是高准现金类资产占比公司中值得仔细发掘的一家资产性公司。

截至2017年年底,天宸股份的总资产为29.66亿元,所有者权益为24.04亿元。其中,货币资金2.61亿元,交易性金融资产8 000万元,可供出售金融资产21.72亿元;准现金类资产占净资产的比重为105%,占总资产的比重为85%。负债合计5.62亿元,其中5.06亿元是递延所得税负债,公司的有息负债为0,是真的不差钱。

**股票部分:**

天宸股份自叶茂菁接管,主营业务逐渐沉寂,但是在投资领域搞得风生水起(见表1)。股票资产中,天宸股份持有2.78亿股绿地控股股票,占其总股本的2.29%,按照2018年5月10日收盘价7.33元/股计算,价值20.37亿元。那么成本呢?因

为投资时间很早,所以对绿地控股的初始投资成本仅为 3 492 万元。天宸股份还同时持有部分上海银行股份,并在 2017 年取得现金分红收益 46.42 万元。

表 1 天宸股份 2017 年投资情况　　　　　　　　　单位:元

| 项目名称 | 初始投资成本 | 期末余额 | 当期公允价值变动 | 对当期利润的影响金额 |
|---|---|---|---|---|
| 以公允价值计量且其变动计入当期损益的金融资产 | 80 011 254.58 | 80 024 291.78 | 13 037.20 | 4 023 189.92 |
| 可供出售金融资产 | 34 920 114.00 | 2 049 023 785.04 | −396 963 790.22 | 70 050 145.50 |
| 合计 | 114 931 368.58 | 2 129 048 076.82 | −396 950 753.02 | 74 073 335.42 |

根据公司 2017 年年报的"第三节 公司业务概要","公司整体资产状况良好,负债率较低,所持绿地控股等股权类金融资产具有可观的价值和较好的流动性,为公司未来启动存量地产的开发以及业务发展奠定了基础。由于公司经营业务规模较小,近几年未能形成具备竞争优势的持续盈利模式,因此公司将持续积极推动核心竞争力的重新构建。"可以看出,管理层的自我认知非常到位。

**固定资产部分:**

天宸股份的固定资产涉及南方物流园区相关业务。"报告期内,公司位于上海闵行区颛桥镇的南方物流园区项目实际经营亏损 1 381.39 万元,去年(2016年)同期亏损 1 091.02 万元,同比增亏 26.61%,主要是南方物流园区吸收合并天宸酒店致使相关折旧、人工等费用增加所致。"

但这实际上是一块巨大的隐蔽资产,因为这部分资产是按照历史成本计价的,并没有显示其公允价值。

这部分土地储备分别位于闵行区和浦东新区,共计 800 亩,其中最为核心的是位于上海闵行区颛桥镇的南方物流园区,占地 26 万平方米,性质为商业用地。根据中信建投整理的颛桥项目周边商办地块的成交情况,2016 年 8 月最新成交楼面价在每平方米 12 000—13 000 元,假设容积率和周边商办地块一样是 2.0,那这块商业用地的重估价值对应为 53 亿元左右。

**物业部分:**

报告期内,公司租赁业务收入为 1 832.32 万元,比 2016 年同期(1 046.78 万元)增加 785.54 万元,增加部分主要来自下属子公司北京宸京所持的广益大厦出租给北京市西城区学而思培训学校新增的租赁收入,出租部分为首层及二层,面积共计10 208.45平方米。这也就是说天宸股份在北京西城区自持物业1万平方米,按照10万元/平方米计算的话,也就是接近10亿元的资产。

**其他部分:**

2017年,天宸股份国债逆回购、理财产品到期取得收益815.03万元;网下申购新股中签出售取得收益190.98万元。

就连其他流动资产也能带来不少惊喜,主要是理财产品:

(十三)其他流动资产

√适用 □不适用

单位:元 币种:人民币

| 项目 | 期末余额 | 期初余额 |
| --- | --- | --- |
| 工行"易申利"收益递增型理财产品 |  | 29 500 000.00 |
| 凯世富乐稳健8号证券投资基金 |  | 30 000 000.00 |
| 深圳众金汇资产管理委托投资管理款 | 30 000 000.00 |  |
| 长安信托稳健增利1号集合资金依托计划 | 100 000 000.00 |  |
| 汇添富现金宝货币市场基金 | 40 000 000.00 |  |
| 待抵扣进项税 | 1 185 467.21 | 645 772.16 |
| 合计 | 171 185 467.21 | 60 145 772.16 |

天宸股份2017年至今的几个短期理财产品中,收益率最低的为3.5%,最高的为6.5%(这可能是上市公司中最会理财的了)。

**总结一下**,公司实际在手的资产是20亿元以上的股票、50亿元以上的土地、10亿元的物业,而且这还不算天宸股份自己在上海的仲盛大厦(已经达到80亿元)。公司当前市值58亿元,实际市净率的价值支撑比较明显,公司如果要做转型扩张的话,子弹则非常充足。

## 3.2.7 在建工程

定义

在建工程是指正在建设尚未投入使用的项目。

## 第 3 章　资产软，负债硬，公司家底没秘密

**科目详解**

在建工程与固定资产之间有确认的过程，企业有可能为了少提固定资产折旧、虚增当期利润，将在建工程迟迟不确认为固定资产。这一点在重资产的公司中尤其普遍，大家都通过在建工程延迟结转固定资产，少提当期折旧，增加账面利润。

要想发现这些痕迹，其实很简单，首先看在建工程绝对金额的变化。如果在建工程长期保持不变。或者在建工程绝对金额巨大，那么就要关注是不是存在为了保证利润而延缓结转固定资产的情况。上市公司财务报表的附注中，也会提供在建工程明细。

核心关注的几个点，首先是总预算的规模，这是上市公司准备在在建工程方面投入的钱，除了要关注规模大小，还要关注上市公司目前的资金够不够投入。有些上市公司看着在建工程规模比较小，但是财务报表中披露的预算巨大，这就说明上市公司的在建工程还没有迎来爆发期，一旦在建工程爆发并结转成固定资产，上市公司的利润就会受到巨大的影响。

从工程预算到工程实施，累计投入的金额会变成在建工程的余额，工程彻底完工会结转成固定资产。从财务报表附注中能够提取的信息，实际上远多于财务报表本身。二级市场投资者需要注意的是，通过工程预算，评估上市公司未来的资金压力和固定资产规模；通过工程实施进度和在建工程数额的变化，关注上市公司是否有延缓结转固定资产的行为；通过关注在建工程和固定资产之间的转化，评估固定资产开支对利润的影响，提早防范利润下滑。

**综合分析**

在与机构投资者的交流中，小组听闻过这样一个故事。某家券商的分析师，兴高采烈地向基金公司投资总监推荐了某只天然气行业股票，信誓旦旦地说，这家公司有很多接驳站、加气站马上就要竣工了，产能会翻番。投资总监冷冷地回应道，这家公司在建工程"800年"没有变过，这些接驳站、加气站怎么能变得出来？券商分析师哑口无言。实际上，上市公司宣传的很多东西究竟能否落地，以及如何兑现，都可以在上市公司财务报表中找到对应的痕迹。

另外有一例是某高速公路公司。小组最开始关注这家公司时，认为这家公司估值好低，股价"跌跌"不休，一直不明白为什么。乍一看，公司资产负债率不算低但也还好，手上握有大量金融企业股权，也是地方国资委的"亲儿子"，各种政策支持都不少。"跌跌"不休的股价与上市公司的基本面似乎形成了背离，后来仔细研读这家公

司的财务报表,才发现其有巨大的资本开支计划,固定资产规模接近翻番,但公司目前的财务杠杆实际上完全无法承担这么大规模的资本开支,公司已有的利润垫也不够厚。关注财务杠杆,是关注上市公司能否借到足够多的钱,完成这样的工程;关注利润的安全垫,是因为在建工程一旦结转为固定资产,就会开始计提折旧,对上市公司本就微薄的利润产生巨大的冲击,市盈率瞬间就会感觉很高,普通投资者的情绪就会受到巨大的影响。从这个角度来看,A股市场的机构投资者其实相当理性,早早就将这个股票抛弃了,但大部分普通投资者并没有关注到对应的风险,因为他们不知道上市公司有如此巨大的资本开支计划。这些并不是内幕消息,都明明白白地写在了上市公司财务报表的附注中。

关于在建工程的分析,还可以引入一些分析的维度。一个分析的维度是,将上市公司的在建工程和其当年的折旧进行对比,这个比值从大到小排序,你会发现哪些上市公司的在建工程远远高过其当年的折旧。如果这个比值大于50,那么这家上市公司就需要特别关注了,意味着其在建工程一旦结转为固定资产,将会对折旧产生巨大的冲击,上市公司也会有比较强的动力去做利润调节,推迟在建工程转为固定资产的时间。需要注意,对于钢铁、水泥、建筑类企业,由于其本身处于基建行业,有巨大的在建工程是可以理解的;但是对于一般制造业企业,如果有巨大的在建工程,并且迟迟不转为固定资产,那么就需要警惕。这里需要个案分析,不能一概而论。

另一个分析的维度是,从在建工程与利润的关系出发,这是一个间接的勾稽关系。我们同样可以对在建工程与利润做一个比值,如果这个比值大于20,那么这家上市公司也需要特别关注。从分子的角度来讲,在建工程本身十分巨大会在未来带来巨大的折旧;从分母的角度来讲,如果利润过小,则面对折旧上市公司抗冲击的能力就较差。从分子和分母两个角度分析,类似于前面提到的在建工程与折旧的比较,可以发现上市公司的财务弱点。

在建工程的完工百分比是最后一个需要强调的点。完工百分比的数据需要从财务报表附注中查询。正常来说,上市公司会如期完成对应的工程规划。有些上市公司在完工百分比上做了不少文章,比如龟速前进,改动规划金额,搁置不理不予解释。投资者要擦亮眼睛,根据上市公司当年披露的工程规划,合理评估工程进度,管理投资头寸的风险。

海天味业也是在固定资产和在建工程部分有关注点。海天味业产能受限,需要增加固定资产提高产能;但是这些固定资产在在建工程中待的时间久了点,少提了折旧。

第3章 资产软，负债硬，公司家底没秘密

案例分析

### 海天味业：打酱油的光荣往事

公司的产品销量好，对经销商的底气自然也足。海天味业一直实行"先款后货"的销售政策，经销商要先排着队给公司送钱（预收账款），等公司把产品做出来再发货，所以没人欠公司的钱（应收账款），除了2017年，海天味业并购了一个叫丹和醋业的公司，这才有了丹和账上的一点儿应收账款。

公司提前拿到的钱还是很多的（见图1），所以公司的收现状况也特别好（见图2）。

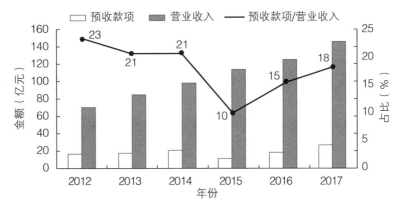

图1 海天味业预收款项与营业收入分析

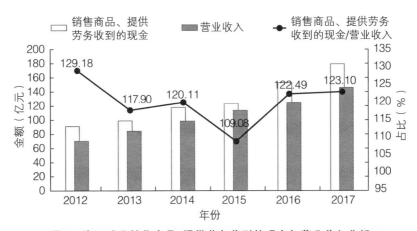

图2 海天味业销售商品、提供劳务收到的现金与营业收入分析

113

海天味业确实和茅台有点像:一是资产结构非常优质,二是两家公司常年都是能生产多少就能卖多少,产销率特别高。产销率高的原因要么是公司计划做得好,以销定产,要么就是产能受限了。海天味业和茅台都属于后者,所以茅台的业绩增长主要靠提价,海天味业亦如此(见图3)。

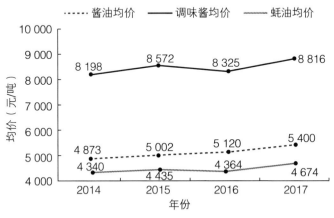

**图3 海天味业均价走势**

高明海天基地的投产有效降低了海天味业的生产压力,这点从产能利用率上可以看出(见图4)。

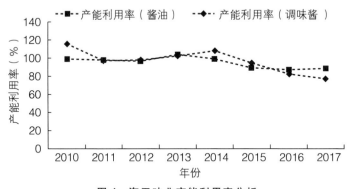

**图4 海天味业产能利用率分析**

我们针对高明海天基地的扩建工程做了一些数字分析:公司扩建花的钱(购建固定资产、无形资产和其他长期资产支付的现金)和所有与固定资产相关的科目(固定资产+折旧+在建工程)见表1,可以看出,公司每年扩建花的钱其实是大于实际增加的固定资产和在建工程的。

表 1　海天味业关于高明海天基地的扩建工程情况　　　　　单位：亿元

|  | 2012 年 | 2013 年 | 2014 年 | 2015 年 | 2016 年 | 2017 年 |
|---|---|---|---|---|---|---|
| 固定资产+折旧+在建工程 | 26.55 | 33.24 | 39.83 | 43.98 | 47.87 | 47 |
| （固定资产+折旧+在建工程）每年增加量 |  | 6.69 | 6.59 | 4.15 | 3.89 | -0.87 |
| 购建固定资产、无形资产和其他长期资产支付的现金 | 4.71 | 10.14 | 8.82 | 7.44 | 7.88 | 2.62 |

高明海天基地扩建的进程稍微慢了些，2005 年一期就已经盛大落成，2014 年工程进度是 93.57%，到了 2017 年工程进度才达到 94.43%。鉴于在建工程记账时不需要考虑折旧和损耗等，大家虽然等酱油等得挺着急，但这对公司还是挺好的，可以少提一些折旧，业绩受到的影响也小一些。

## 3.2.8　工程物资

**定义**

工程物资是指用于固定资产建造的建筑材料（如钢材、水泥、玻璃等）、企业（民用航空运输）的高价周转件（如飞机的引擎）等，买回来要再次加工建设的资产。

## 3.2.9　固定资产清理

**定义**

固定资产清理是对丧失生产能力，须淘汰更新的固定资产所办理的鉴定、报废、核销、残值处理等各项工作的总称。

## 3.2.10　生产性生物资产

**定义**

生产性生物资产是指为产出农产品、提供劳务或出租等目的而持有的生物资产，包括经济林、薪炭林、产畜和役畜等。这个科目一般出现在农林牧渔行业，包括动物、植物。如果生物资产用于生产，那么它就计入生产性生物资产；如果用于消耗,那么它就计入存货。例如,如果这头驴是种驴,那么它就计入生产性生物资产;如果是用来做驴肉火烧的,那么它就计入消耗性生物资产即存货。

**科目详解**

生产性生物资产也是值得关注的一个科目,这个科目并不是特别普遍,但是在二级市场出了很多事件。当年轰动一时的蓝田股份就欺骗会计师说,水下有上万吨的王八、鱼虾,而且由于公司运用高科技养殖,这些王八、鱼虾的繁殖速度特别快,效率要比其他同行业公司高许多,因此其产值是竞争对手的 10—30 倍。直到后来被媒体披露,大家才发现原来这里的计算已经挑战了常识。生物资产盘点确实是一个问题,给了上市公司很大的操作空间,有时我们连最基础的信息,如这些生物资产是否存在都不好确定,只基于上市公司提供的相关票据和我们的常识经验,则很难应付这类造假。

### 3.2.11 无形资产

**定义**

无形资产是指企业拥有或者控制的没有实物形态的可辨认非货币性资产,这一科目主要包含企业持有的各类无形资产,如专利权、非专利技术、商标权、著作权、土地使用权、BOT 运营权等。其中,土地使用权是具有中国特色的一个科目。土地使用权的定义是:国家机关、企事业单位、农民集体和公民个人,只要符合法定条件,依照法定程序对国有土地或农民集体土地所享有的占有、利用、收益和有限处分的权利。中国的土地属于国家,企业和个人都不能拥有土地的所有权,只能拥有土地的使用权,所以土地使用权就被归入无形资产。

**科目详解**

无形资产,顾名思义,就是没有实物形态的资产。但是没有实物形态的资产不一定就是无形资产。根据企业会计准则,无形资产也应当在其使用寿命内进行摊销,根据其受益对象进入相关资产成本或者当期损益,摊销年限不得低于 10 年,而使用寿命不确定的无形资产可以不予摊销。企业的研发投入,就是在生成无形资产。管理这些无形资产,企业要适当采取一些法律措施,如加强专利权、著作权、商标权的申请,积极保护自己的相关权利;同时,对商业秘密、技术秘密要采取对应的保密措施。

在实践中,大家经常抱怨财务报表的信息跟不上商业模式的变化,无法正确衡量企业的研究实力和人力资本等无形资产,对于轻资产的公司尤其如此。对于互联网浪潮中的高科技公司,如何正确评估其无形资产价值,是摆在每一位投资者面前的难题。当代社会的核心竞争其实是创新的竞争,而创新的竞争又通过无形资产的投资得以实现。有些公司将自己无形资产的投资立即费用化,且不会当期就汇报无形资产所带来的收益。以研发支出为例,在研发支出发生时即按照企业会计准则做对应的费用化处理,而这部分研发支出所带来的收益只有等到收益实际体现时才会被财务报表记录。学术界称其为财务报表信息的价值相关性问题,当期财务报表无法体现出企业的真正价值。

研发型企业会有大量的专利在无形资产中,而无形资产过多也可能是企业资产虚胖的表现。开发支出是企业开发无形资产过程中能够被资本化并形成无形资产成本的部分。但A股市场中的研发型企业其实很少,大部分企业将研发支出当成调节利润的科目,反其道而行之,纷纷将能够资本化的全部资本化,以减少对当期利润的冲击。

 **例 3.19**

### 恒瑞医药:研发支出费用化与研发支出资本化

关于医药企业的研发支出有一个很好的比喻:一颗药的成本只要5美分,为什么要卖500美元?答案是,因为那是第二颗,第一颗的成本是50亿美元。医药企业的研发意味着大量的资金投入,漫长的研发过程和研发失败的可能性,让很多上市公司望而却步。但是恒瑞医药是一个特例,在过去的几年间,公司一共申请了500多项发明,有十几项创新药储备,还有一些自行研制的创新药已经获批上市,可以说恒瑞医药的创新能力在业内排在前列。但是公司的无形资产只有区区2.8亿元,与其研发巨头身份毫不相符,这是因为恒瑞医药将研发支出全部费用化了。与此相对比,复星医药的无形资产有81.6亿元,其中36亿元都在专利上,即其将研发支出资本化了。

延伸一步想,恒瑞医药过去这些年在管理费用中记载的这些研发支出,如果也像复星医药那样进行资本化操作计入无形资产,那么公司的利润会比报表上显示的要好看许多。从这个角度来讲,恒瑞医药的净利润其实是被严重低估的。复星医药资本化研发开支的占比是32%,如果以此比例倒推恒瑞医药的话,那么2017年恒瑞医药的净利润可以增加5亿元,即提高15%,这其实是一个不小的诱惑。与A股市场大部分经营不善的公司相比,恒瑞医药的财务报表实际上是比较稳健的,当然这也是只有160亿元资产的恒瑞医药被推到2 000多亿元市值的原因,市场对研发龙头有很高的估值溢价。

### 3.2.12　商誉

**定义**

商誉是指能在未来期间为企业经营带来超额利润的潜在经济价值,或一家企业预期的获利能力超过可辨认净资产正常获利能力(如社会平均投资回报率)的资本化价值。商誉是企业整体价值的组成部分。在企业合并时,它是购买企业的投资成本超过被合并企业净资产公允价值的差额。简单来说就是,如果大家一致认为公司A价值100万元,但是有买家认为公司A特别好,花200万元买了下来,多出来的这100万元就是商誉。商誉是并购活动的产物。

**科目详解**

A股市场这些年的并购大潮让不少上市公司账面上积累了巨额的商誉,这些商誉对财务报表的唯一价值就是制造减值伤害。这两年高发的财务风险多与商誉有关,而并购中产生的巨额商誉一般都附带了苛刻的业绩对赌条件。上市公司并购的标的一旦达不到对赌的利润,就要计提减值。

有几个数据可以参考,从2014年开始,A股上市公司整体商誉规模快速攀升。2014年这一数据为3 300亿元,到2015年达到6 500亿元,2016年超过1万亿元,2017年增长有所缓和总计1.3万亿元。上市公司的商誉基本都是上市公司通过现金支付和发行股票创造的,最终的买单人全是二级市场投资者。为此,交易所的监管问询函不少直指上市公司商誉,让上市公司阐明减值测试。

**例3.20**

#### 坚瑞沃能的商誉风暴

坚瑞沃能在2016年2月29日以52亿元的价格收购了沃特玛100%的股权。当时沃特玛的账面净资产只有9.29亿元,公司的收购价格大幅溢价了4.60倍。为了配套募集资金,坚瑞沃能还发行了7.16亿股股票。在这次并购之前,坚瑞沃能基本面就比较疲软,存货占总资产的比重较高,周转也比较慢,公司整体的经营利润较差。公司资产负债率因这笔交易而大幅攀升,单纯从财务报表来看,这是一笔为了转型而做出的豪赌式交易。

坚瑞沃能在发布2017年三季报时还有高达48亿元的商誉,而在2017年年报中商誉就已经减记为2亿元,这样的亏损对公司净资产的影响是巨大的。债务都背着,净资产却没了,公司的经营压力已经从经营不善变成生死存亡。2017年一季报显示,公司整体债务已经高达220亿元,而资产总计也不过239.58亿元。

至于收购的这个标的沃特玛,是国内较早研发磷酸铁锂新能源汽车动力电池、汽车启动电源、储能系统解决方案的动力锂电池生产企业之一,在被坚瑞沃能并购之前,其营业收入接近26亿元。上游的原材料供应商、下游的运营公司都紧紧围绕在沃特玛汽车产业创新联盟周围,这种商业模式创新将新能源汽车上、中、下游一网打尽。但沃特玛自身的财务状况实际上是经不起推敲的:经营活动现金流较差,大量的销售收入和利润是靠应收账款实现的。当资金紧绷时,业务滑坡不可避免,连带着公司高高的商誉一起对财务报表造成了巨大的伤害。坚瑞沃能是非常典型的被商誉拖累的公司,其后来的股价走势很有代表性,从12元/股一路跌到2元/股。

再次强调,商誉在资产负债表中存在的唯一价值就是制造减值伤害,那些因并购而头脑发热付出的溢价,大部分都会随着商业常识的回归而消散。资产软,负债硬,现金为王,在坚瑞沃能并购沃特玛的案例中,坚瑞沃能的商誉科目体现得尤其明显。资产端的这些商誉,就是为了减值而存在的;负债端的那些有息债务,都是因并购交易而出现的财务杠杆,连本带息想少还一分钱都不行;公司主营业务的现金流,是维持资产和负债两端的桥梁。我们并不反对并购,但是并购一定要量力而行,并购标的的估价要尽可能地公允,不要付出没有必要的情绪溢价。在坚瑞沃能并购沃特码的案例中,公司一次性计提沃特玛商誉减值高达46亿元,从而经营利润从盈利5.22亿元变成了修正后的亏损36.89亿元。

 **案例分析**

### 长园集团:资本市场恩仇录

资产软,软主要软在存货、应收账款和商誉上。

商誉是在并购过程中产生的,且是会减值的。长园集团在并购过程中产生了大量商誉。

公司 2017 年年底的资产结构如图 1 所示。总资产 205.37 亿元。其中,货币资金 14.67 亿元,银行承兑汇票 3.50 亿元,可供出售金融资产 9.16 亿元,共计 27.33 亿元,准现金类资产占总资产的 13.31%,比例不是很高。

然后就是重头戏:应收账款 41.95 亿元,商誉 54.76 亿元,分别占总资产的 20.43% 和 26.66%。主要是公司在 2017 年收购了欧普菲和中锂新材,应收账款和商誉因此大幅提升。

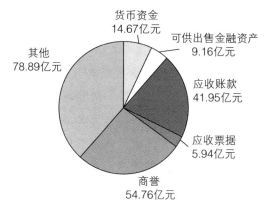

图 1 长园集团资产结构分析

其中,中锂新材贡献了高达 13.24 亿元的商誉。2017 年报告期内,其经营活动产生的现金流量净额为 -1.1 亿元,长园集团却没有对其商誉计提任何减值损失。上交所为此发了问询函。公司回复如下:

> 公司根据外部评估报告对 2017 年 12 月 31 日中锂新材商誉进行减值测试,测试结果显示无须计提减值准备。2018 年一季度中锂新材因沃特玛事件影响经营业绩同比下降,但公司预计中锂新材新客户增加可以逐步消除沃特玛事件影响,因此暂不对中锂新材商誉计提减值。如果沃特玛经营情况持续恶化或出现其他证据说明中锂新材相关应收款项回收风险明显增加,则中锂新材可能增加对其坏账准备计提比例,从而产生商誉减值风险。国内锂电池行业厂家集中度较高,因此中锂新材的客户集中也较高,如果未来中锂新材下游重要客户经营情况发生重大不利变化导致中锂新材订单大幅下降,则可能导致其盈利无法达到预期,从而产生商誉减值风险。

## 第3章 资产软,负债硬,公司家底没秘密

沃特玛是中锂新材的第一大客户,其最近频频爆出财务危机,按媒体报道,其资金链已经断裂。从表1可见,沃特玛的应收账款占比超过了80%。

表1 中锂新材2017年应收账款前五大客户

| 客户名称 | 2017年12月31日应收账款占比 | 关联关系 | 账龄 |
|---|---|---|---|
| 陕西沃特玛新能源有限公司 | 41.11% | 关联方 | 1年以内 |
| 深圳市沃特玛电池有限公司 | 38.26% | 关联方 | 1年以内 |
| 江苏清陶能源科技有限公司 | 11.02% | 非关联方 | 1年以内 |
| 青海时代新能源科技有限公司 | 8.20% | 非关联方 | 1年以内 |
| 湖南沃特玛新能源有限公司 | 1.32% | 关联方 | 1年以内 |
| 合计 | 99.91% | | |

而沃特玛作为中锂新材的第一大客户欠了这么多钱,全收回来的可能性非常小,公司却仅仅按照10%的比例单独计提了坏账准备:

单项全额重大并单独计提坏账准备的应收账款期末余额大幅上升352.22%,但坏账准备计提比例下降49.96%,主要是本年公司对沃特玛相关应收账款单独计提10%坏账准备所致,具体如下表所示:

| 客户名称 | 2017年12月31日 | | | 2016年12月31日 | | |
|---|---|---|---|---|---|---|
| | 应收账款余额(万元) | 坏账准备(万元) | 计提比例(%) | 应收账款余额(万元) | 坏账准备(万元) | 计提比例(%) |
| 深圳沃特玛及下属子公司 | 10 908.97 | 1 090.90 | 10.00 | 0 | 0 | 0 |
| 其他 | 4 053.57 | 3 563.88 | 87.92 | 3 308.71 | 2 682.30 | 81.07 |
| 合计 | 14 962.54 | 4 654.78 | 31.11 | 3 308.71 | 2 682.30 | 81.07 |

截至2017年12月31日,长园集团应收沃特玛商业票据和账款共计3.44亿元。但在2018年5月,公司和沃特玛签订协议购买电池抵了一部分债:

(三)部分应收账款及应收票据已经得到偿付

截至2017年12月31日,长园集团应收沃特玛款项余额为34 373.52万元。为了降低长园集团对沃特玛应收款项的风险,自坚瑞沃能公告相关

偿债风险后,长园集团积极与沃特玛沟通商讨收款事宜。截至长园集团公告 2017 年年报之前,长园集团与沃特玛管理层初步沟通了<u>购买电池以抵减债务的方案</u>,并于 4 月 27 日获得长园集团董事会批准执行。本次抵减沃特玛债务总额为 16 161.59 万元,占长园集团应收沃特玛款项的 47.02%。

综上,长园集团是一个持续大量并购的公司,并且在并购过程中累积了金额不小的商誉和应收账款。尤其是 2017 年,子公司中锂新材的第一大客户已经出现重大问题,应收账款和应收票据的质量迅速恶化,同时拖累了母公司的现金流。但是长园集团仅对应收账款计提了 10% 的坏账准备,商誉却没有计提任何减值,这是非常不稳健的。

在去杠杆的环境下,资产的质量可能会迅速恶化,但负债却必须偿付,所以现金储备和现金流都是非常重要的指标。

### 3.2.13 长期待摊费用

**定义**

长期待摊费用是指企业已经支出,但摊销期限在 1 年以上(不含 1 年)的各项费用。一般而言,企业资产负债表上记录的长期待摊费用,主要包括固定资产修理支出、租入固定资产的改良支出,以及摊销期限在 1 年以上的其他待摊费用。

**科目详解**

长期待摊费用科目也可以用来调节利润。如果企业将所有费用都在当期计提,那么企业的当期利润一定是减少的。如果企业尽可能地将一些费用以长期待摊费用列示,那么它不仅可以增加企业的资产,降低企业的资产负债率,还可以降低企业的费用,美化当期利润。但是利润的虚增也不是一件好事儿,上市公司对此要交更多的所得税。所以我们会看到,经营优秀的上市公司一般倾向于在当期计提所有费用;而经营一般的上市公司则更倾向于向未来借一些利润,哪怕当期多交一些所得税。

## 3.3 负债

负债是企业资产负债表上另一个重要的组成部分,它一方面构成了企业资金的重要来源,是企业的财务杠杆;另一方面代表了企业在将来的经济资源流出。小组常说负债硬,就是因为负债要求企业偿还利息和到期本金,这种经济利益关系一般又有法律约束,一旦企业的现金流不能维持这部分义务的偿付,企业资产端的相关科目就面临冻结或处置变现的风险。从这个角度分析,负债蕴含了企业不可控的风险,持续地给企业的资金链施加压力,甚至引发破产,当然这一部分主要说的是有息负债。还有一部分负债并不是融资行为,而是企业经营中发生的信用交易,比如对供应商的应付款,这部分无息负债对企业的经济压力没有那么大,是企业生产经营中比较重要的部分。

负债端分析要重点关注企业的负债水平有没有被充分反映,因为所有的负债都代表着企业的义务,企业天然有动力去减少自己的义务,逃避对应的责任,尤其是在将来可能需要付出经济资源来履行这份责任。企业会计准则要求企业在财务报表附注中披露一些比较重大的表外义务,比如未决诉讼、或有事项、融资担保等。比较恶劣的企业会把本应在资产负债表中披露的负债隐藏起来,妨碍我们对企业的价值做出正确的评估。企业隐藏负债是因为企业的资产负债率已经较高,一方面,财务报表上进一步增加负债会极大地影响企业的信贷成本,甚至会影响企业的融资行为;另一方面,较高的负债意味着企业破产的概率也比较高,会造成投资者对企业投资的厌恶,影响二级市场的股价。

财务杠杆在经济周期上行时对企业的帮助是显而易见的,能够帮助企业更快速地扩大资产规模;而在经济周期下行时对企业的杀伤力也同样明显。企业家经常处在一种货币幻觉之中,认为今天拥有的经济资源在明天会变多,但往往事与愿违。背负巨大债务的企业,维持债务本身就已经构成巨大的挑战,如果遇到经营状况恶化,现金流缺乏,那么再融资是非常困难的。一旦企业家认为自己能够持续不断地融资,那么投资者就要小心了,因为融资节奏一旦打乱,对企业经营带来的影响很可能直接刺破企业的财务泡沫,将企业置于死地。这些年 A 股有太多上市公司都是因为财务杠杆过高,遭遇经济下行而输掉了过去创立的基业。

### 3.3.1 流动负债

流动负债是指企业在一年内(包含一年)需要偿还的负债。

### 3.3.2 短期借款

定义

短期借款是指企业根据生产经营需要,从银行或其他金融机构借入的偿还期在一年以内的各种借款(生产周转借款、临时借款)。短期借款的利息一般是月末预提,按季支付。短期借款的利息与本金偿付是企业面对的最直接的资金流出压力。

 **例 3.21**

### 永泰能源:各种花样的短期借款

永泰能源是 A 股市场著名的融资大王,其报表上有 132 亿元的短期借款需要偿还。永泰能源 2017 年财务报表附注中详细列明了公司短期借款的分类,其中信用借款 4 800 万元,信用借款是银行授予的不需要抵押和担保的贷款;质押借款 17 亿元,质押借款是以借款人或第三人的动产或权利为质押物而发放的贷款;抵押借款 49 万元,抵押借款是借款人提供一定的抵押品作为贷款担保,以保证贷款到期偿还而发放的贷款;保证借款 38 亿元,保证借款是贷款人按照担保法规定的保证方式,以第三人承诺在借款人不能如期偿还贷款本息时按规定承担连带责任而发放的贷款。有了这四种基础方式,上市公司还玩出了很多花样,比如质押加保证借款(高达 41 亿元),抵押质押保证借款(35 亿元)。

31. 短期借款

(1) 短期借款分类

√适用 □不适用

单位:元 币种:人民币

| 项目 | 期末余额 | 期初余额 |
| --- | --- | --- |
| 质押借款 | 1 729 134 000.00 | 2 008 707 333.00 |
| 抵押借款 | 493 000.00 | 228 216 000.00 |
| 保证借款 | 3 845 753 581.42 | 4 019 316 272.40 |
| 信用借款 | 48 000 000.00 | |
| 质押加保证借款 | 4 080 000 000.00 | 1 570 000 000.00 |
| 抵押加保证借款 | | 250 000 000.00 |
| 抵押质押保证借款 | 3 490 000 000.00 | 3 992 850 000.00 |
| 合计 | 13 193 380 581.42 | 12 069 089 605.40 |

### 3.3.3 交易性金融负债

**定义**

交易性金融负债是指企业采用短期获利模式进行融资所形成的负债。与交易性金融资产相对,对于交易双方来说,甲方的金融债权就是乙方的金融负债。交易性金融负债按公允价值计量。

### 3.3.4 应付票据

**定义**

应付票据是指由出票人出票,并由承兑人允诺在一定时期内支付一定款项的书面证明,包括银行承兑汇票和商业承兑汇票。企业在经营中因购买商品、接受劳务而发生的成本支付,可以通过应付票据的方式来解决。资产负债表上的应付票据项目,体现的是期末尚未偿付的商业汇票和银行汇票的票面金额。我们在前面讲过应收票据,交易双方处于一张票据的两端,分别对应着应收和应付,因此可以结合应收票据进行分析和理解。

**科目详解**

银行承兑汇票的本质是一笔银行短期借款,因为票据到期后银行是实际承兑人,每一笔汇票都是银行对企业的授信,而银行为企业开出承兑汇票的过程,就是企业占用授信额度的过程。商业承兑汇票则不一样,其本质是一笔应付账款,因为企业是最终的实际承兑人,应付账款就是企业占用了其他人的经济资源。

在证监会披露的财务舞弊案件中,应付票据曾经也是主角。上市公司内蒙发展在2013年年报中披露的应付票据金额为0,但是后期核查时发现,截至2013年12月31日,内蒙发展并未对2013年实际开出的20份商业承兑汇票(金额总计7.6亿元)进行账务处理。

无独有偶,亚星化学也在应付票据上涉嫌信息披露违法。证监会调查显示,2009年2月至2010年10月,亚星化学向上海廊桥累计签发的15.04亿元的银行承兑汇票全部用于贴现,贴现资金全部被亚星集团使用,这事实上构成了亚星化学与亚星集团间接非经营性资金往来,但亚星化学未按规定予以披露。上述资金往来中,2009年2月9日亚星化学向上海廊桥开具第一笔银行承兑汇票,票面金额3 300万元,亚星化学未将此笔资金往来进行临时信息披露。此后至2010年10月期间开具的 43 笔银行承兑汇票既未进行临时信息披露,也未在中期报告和年度报告中披露。上述 44 笔银行承兑汇票中共有 36 笔未记账,由此导致亚星化学中期报告和年度报告信息披露存在虚假记载及重大遗漏。其中,2009 年中期报告其他应收款少计 5.71 亿元,应付票据少计 5.71 亿元;2009 年年度报告其他应收款少计 3.74 亿元,应付票据少计 3.74 亿元;2010 年中期报告其他应收款少计 3.03 亿元,应付票据少计 3.03 亿元。上市公司隐藏实际债务,对投资者进行误导,属于比较恶劣的财务操纵。

### 3.3.5 应付账款

**定义**

应付账款就是企业对供应商的欠款,通过挂账的形式延后支付。

**科目详解**

应付账款越多,说明上市公司在产业链上的议价能力以及对供应链的管理能力越强。产业链占款的能力是衡量企业质量的一个重要方面,强势的企业能够将他人的经济资源为己所用。

### 3.3.6 预收账款

**定义**

预收账款是指企业向购货方预收的购货订金或部分货款,之后需以劳务或者商品偿付。

**科目详解**

预收账款多说明企业的市场能力强,在交易中占据强势地位。预收账款往往也是收入变动的前兆,大家最常举的例子就是茅台。经销商为了从茅台买酒往往先预付一部分货款给茅台,茅台再把酒发给经销商,并将预收账款结转至营业收入。从这个角度来看,预收账款就是"在路上"的营业收入。A 股市场上预收账款最多的 20 家上市公司中房地产企业占据多数,还有涉及基建和战略资源的国有巨头企业(中石化、中铁等)。但是房地产企业的预收账款结转周期较长,并不能作为很好的收入预测指标;经营周期较短的企业,预收账款能够较快地转化为收入。因此,我们需要关注企业的商业模式,在对商业模式的本质有了一定理解之后,再去观察企业对应的预收账款变化。

在日常消费品中,预收账款较多的典型企业是贵州茅台、海天味业、涪陵榨菜。白酒行业的预收账款普遍较多,这与其经营模式有关,而茅台在经营业绩大增的同时,2017年的预收账款却大幅度减少,这种异常现象值得我们关注。这说明茅台后续业绩增长乏力,供销商在提价前集中拿了一批货。

海天味业的产品销量很好,市场供不应求,对经销商的底气比较足,一直实行先款后货的销售政策,经销商要先排着队给公司送钱,等公司把产品做出来再发货。因为公司都是实行先款后货,所以没有应收账款。这样我们就会发现,资产端和负债端的科目与企业的商业模式是高度相关的。企业产业竞争力弱,就要给别人贴钱,还要让别人欠着钱;产业竞争力强,就可以让别人贴钱帮自己生产,同时还不让别人欠自己钱,资产端和负债端就这样联动起来了。

 **案例分析**

### 制冷技术哪家强,美的格力谁更凉?

格力电器公告,2018年上半年实现营业收入909.8亿元,增长31.5%;净利润128.1亿元,增长35.5%;每股分配0.6元,分红率16.1%。同时,美的集团也发布了定期报告,2018年上半年实现营业收入1 426.2亿元,增长14.6%;净利润129.4亿元,增长19.7%。小组经过对比分析美的集团和格力电器,得出以下结论:①两者未来发展定位不同;②格力电器为国资委控股,美的集团为民营企业;③格力电器净利率及空调毛利率高于美的集团;④美的集团应付票据及其占比更高,话语权较强;⑤根据预收账款,美的集团可能进入营业收入增长期;⑥美的集团因并购活动而商誉较高。

一家公司的经营模式最终都会体现在财务报表上。

很明显,两者的业务线已经产生很大的差别。美的集团的暖通空调营业收入占比为44.44%,消费电器营业收入占比为38.46%,工业机器人及自动化系统业务也有8.70%的占比;格力电器的空调营业收入占比从90%降到了82.41%,但依然占据绝对主导地位(见图1)。其实美的集团还在2017年年报中首次将"智能供应链(物流)"加入主要业务,根据年报,美的集团旗下的科技创新型物流公司安得智联已具备物流自动化的核心竞争力和能力优势,在2017年承接了天猫"双十一"项目,并于年底和京东物流共同打造了云仓项目。

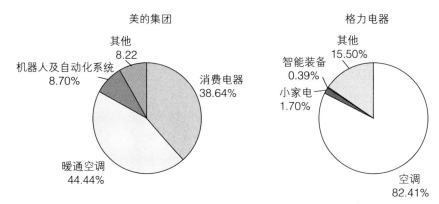

图 1 美的集团和格力电器业务构成分析

**净利润与销售净利率：**

从表 1 中可以看出，两家公司的利润增长都非常喜人，金额上美的集团稍强，但格力电器的净利率明显胜于美的集团，原因一是美的集团的管理费用占营业收入的比重比格力电器高了 2%，二是美的集团的毛利率本身就比格力电器低。

表 1 美的集团和格力电器净利润和销售净利率分析

| 年度 | 美的集团 | | 格力电器 | |
| --- | --- | --- | --- | --- |
| | 净利润（亿元） | 销售净利率（%） | 净利润（亿元） | 销售净利率（%） |
| 2011 | 66.41 | 4.95 | 52.97 | 6.37 |
| 2012 | 61.41 | 5.99 | 74.46 | 7.50 |
| 2013 | 82.97 | 6.86 | 109.36 | 9.22 |
| 2014 | 116.46 | 8.22 | 142.53 | 10.35 |
| 2015 | 136.28 | 9.84 | 126.24 | 12.91 |
| 2016 | 158.62 | 9.97 | 155.25 | 14.33 |
| 2017 | 186.11 | 7.73 | 225.09 | 15.18 |
| 2018 | 137.80 | 9.66 | 128.85 | 14.16 |

**应付票据：**

美的集团的应付票据在 2014—2015 年有大幅的提升，到 2018 年中报已经达到 243.45 亿元，格力电器为 94.30 亿元。美的集团当前应付票据占总资产的比重稳定在 10% 左右，而格力电器此项数据在 2014 年以后一直稳定在 5% 左右（见表 2）。这

## 第3章 资产软，负债硬，公司家底没秘密

说明近几年美的集团在供应商和服务商处有更高的话语权。

表2 美的电器和格力电器应付票据与总资产分析

| 年度 | 美的集团 | | 格力电器 | |
|---|---|---|---|---|
| | 应付票据（亿元） | 应付票据/总资产（%） | 应付票据（亿元） | 应付票据/总资产（%） |
| 2011 | 106.45 | 11.78 | 106.44 | 12.49 |
| 2012 | 92.43 | 10.53 | 79.84 | 7.42 |
| 2013 | 63.08 | 6.51 | 85.30 | 6.16 |
| 2014 | 126.48 | 10.51 | 68.82 | 4.41 |
| 2015 | 170.79 | 13.26 | 74.28 | 4.59 |
| 2016 | 184.85 | 10.84 | 91.28 | 5.00 |
| 2017 | 252.08 | 10.16 | 97.67 | 4.54 |
| 2018/2Q | 243.45 | 9.70 | 94.30 | 4.30 |

**预收账款：**

美的集团2014—2018年的预收账款逐步上升，在2018年中报时达到110.09亿元，而格力电器的预收账款则是在较大区间波动，没有沉淀下来（见表3）。从预收账款占营业收入的比重可以看出，美的集团此项数据自2014年触底后逐步抬高，并有逐步升高的趋势，因此我们预期美的集团将会进入一个营业收入加速增长的时期。格力电器此项数据较为平稳，短期营业收入增长可能并不会大幅提高。

表3 美的集团和格力电器预收账款与营业收入分析

| 年度 | 美的集团 | | 格力电器 | |
|---|---|---|---|---|
| | 预收账款（亿元） | 预收账款/营业收入（%） | 预收账款（亿元） | 预收账款/营业收入（%） |
| 2011 | 60.32 | 4.50 | 197.53 | 23.75 |
| 2012 | 35.70 | 3.48 | 166.30 | 16.74 |
| 2013 | 49.83 | 4.12 | 119.86 | 10.10 |
| 2014 | 39.93 | 2.82 | 64.28 | 4.67 |

(续表)

| 年度 | 美的集团 | | 格力电器 | |
|---|---|---|---|---|
| | 预收账款（亿元） | 预收账款/营业收入（%） | 预收账款（亿元） | 预收账款/营业收入（%） |
| 2015 | 56.16 | 4.06 | 76.20 | 7.80 |
| 2016 | 102.52 | 6.45 | 100.22 | 9.25 |
| 2017 | 174.09 | 7.23 | 141.43 | 9.54 |
| 2018/2Q | 110.09 | 7.72 | 20.76 | 2.28 |

**商誉：**

商誉很好理解，美的集团前几年收购了库卡和东芝，商誉占比较高，287亿元，占总资产的11%；格力电器则因鲜有并购活动，商誉为0，没有任何商誉减值的风险。

**应收账款及其他应收款：**

美的集团和格力电器应收款项的变动也反映了两家公司这几年的变化，美的集团用五年时间将应收款项下了个台阶，对资产端是有改善的；而格力电器的应收款项占比一直在低位波动（见表4）。另外，两家公司的坏账管理都还不错。

表4 美的集团和格力电器应收账款及其他应收款占总资产的比例分析　　单位:%

| 年度 | 美的集团 | | 格力电器 | |
|---|---|---|---|---|
| | 中报 | 年报 | 中报 | 年报 |
| 2011 | 36.20 | 25.10 | 26.21 | 41.69 |
| 2012 | 31.32 | 26.64 | 19.22 | 33.52 |
| 2013 | 28.55 | 23.83 | 19.05 | 36.27 |
| 2014 | 27.09 | 22.98 | 19.27 | 34.26 |
| 2015 | 28.97 | 18.91 | 14.34 | 11.14 |
| 2016 | 17.46 | 12.91 | 9.83 | 18.19 |
| 2017 | 14.04 | 12.51 | 14.07 | 17.83 |
| 2018 | 15.67 | — | 17.34 | — |

## 3.3.7 应付职工薪酬

**定义**

应付职工薪酬是指企业按照规定应当给予职工的各种形式的报酬以及其他相关支出,包括职工工资、奖金、津贴、补贴、职工福利费以及医疗保险费、养老保险费、失业保险费、工伤保险费、生育保险费等社会保险费和住房公积金;既包括短期薪酬,也包括离职后福利、辞退福利和其他长期职工福利。

**科目详解**

过去税务部门不参与社保征收,主要是地方社保机构来收取。因此很多企业都是按照最低标准给员工缴纳社保。员工对此也比较满意,因为这样到手的现金会多一些。现在社保的征收由税务系统全面接手,企业这一部分的成本有了比较大的提升。引用国泰君安的数据,2015—2017年社保基数合规企业占比逐年下降,2015年社保基数合规企业占比为38%,2016年只有25%,2017年是24%。在2017年76%的社保基数不合规企业占比中,按最低社保基数缴纳企业占比为23%,按固定工资部分(不算奖金)缴纳企业占比为11%,其余社保基数不合规企业占比为42%。虽然长期来看,社保可能会越来越规范,但是短期的就业冲击可能避免不了。假定我们把员工工资下限设成4 000元,上限设成20 000元,企业给员工缴纳社保的比例设为28%,这样一家公司每个月最少要为一个员工缴纳社保1 120元(=4 000×28%),最多要缴纳社保5 600元(=20 000×28%),一年就是13 440—67 200元。

## 3.3.8 应交税费

**定义**

应交税费是指按照法律法规应该缴纳的税款在缴纳之前暂时留在企业所形成的一项负债。

## 3.3.9 应付利息

**定义**

应付利息是指企业按照合同约定应支付的利息。

## 3.3.10 应付股利

**定义**

应付股利是指公司制企业根据公司章程,经董事会和股东大会决议确定分配的已宣告但尚未支付给股东的股利。

## 3.3.11 其他应付款

**定义**

其他应付款是指与企业的主营业务没有直接关系的应付、暂收其他单位或个人的款项。其核算内容比较繁杂,是个大杂烩。比如,保证金、预提的费用、往来的款项、职工风险金、备用金、股权投资款、各种应付款及应付罚金等都在此科目中核算。

**科目详解**

其他应付款也是一个比较容易参与财务报表造假的科目,在这里我们以某上市医药企业为例。

公司 2015 年四季度完成反向收购和并表,2015—2016 年总资产增速仅为 7.31%,但 2016—2017 年总资产增速则达到 22.49%,因此关键变化发生在 2017 年。通过比较 2016 年和 2017 年资产负债表的关键科目,可以发现公司的资产结构出现了重大变化,其他应付款科目成为报表中值得关注的一个点(见表 3.4)。公司的存量资金中有 4.66 亿元在 2017 年用于购买其他流动资产(理财产品 1.03 亿元)、长期股权投资(1.64 亿元)和可供出售权益资产(1.99 亿元);2017 年销售导致公司资产增加 10.1 亿元(主要是应收账款和应收票据猛增);但这些销售类的经营活动最终在权益端只有 3.74 亿元转化为了利润(未分配利润+盈余公积),而其他则统统转化为了其他应付款。

表 3.4 某上市医药企业资产变动情况

| 项目 | 2016 年 | | 2017 年 | | 变动 | |
| --- | --- | --- | --- | --- | --- | --- |
| | 金额(元) | 占比(%) | 金额(元) | 占比(%) | 金额(元) | 比例(%) |
| 货币资金 | 1 557 788 227.85 | 32.47 | 839 665 536.34 | 14.29 | -718 122 691.51 | -46.10 |
| 应收票据 | 378 002 303.06 | 7.88 | 760 055 917.01 | 12.93 | 382 053 613.95 | 101.07 |

(续表)

| 项目 | 2016年 | | 2017年 | | 变动 | |
|---|---|---|---|---|---|---|
| | 金额（元） | 占比（%） | 金额（元） | 占比（%） | 金额（元） | 比例（%） |
| 应收账款 | 211 504 525.58 | 4.41 | 1 091 548 415.39 | 18.57 | 880 043 889.81 | 416.09 |
| 其他流动资产 | 7 669 322.08 | 0.16 | 110 276 027.77 | 1.88 | 102 606 705.69 | 1 337.88 |
| 可供出售金融资产 | 0 | 0 | 199 305 400.00 | 3.39 | 199 305 400.00 | |
| 长期股权投资 | 250 444 411.67 | 5.22 | 414 213 269.86 | 7.05 | 163 768 858.19 | 65.39 |
| 其他应付款 | 272 566 067.04 | 5.68 | 903 889 463.81 | 15.38 | 631 323 396.77 | 231.62 |
| 盈余公积 | 214 533 273.60 | 4.47 | 268 215 366.09 | 4.56 | 53 682 092.49 | 25.02 |
| 未分配利润 | 1 289 421 114.31 | 26.88 | 1 609 417 119.18 | 27.39 | 319 996 004.87 | 24.82 |

公司通过其他应付款科目计提了巨额的销售费用，后续借助"报销"将资金周转至体外：在其他应付款明细中，应付费用一项2017年增速惊人（见表3.5），公司的解释为"子公司××药业销售规模扩大，预提销售费用增加所致"。

表3.5 某上市医药企业其他应付款明细情况　　　单位：元

| 项目 | 2014年 | 2015年 | 2016年 | 2017年 |
|---|---|---|---|---|
| 押金保证 | 12 710 000.00 | 37 065 502.83 | 44 056 131.86 | 56 316 805.17 |
| 应付费用 | | 204 112 635.76 | 194 032 000.21 | 823 786 501.61 |
| 拆迁补偿款 | | | 2 749 882.07 | |
| 其他 | 31 193.00 | 19 309 491.18 | 31 728 052.90 | 23 786 157.03 |
| 合计 | 12 741 193.00 | 260 487 629.77 | 272 566 067.04 | 903 889 463.81 |

正常来说，预提销售费用应该是销售人员因出差等而需要向公司预支的垫款，如果这家公司的财务制度较为完善，则预支款项不应超过1个月的额度，一般仅在期末为了避免当期费用跨期而做预提（例如，大量销售人员因为还在出差没有及时将票据报销而需要根据他们的大体花费预提一个销售费用）。但公司的这项预提销售费用实际上从2017年二季度就已经大幅增加，这是不正常的账户余额和波动。

## 3.3.12 非流动负债

**定义**

非流动负债又称长期负债,主要是指偿还期在一年或者一年以上的债务,具体包括长期借款、应付债券等,主要是企业为筹集长期项目所需资金而发生的。

## 3.3.13 长期借款

**定义**

长期借款是项目投资中的主要资金来源之一。一个投资项目需要大量资金,仅靠自有资金往往不够,需要向外举债。长期借款一般来自银行或其他金融机构。

## 3.3.14 应付债券

**定义**

应付债券是指企业为筹集长期资金而实际发行的债券及应付的利息,它是企业筹集长期资金的一种重要方式。

## 3.3.15 有息负债

**定义**

有息负债是短期借款、一年内到期的非流动负债、长期借款与应付债券之和。

**科目详解**

有息负债过高说明企业负债水平过高。2018年5月2日,盾安集团旗下的A股上市公司盾安环境和江南化工停牌,网上开始沸沸扬扬地传播着一份《关于盾安集团债务危机情况的紧急报告》,据称直达浙江省省长袁家军的案头。盾安集团这个诸暨市、浙江省乃至国家的重点企业,身上450亿元的有息负债岌岌可危,除了120亿元的债券,绝大部分银行和非银行金融机构贷款都集中在浙江省省内。文件称,"如果出现信用违约,将会对省内众多金融机构造成重大伤害,并可能会带来系统性风险"。翻看名单可以发现,向盾安集团授信超过10亿元的机构主要是:国开行浙江省分行、进出口银行浙江省分行、四大行的浙江省分行、浙商银行、兴业银行杭州分行,几乎全部都是浙江省省内的银行。根据上海清算所的发行文件,盾安集团在出事之前,处于存续期内的债务融资工具合计129亿元,未来两年内需要兑付的金额高达113亿元,而盾安集团2017年的净利润只有17亿元。紧绷的资金链实际上一直悬在盾安集团的头上,在去杠杆的环境下,现金非常难找,盾安集团6亿元超短期债券发行失败,直接摧垮了公司的资金链,出现风险也就不足为奇了。

**综合分析**

有息负债扣除现金和可供出售金融资产,就得到上市公司的净有息负债,净有息负债是上市公司实际需要承担利息并偿还本金的债务规模。其他类型的负债,如应付账款是上市公司占用供应商的资金,这部分资金不需要承担利息,对上市公司的资金压力没有太大影响。

净有息负债越大,说明企业的财务杠杆越高,财务风险越大。不同级别的企业可以承担不同量级的财务杠杆,这主要取决于企业的所有者权益和制造现金流的能力。这里引入净有息负债率(即净有息负债与归属于母公司的所有者权益之比)指标。净有息负债率超过50%的企业都是需要重点关注的,但是房地产企业是一个例外,大部分房地产企业的有息负债率都比较高,我们这里主要指的是制造业企业。

2017年在永泰能源高达1 072亿元的权益中,负债占据了784亿元,其中大部分都是有息负债(短期负债+长期负债+应付债券),共计450亿元(其中一年内到期的高达176.6亿元)。雪上加霜的是,长期应付款中还有59.9亿元的应付融资租赁款,这也是有息负债。公司2010年借壳,八年间通过定向增发,在二级市场募集了接近220亿元的资金,公司市值也从借壳时的20亿元滚到了2018年7月的200多亿元,整体资产规模加了个零,但是有息负债也是水涨船高。尽管公司已经是融资大王,但是仍难以覆盖经营和投资活动的缺口。2018年7月5日,公司"17永泰能源CP004"一年期债券到期,总资产1 072亿元的发债主体,无法按时偿还16.05亿元的本息,构成实质性违约。资产软,负债硬,现金为王,压垮千亿资产的其实是创始人失控的财务杠杆和扩张野心。

企业负债的存在,并不是一件坏事。负债经营也是商场的常态,不会用杠杆的企业家其实是比较傻的,关键在于杠杆的度和量。负债经营一方面有助于补充企业的营运资金,另一方面能够给企业的发展带来更大的效益。单纯依靠企业自身内部积累的自有资金,在快速发展的过程中往往会捉襟见肘,所以企业需要一定的外部负债来满足自身快速发展的节奏。当企业的投资回报率大于负债利率时,则更能有效地增加投资回报。简单地说,就是企业借钱赚来的钱,要能够偿还借钱的利息,并且还要给企业有所剩余,这样企业就能为股东创造更多的利润。完全依靠企业自身的经济资源,股东的收益其实是被压低了。在合理的范围内,适度引入负债的杠杆效应,有利于提升股东的回报。我们为什么会经常强调要关注现金型的公司,因为这些公司的负债率都比较低,有巨大的财务杠杆空间,没有负债的企业,可以运用更多的财务杠杆,在更低的位置买到更多的资产。

另一类需要关注的是那些货币资金绝对额较大又借了很多有息负债的公司,它们的综合表现就是账面上有大量的货币资金,但是货币资金的明细中有很多受到了限制,负债端又背负了大量的债务,这样的公司是十分危险的。因为融资活动本身就导致公司货币资金的增加,现在公司的货币资金却又大量受限,说明公司实际运营需要的资金是高度短缺的,又陷入了明明很有钱,实际很缺钱,越缺钱越要借钱的境地。很多融资大王都有这样的特征,这其实已经不需要看更多的数据,是一个因常识相悖而得出的风险判断。如果公司的货币资金没有受限,却背负了很多有息债务,则说明公司有比较大的资本开支计划,虽然还没有披露,但是已经在报表中提前做好了准备。从这个角度来看,我们可以发现一些上市公司资本运作的端倪。以上两类公司的核心差别就在于,有息负债有没有真正形成可以被灵活支配的货币资金,而这个细节需要从财务报表附注中仔细查验。

## 案例分析

### 桂东电力:困境电力股的野望

桂东电力就是一个资产负债率高(2018年一季报数据达82.92%)、主营业务靠天吃饭的电力公司。

说它靠天吃饭,是因为电力主要靠水力发电生产。2017年公司下属的五个主要水力发电厂流域的来水同比偏少,发电量比2016年减少22.48%。为了保证区域内的供电需求,公司还要从其他地方外购电力,成本自然就增加了。2017年报告期内,桂东电力最终的发电量为17.64亿千瓦时,售电量为37.83亿千瓦时(比2016年减少6.28%),两者之差就是外购的电力,来源主要是广西电网、湖南电网及附近区域的小水电站。最后售电业务的营业成本比2016年增加了4.96%。

桂东电力另一个主营业务是油品贸易。但这块业务2018年5月被上交所问询过,要求说明该业务的合理性。公司2017年的主营业务营业收入和毛利率如图1所示。

# 第3章 资产软，负债硬，公司家底没秘密

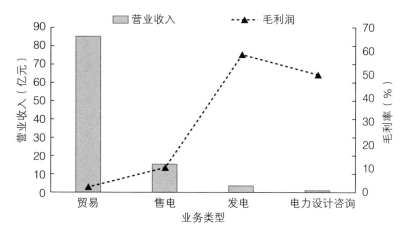

**图1 桂东电力2017年主营业务营业收入和毛利率**

桂东电力在2017年报告期内实现营业收入102亿元，其中贸易收入约85亿元；营业成本共计96.26亿元，其中贸易成本82.97亿元。极高的营业收入占比搭配了极低的毛利率，财务成本也不低。

根据公司回函：油品贸易行业的毛利率本来就很低，周转速度比较快，而且作为公司业务已达十年之久，并没有什么问题。公司的资产结构（2017年年报）如图2所示。

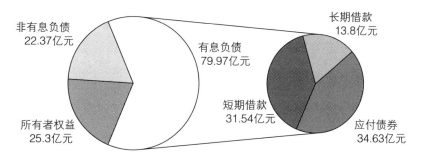

**图2 桂东电力资产结构（2017年年报）**

桂东电力的负债为102.34亿元，其中仅有息负债就占到了总资产（127.64亿元）的62.65%。这么高的负债率，按公司的说法是子公司的流动资金需求增加……

公司的说法确实没问题，但是其中有大约30亿元的债券要在2019年一季度到期。那公司手上有多少现金呢？16.80亿元。

当然并不是只有这些可变现资产，公司还另有12.70亿元的可供出售金融资产（其中大部分为所持的国海证券股份），5.91亿元的长期股权投资，7万元（没错）的

137

交易性金融资产,加上货币资金一共是 35.41 亿元。全部变现刚够还到期的债务。

那就还是老办法,要么融资,要么重组,要么把手头的优质资产卖一卖,不然兑付压力非常大。国海证券在 2017 年报告期内已经被卖过一次了。要不是国海证券卖了 1.78 亿元,桂东电力 2017 年的净利润妥妥是负的,这可是桂东电力的重要资产。2017 年国海证券仅分红就分了 2 639.53 万元,占净利润(1 亿元)的 24.85%。

什么叫资产软,负债硬,就是手头上的资产说没有就没有了,但是债务一直存在。最后还是重申一下:在去杠杆的环境下,投资者还是以价值为导向,保护好手中的筹码,等待机会,下海摸鱼。

### 3.3.16　长期应付款

**定义**

长期应付款是指企业在采用补偿贸易方式引进国外设备时而发生的应付引进国外设备价款和融资租入固定资产时而发生的应付融资租赁费等,也是有息负债。

### 3.3.17　专项应付款

**定义**

专项应付款是指企业的专项资金对外发生的各种应付和暂收款项,如购入专项物资的应付货款。

### 3.3.18　递延所得税负债

**定义**

递延所得税负债是指根据应纳税暂时性差异计算的未来期间应付所得税的金额。所得税项目明细中有一项叫作递延所得税的调整,又分为递延所得税资产和递延所得税负债。《企业会计准则第 18 号——所得税》指出,企业应当将当期和以前期间应交未交的所得税确认为负债,已支付的所得税超过应支付的部分确认为资产,存在应纳税暂时性差异,或可抵扣暂时性差异的,按照准则规定确认递延所得税负债或递延所得税资产。

**科目详解**

对于企业来说,账面出现递延所得税负债,就意味着企业本身获得了更好的现金流状况，其实这是一个相对冷门的科目，但偏偏有上市公司玩儿出了花样。上市公司纳思达在2016年年底，完成了对纽交所上市公司利盟的收购。利盟是打印机行业的龙头，业务遍布全球，2015年年底，其总资产合计250多亿元，净资产70亿元。翻看纳思达的报表我们可以发现，公司在2016年年报中出现了122亿元的递延所得税负债，2017年中报中减少为89.71亿，2017年三季报中进一步减少为71.64亿元，而2018年中报中只有17.43亿元的递延所得税负债。递延所得税负债是纳思达这家上市公司财务报表中变化最大的科目。

究竟发生了什么事？我们可以看一下纳斯达在2018年1月18日发布的公告：

## 纳思达股份有限公司
## 对《关于对纳思达股份有限公司问询函》的回复公告

本公司及董事会全体成员保证公告内容真实、准确和完整，并对公告中的虚假记载、误导性陈述或者重大遗漏承担责任。

纳思达股份有限公司（以下简称"本公司"或"上市公司"或"纳思达"）于2018年1月11日收到深圳证券交易所中小板公司管理部下发的《关于对纳思达股份有限公司的问询函》（中小板问询函〔2018〕第29号）（以下简称《问询函》），公司会同中介机构对《问询函》中提出的问题进行了逐项落实，现回复如下。

你公司于2018年1月8日披露《关于市场传闻的澄清公告》，就公司商誉大幅度减值与美国税改对公司有不利影响的传闻进行了澄清。

我部对此表示关注，请你公司就以下事项做出补充说明：

问题一：请补充说明市场传闻出处，包括披露媒体和报道内容。

【上市公司回复】

2017年12月30日，某微信公众号发布文章称公司并购利盟交割后"残酷的故事，才刚刚开始"。同时，文章还指出利盟商誉存在减值的风险，在简单列举公司及利盟的经营数据后，指出公司在2016年年报及2017年三季度报中并没有对利盟计提商誉减值准备，"商誉减值测试是否合理，似乎还有待商榷"等。

2018年1月5日，华尔街日报中文网发布文章称美国新税法将会严重冲击2017年第四财季收益。

问题二：请补充说明评估师对利盟国际有限公司股权评估工作的进

展情况。

【上市公司回复】

公司及利盟管理层已委托第三方独立评估机构对利盟的股权公允价值进行评估，以协助公司管理层判断收购利盟形成的商誉是否发生减值。

截至目前，相关评估工作尚在进行中。相关评估结果提交后，也仍需会计师进一步复核确认。利盟公司管理层正在督促评估机构尽快呈交评估结果，公司也将督促会计师尽快完成复核确认工作。如果确认后的评估结果使得公司前期公告的业绩预测发生重大变化，公司即依据相关规定及时履行信息披露义务。

问题三：请补充说明美国企业所得税税率降低事项对公司2017年净利润的具体影响和会计处理，并请公司年审会计师发表专业意见。

【上市公司回复】

一、美国税改的背景资料

美国参议院及众议院在美国时间2017年12月20日通过《减税与就业法案》（以下简称"税改法案"），美国总统特朗普于美国时间2017年12月22日签署了上述法案，该法案于2018年1月开始实施。

根据这份法案，美国联邦企业所得税税率将从现在的35%降至21%；对美国企业留存海外的利润进行一次性征税，其中现金利润的税率为15.5%；推行"属地制"征税原则，即未来美国企业的海外利润将只需在利润产生的国家交税，而无须向美国政府交税。

二、税改法案对公司2017年度财务报表的主要影响

公司牵头的联合投资者在2016年完成了对利盟国际有限公司的收购，并将利盟公司纳入合并报表范围。利盟公司作为美国企业，在全球范围内开展业务，其在经营过程中除了在美国当地获取利润，亦会产生海外利润，法案的通过与生效，能有效地减轻利盟公司的企业所得税税负。公司管理层已注意到就2017年度财务报表影响而言，主要是对递延所得税资产和负债的确认方面产生重大影响。

经咨询专业机构意见，利盟公司管理层呈交的预估数据显示：本次税改预期对利盟公司2017年度经营成果有正面的影响，预期将会有约3.89亿—4.87亿美元的一次性收益（以2017年12月29日汇率折合人民币约为25.42亿—31.82亿元）。

该项收益将反映在公司合并利润表所得税费用科目(所得税费用——递延所得税费用),相应地将增加2017年度归属于上市公司股东的净利润约13.01亿—16.29亿元(纳思达持有美国利盟51.18%的股权)。

原来是美国的税改法案对公司收购的利盟产生了重大影响,如果该法案通过,那将能有效减轻利盟的企业所得税税负,进而在递延所得税资产和递延所得税负债确认方面将会产生重大影响,预期将使公司净利润增加十几亿元。

## 3.4 所有者权益

资产等于负债加所有者权益,这里所说的所有者权益就是所有者在企业资产中享有的经济利益。所有者权益是企业资产扣除负债后,由所有者享有的剩余权益,其金额为资产减去负债后的余额。所有者可以凭借其所有权参与企业的利润分配。除非发生减资、清算或分派现金股利,企业不需要偿还所有者权益;企业清算时,所有者权益的排位也在债务之后。所有者权益并不对应企业某一项具体的资产,也不与企业任何具体的项目发生对应关系。

### 3.4.1 股本(实收资本)

**定义**

股本是企业实际收到的投资者投入的资本,指企业按照章程或合同,接受投资者实际投入企业的资本,既包括现金资产的投资,又包括非现金资产的投资。

### 3.4.2 资本公积

**定义**

资本公积是指企业在经营过程中由于接受捐赠、股本溢价以及法定财产重估增值等所形成的公积金。资本公积是与企业收益无关而与资本有关的贷项,它是投资者或者他人投入企业、所有权归属于投资者、投入金额超过法定资本部分的资本。

### 3.4.3 盈余公积

**定义**

盈余公积是指企业从税后利润中提取形成的、存留于企业内部、具有特定用途的收益积累,包括法定盈余公积与一般盈余公积。

### 3.4.4 未分配利润

**定义**

未分配利润是指企业留待以后年度分配或待分配的利润。

### 3.4.5 综合分析

理解所有者权益,主要是关注其中的所有者投入和资本的减少以及资本公积的变化,了解上市公司盈利的状况。从股东的角度出发,要么股东对公司进行投资,要么公司自己挣钱。公司挣的钱理论上也属于全部股东,如果没有被分掉,那么就会继续留在公司里。股东对公司的投资,就是实收资本;公司盈利的部分,如果没有被分掉,就是未分配利润,同时按照《中华人民共和国公司法》的规定,提取盈余公积。

普通投资者关注所有者权益,可以帮助捕捉一些高送转的股票。所谓高送转,就是上市公司在披露定期报告时,推出的高比例送股或者转增股份方案,把上市公司盈利留在公司的部分。发放股票作为红利,就是送股;把上市公司资本公积金转化为股本,就是转股。送股的前提条件是上市公司必须盈利,转股的条件是公积金必须足够高。中国新股发行募集完资金之后,大部分都具备高送转的条件;而刚上市的新股,虽然股本往往较低,但也有较强的动力进行高送转。高送转本质上就是上市公司的财务游戏,左口袋的钱转到了右口袋,并不是什么实质性的利好。为什么A股市场的投资者就这样趋之若鹜呢?其实有以下几方面的原因:一是高送转本身是一个题材新闻的刺激,会影响其他投资者的心理预期,形成一个资金自我增强的循环,引导资金流向具备高送转潜力的个股,一旦盘面上涨得到验证,又会进一步强化这种预期。从这个角度来看,高送转与其他利好题材一样,通过新闻形成正向刺激。二是高送转会极大地活跃筹码的流动性,在极端情况下甚至会降低投资者进入的门槛。虽然手上持有的市值不变,但是可以交易的股数变多了,投资者有了更多的腾挪空间。三是对于价格十分高的股票来说,高送转除权后,股票绝对价格降低了,原来买不起的散户就可以获得更低的进入门槛,买入上市公司股票。因此高送转从题材、流动性、交易热情等方面,都对股票有了正向的刺激,但是在财务报表上这就是一个财务游戏,并没有什么实质的影响。

# 第4章
# 真真假假利润表，斗智斗勇老会计

利润表是记录企业一段时间内运营成果的会计报表，也是上市公司经营汇报最重要的一张报表。

编制利润表最基础的依据是：

$$利润 = 收入 - 费用$$

等式右边的第一项是收入，代表企业在一段时间内的业务收入。所谓收入，是指企业在从事销售商品、提供劳务和让渡资产使用权等日常经营业务过程中所形成的经济利益的总流入。按照企业经营业务的主次不同，收入分为主营业务收入和其他业务收入。比如，贵州茅台出售白酒所取得的收入为主营业务收入，类金融业务所取得的收入（比如利息收入）为其他业务收入。通过研究收入的结构，我们可以了解企业的主营业务是什么，哪些产品对企业来说较为重要；通过研究收入的变化，我们可以了解企业的发展速度；若把收入的结构和变化联系起来，则可以分析出企业当前的侧重点是什么，哪些业务可能促使企业有较好的变化。

等式右边的第二项是费用，代表企业在一段时间内的运营支出。通过研究费用的结构，我们可以了解企业的主要成本在哪，哪些费用是需要重点关注的。比如，营业成本较低的企业，其毛利率较高，但其营业利润不高，这可能是因为其销售费用和管理费用比较高，那么这两项费用就需要我们重点关注。理解清楚企业费用的情况后，结合收入一起分析，能够让我们对企业的运营状况有更深刻的认识。

等式的左边是利润，代表企业在一段时间内所取得的运营成果。只有当利润为正时，企业的业务才会给股东带来收益。利润的主要来源有业务利润、投资收益、营业外利润。大部分企业的利润都来自主营业务，也有少部分企业的利润主要来自投资收益或营业外利润。一般来说,我们重点关注那些利润来自主营业务的企业。主营业务能够持续贡献稳定增长的利润是管理层经营管理能力的重要体现,也是行业竞争状态的反映。当企业在行业竞争中面临较大的压力,或者企业的经营管理出现较大的变化时,主营业务的利润贡献可能会减少,投资收益或营业外利润可能会逐渐增加。A股市场也有一类上市公司专注于投资收益和营业外利润,但是投资型公司的业务较难分析,也不容易给出清晰的估值,外在影响因素较多,投资者在选择标的时一定要特别谨慎。

在利润表中,还存在一些收益科目,如公允价值变动收益、投资收益等。这些科目记录的既不是收入也不是费用,而是以前已经购买的资产当期获得的收益或亏损,从本质上来讲,这是利润科目。

在讲资产负债表时,我们将其比喻成在某一时间点对企业进行拍照。而对于利润表,我们会把它比喻成在某一段时间对企业进行录像,把录像中的每一个事件所得到的结果累加起来,就成了利润表。

通过利润表,我们可以对企业经营有一定的了解:到底赚没赚钱,企业是通过哪些业务赚的钱,企业的盈利是否可以持续,企业的主要成本是什么,管理好哪一项费用可以对企业的利润有较大的贡献,企业的主要产品是否继续增长,企业是否正在发展新的业务,等等。

企业公布的报表包括母公司报表及合并报表,我们一般讨论的都是合并报表。合并利润表是母公司和所有子公司经营利润的总和,母公司和子公司之间交易产生的收入和利润被抵销掉了。通过合并报表,我们才能弄清楚一家企业控制的所有资产状况。但是这也会让某些企业钻空子,通过少数股东损益来对利润做文章。

另外,我们还需要讲一下收入、费用与利润的产生和确认。现实生活中,日常经营行为大多是收付实现制,即只有当现金实际流入时才能算为收入,实际流出时才能算为支出。这样一来,如果买方打了白条,那么对于卖方来说就等于没有收入,因为没有得到钱。会计中的收入确认并不是以现金的实际流入、流出为准,而是以权利和责任的发生为准,我们称之为权责发生制。只要交易发生了,不管现金如何运作,哪怕是打白条,只要对于卖方而言有了一笔应收账款的权利,就算是有了收入,产生了利润。因此,利润表中的利润,评判的是某一段时间内企业的净现金变更与权利变更,而权利背后则是各类操作的艺术。

下面我们依次讲解利润表的主要科目及其分析技巧,包括营业收入、营业成本、税金及附加、销售费用、管理费用、财务费用、资产减值损失、其他经营收益、营业利润、营业外收支、利润总额、所得税、净利润、少数股东损益、归属于永续票据持有者利息、归属于母公司所有者净利润。

## 4.1 营业收入

**定义**

营业收入是指企业在从事销售商品、提供劳务和让渡资产使用权等日常经营业务过程中所形成的经济利益的总流入。这里需要注意的是仅包括日常经营业务的流入和其他业务收入，并不包括补贴、赔偿等非经营业务流入。

**科目详解**

营业收入分为主营业务收入和其他业务收入。比如，一家零售店出售商品属于主营业务收入，时不时帮人代收快递属于其他业务收入。一家企业主要的收入应该是主营业务收入，因为这是一家企业的支柱业务。若其他业务收入异常大，则需要在企业的年报中寻找解释，如果找不到合理的解释，那么存在猫腻的嫌疑就比较大了。

由于增值税的存在，客户实际支付的钱并不等于企业实际确认的营业收入。企业的营业收入都是由不含税收入累加所得的。比如，一台电脑售价1万元，增值税税率13%，则企业实际确认的营业收入为8 850元。

营业收入的确认原则与方式可以在年报中看到，而且一般都与行业特征、企业销售策略有关。很多财务造假，如虚增收入，都是将不符合条件的收入确认为收入，或者寅吃卯粮将下期收入提前确认。

提供劳务的企业，确认收入的方式分为一次性确认收入和按完工百分比法确认收入。完工百分比法较为复杂，因此操作空间也较大。在年度结算时，按照合同总额乘以完工进度就可以得到收入和费用，与企业实际发生的收入和支出没有关系，所以会被用来粉饰报表。

 **例4.1**

### 基建行业：完工百分比

由于基建行业具有两个特点：一是建设周期长，通常都超过1年，3—5年的也不在少数；二是结算周期长，施工方一般都会先行垫付大量自有资金，经过资料审核和监理确认后,最终还要仰赖业主方资金充沛,这些都是不容易的事情。因此,基建行业确认收入和利润有一套自己的方法——完工百分比法。企业在最初签订合同时就要估算成本,如果不需要业主方同意确认,则每支出一单位成本就相应按比例确认营业收入和毛利润;如果需要业主方同意确认,则按完工进度确认成本,按结算进度确认营业收入和毛利润,已完工未结算的部分计入存货。

## 综合分析

对于投资者而言,最喜闻乐见的就是营业收入的持续增长,这能反映出企业良好的发展趋势。由于收入 = 数量 × 价格,因此我们在研究时需要考虑营业收入增长是数量增加导致的还是价格提升导致的。

若是数量增加导致的,则营业收入增长可能来自潜在需求增长,比如企业开发出了新产品,甚至开发出了划时代的先进产品,创造出了新的需求。此种增长途径最为可靠。但如果企业为了市场份额而与竞争对手打价格战,则即使营业收入增长较好,也会大幅削减企业的盈利能力,这种途径的可持续性和可靠性比较差。

若是价格提升导致的,则我们需要区分是需求扩大而供应不足,还是供求平衡而企业主动提价。若是需求扩大而供应不足,则会使得企业短期利润暴增,同时企业会尽快加大供应,而后价格趋于平稳。这种情况在 2017 年的方大炭素、2018 年的风华高科均出现过。而若是供求平衡而企业主动提价,则需要注意企业的提价是否会导致需求的快速下滑。在相对同质化的行业中,企业提价的动作是非常危险的,比如 2017 年索菲亚的提价策略便是不成功的。

在研究营业收入增长时,投资者需要更深入地了解行业中的竞品情况,以及消费者的偏好、产品之间的替代性、所关注企业的核心竞争力等。另外,营业收入的增长速度还要和行业平均水平进行比对。增速高于行业平均水平,说明企业的市场份额正在扩张;增速放缓、低于行业平均水平都是企业逐渐落后的征兆。

一般来说,如果企业产品的竞争力不是特别强,却又同时保持着非常高的销售量或者很高的毛利率,则企业造假的概率是非常大的。如果企业产品的竞争力很强,则我们要重点关注产品有没有大量的挂账即应收账款存在,因为对于竞争力很强的产品,企业依然有动力进一步操纵报表增加利润,通过放大赊销就可以实现这一点,赊销的具体质量是需要重点观察的。

在做企业产品具体的经营分析时,可以分业务、分地区、分客户进行分析,此类

# 第4章 真真假假利润表，斗智斗勇老会计

信息需要在年报中进一步搜索，从中可以看出企业的业务分布、业务类型随时间的变化。有些企业从一个地域起家，慢慢扩展到全国各地，一般新扩张的地盘上成本投入较多，营业收入较少。有些企业有主打产品，或者是多样化产品，随着市场的变更，产品种类与其侧重程度都会发生变化，相对应的固定资产、原材料等也都会发生变化，值得留意。有些企业上下游的大客户都十分固定，了解与企业关系密切的企业可以更好地理解产业链的生态，企业的某些变化都能在上下游那里找到源头；并且，大客户是否发生变化及其背后的原因也是需要时刻关注的，这部分也要具体行业具体对待。比如，某些电子企业对苹果公司的依赖度极大，若苹果公司的销量大幅下滑或不再采购其零部件，那么对于这些企业来说就是个灾难。

企业的营业收入与资产负债表中的货币资金、应收账款、应收票据有直接的联系。因为企业出售商品后，买方必定以某种形式向企业支付货款，要么是现金，要么是票据，要么是赊账。若企业的议价能力较强，它就会要求买方以现金支付。此时我们可以用"销售商品、提供劳务收到的现金/营业收入"这一指标来观测企业的营业收入质量，若此指标长期大于100%，则说明企业的绝大部分营业收入都以现金的形式收回，现金流状况较好。

## 案例分析

### 颐海国际：吃出来的两年六倍

颐海国际2017年实现营业收入16.46亿元，营业利润3.87亿元，净利润2.61亿元，账面上有11.31亿元的货币资金，没有有息负债，基本面看起来不错。而且据公司所说，**这11.31亿元的货币资金主要用于新工厂的建设，并且积极寻找并购机会**。并购机会究竟是同类调味品还是其他，有待观察。

公司的资产结构(2017年年报)如图1所示。

**图1 颐海国际资产结构分析(2017年年报)**

不过因为和海底捞的关系紧密,这几年公司的主要营业收入都是由关联方客户海底捞贡献的(见图2)。

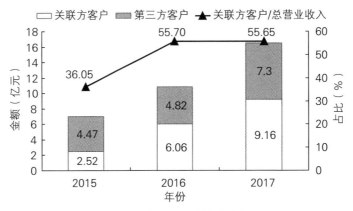

图2　颐海国际客户构成分析

营业收入结构更不用说了,2017年公司79.04%的营业收入都是火锅底料贡献的(见图3)。

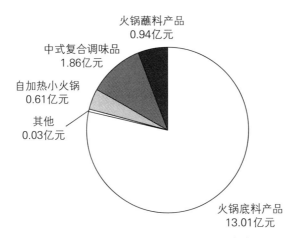

图3　颐海国际营业收入结构分析(2017年年报)

营业收入结构中自加热小火锅是一个亮点。2017年,颐海国际刚推出自加热小火锅就赚取了6 145万元,占到2017年总营业收入的3.73%,成绩喜人而且上升空间较大。

民以食为天,吃里面有大生意,市场从不缺牛股,牛股就在身边。颐海国际当前的估值非常高,但务必注意风险。

## 4.2 营业成本

**定义**

营业成本是企业为生产产品、提供劳务等而发生的可归属于产品成本、劳务成本等的费用。比如，购买原材料的成本、支付生产员工工资的成本均属于营业成本。营业成本又分为主营业务成本和其他业务成本，它们是与主营业务收入和其他业务收入相对应的。

**科目详解**

如果只有生产产品的成本，那么营业成本就是期内从存货中拿出来进行销售的那部分存货的价值。年报中还能看到具体产品的成本构成，从成本构成中也能看出很多有意思的事情来，至少能够看出产品的质量究竟如何，以及企业对待生产的态度。

 例 4.2

### 养元饮品：六个核桃，装进好几个易拉罐

养元饮品的业绩惊人，2017年实现营业收入77亿元，净利润23亿元，毛利率48%，净利率更是高达30%，费用控制极佳。下面我们来看看其成本构成。

公司的成本构成让人啼笑皆非，售价4元/听左右的核桃乳，成本大约1元钱，其中易拉罐价格0.57元，核桃仁只有0.25元（见表1）。

表1 核桃乳成本构成分析

| 项目 | 2017年1—6月 | | 2016年 | | 2015年 | | 2014年 |
|---|---|---|---|---|---|---|---|
| | 金额（元/听） | 增速（%） | 金额（元/听） | 增速（%） | 金额（元/听） | 增速（%） | 金额（元/听） |
| 易拉罐 | 0.57 | 6.33 | 0.53 | -2.30 | 0.55 | -5.15 | 0.58 |
| 核桃仁 | 0.25 | -0.05 | 0.25 | -23.42 | 0.33 | -27.21 | 0.45 |
| 白砂糖 | 0.05 | 15.51 | 0.04 | -27.63 | 0.06 | -20.56 | 0.07 |
| 其他原材料 | 0.13 | 13.85 | 0.11 | 12.02 | 0.10 | | 0.11 |
| 合计 | 1.00 | 5.91 | 0.94 | -9.01 | 1.03 | -14.27 | 1.21 |

这么看来，一罐六个核桃里应该没有六个核桃了。不过鱼香肉丝里没有鱼、夫妻肺片里找不到夫妻，想想心里也就平衡了。但是这易拉罐占到了一半的成本，大

家喝完还是别扔了。问问厂家拿着易拉罐再去接点核桃乳,能第二件半价不?

公司之前和美国一家公司谈妥了采购核桃仁的事儿,由于核桃仁价格这两年下跌了,和美国公司谈好的核桃仁不要了,因此被美国公司告上了最高法院,2018年一季度赔了1 000多万元。

## 综合分析

把营业收入和营业成本放到一起,便得到一个重要的指标——毛利率。毛利率代表的是单位营业收入能产生多少利润,其公式为:

毛利率=(营业收入−营业成本)/营业收入

毛利率越高,企业的经营状况越好,利润相对越高。毛利率是投资者关注的硬指标。高毛利率的企业通常是比较稳健的选择,具备优秀的持续竞争能力。

### 例4.3

#### 恒瑞医药:高毛利率推动研发

医药行业由于前期研发投入大且失败率高,故当药品研发成功后需要较高的毛利率来填补之前投入的成本。图1显示的是恒瑞医药和复星医药2013—2017年的毛利率走势,可以看到恒瑞医药的毛利率非常高,基本都在80%以上。也正是由于药品研发成功后能有如此高的利润,公司才有动力研发更多的新药物。

图1 毛利率分析

第 4 章 真真假假利润表，斗智斗勇老会计

在企业生产或销售过程中，对成本影响最大的科目其实是存货，因为原材料和商品必定是从存货中取出用于生产或销售的。但由于存货有不同的计价原则，这使得存货成了一个很容易参与利润操纵的科目。企业对存货的计价将直接影响单位营业成本，在销量不变的情况下，将高成本的存货投入生产会压低企业的利润；反之，会压低营业成本，提高企业的利润，具体的细节需要关注财务报表附注中关于存货的说明。我们在研究企业的营业成本与毛利率时，应结合存货一起观察。在存货固定的情况下，毛利率上升说明企业商品销售状况较好，供不应求；毛利率下降说明企业竞争激烈，产品成本压力较大。

 **案例分析**

### 小米集团：价值百亿的小米粥

小米的核心业务是智能手机、IoT 及生活消费产品、互联网服务，其营业收入构成如图 1 所示。

图 1 小米营业收入构成情况

大家津津乐道的小米手机是公司赖以生存的基础，贡献了 2017 年 69% 的收入，营业收入规模达 805.64 亿元。IoT 及生活消费产品就是笔记本、智能音箱、空气净化器等，贡献了 2017 年 20% 的收入，营业收入规模达 234.48 亿元。互联网服务的营业收入占比最低，不到 9%，营业收入规模约 99 亿元，主要是小米应用商店、小米浏览器、小米视频和小米音乐等。

2017 年，公司互联网服务的毛利率最高，达 64%，不过这个很好理解，毕竟成本放在那里。作为营业收入主要来源的智能手机，毛利率也有显著的提升，从 2015 年

的 3.25%提高到了 2017 年的 11.59%(见图 2)。

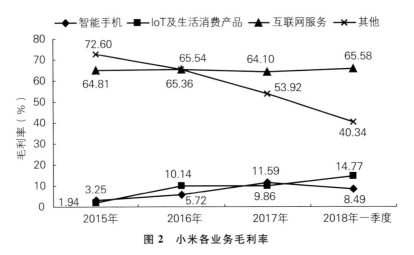

图 2　小米各业务毛利率

虽然自身提升较快,但与苹果、三星相比,还是落后了不少,这与公司定位低端机的战略有关。

根据小米的招股说明书,2017 年共售出 9 141 万部智能手机,平均售价为 881 元。

据第三方统计,华为 2017 年的总销量为 15 271 万部,OPPO 为 11 994 万部、魅族为 2 188 万部,小米为 9 247 万部(与公司招股说明书略有出入),具体如图 3 所示。

图 3　2017 年手机市场销售情况

现在手机市场的竞争非常激烈,几乎达到了饱和状态,第一阵营的企业各有起伏,但小米的销量逆势上涨,证监会也就此进行了问询,主要涉及销售大幅上涨、经销商策略等相关问题。

不过小米的库存周转真的很快:

报告期内,公司主要资产周转能力指标如下:

| 项目 | 2018年1—3月 | 2017年度 | 2016年度 | 2015年度 |
| --- | --- | --- | --- | --- |
| 应收账款周转率 | 7.59 | 35.40 | 38.48 | 54.74 |
| 存货周转率 | 1.85 | 7.81 | 7.02 | 7.18 |
| 总资产周转率 | 0.38 | 1.63 | 1.52 | 1.74 |

周转天数=365/周转率,公司2017年的存货周转天数大约是46.73天。也就是说公司差不多47天就能完成一次库存更替,相较于同属互联网题材的美图公司当年上市的数据,小米的库存周转快得吓人。

但有一点需要特别注意:公司的存货周转率很高,但同期分销商也在快速增加。分销商渠道的增加带来了公司账面收入的快速增加,但是货物有可能依然在分销商的库存里,并没有完成最终的销售环节;如果分销商的库存消化不利,考虑到小米更新迭代的速度越来越快,则可能对分销商不利。

可以看出小米在努力地拓宽营业收入渠道,但公司的大部分收益还是来自低毛利率的智能手机,好在流量平台已经出现比较不错的协同效应,带动了IoT及生活消费品的增长。但是随着智能手机的竞争越来越激烈,如果在收入多样性上的探索收不到预期的效果,则智能手机市场的变化(如市场饱和、销量持续下降、用户偏好转变、手机质量问题等)将会对公司的营业收入产生极大的冲击。

## 4.3 税金及附加

**定义**

税金及附加是指企业经营活动应负担的相关税费,包括消费税、城市维护建设税、教育费附加、资源税、房产税、城镇土地使用税、车船税、印花税等。在2016年以前,此科目为"营业税金及附加";全面实行"营改增"后,此科目更名为"税金及附加",减少了原本存在的营业税。

**科目详解**

年报中可以找到该项目的明细构成,各项税金的数额也是与企业的业务结构直接相关的。税金一般来说比较稳定,通过观察企业税金的变化,可以了解企业的发展情况。但是与税金相关的最重要的科目,是所得税费用。

## 4.4 销售费用

**定义**

销售费用是指企业在销售产品、自制半成品和工业性劳务等过程中发生的各项费用,包括由企业负担的包装费、运输费、装卸费、展览费、广告费、租赁费(不包括融资租赁费),以及为销售本企业产品而专设的销售机构的费用,如职工工资、福利费、差旅费、办公费、折旧费、修理费、物料消耗和其他经费。销售费用属于期间费用,在发生的当期就计入当期损益。

**科目详解**

对于一家企业来说,销售过程是极其重要的,销售做得好,企业才能有较高的盈利。销售费用是一个可以体现企业对销售过程投入的指标。合理的销售费用可以促进产品的销售和提高企业的盈利水平,但销售费用过高意味着企业产品本身在竞争力上不具备优势,需要企业在销售手段上投入更多的心思来促进销售。也就是说即便销售费用已经过高,企业在扩大生产规模的同时还是要考虑加大销售费用的投入(销售策略、团队雇用、广告支出等),这样会对企业的管理能力形成较大的挑战。总之,销售费用过高不是一件好事,如果投资者发现销售费用过高,则需要仔细研究高在哪里、是否正常。

销售费用也是一个经常用于财务舞弊的科目,比如证监会曾经披露的金亚科技案例。2013年金亚科技大幅亏损,2014年为了扭亏,公司在年初时定下了盈利3 000万元左右的目标。但公司并不能通过正常的生产经营完成扭亏任务,因此管理层为了达到盈利目标,指示公司的会计人员设置了003账套(内账)和006账套(外账),内账用于记录真实发生的业务,外账用于对外披露。由此公司2014年合并财务报表虚增营业收入7 364万元,虚增银行存款2.18亿元,虚列预付工程款3.1亿元,虚增营业成本1 925万元,少计销售费用369万元,少计管理费用1 321万元,少计财务费用795万元,少计营业外收入1.9万元,少计营业外支出1 317万元,虚增利润总额8 050万元。

 **例4.4**

**长生生物:推广服务费的变化**

长生生物的销售策略经历过转变。经销转直销的销售策略必然会对公司的销售费用产生较大的影响。

长生生物 2017 年 5.83 亿元的销售费用中,有 4.4 亿元都是推广服务费,同时行业的销售费用占比在 2017 年都有了极大的提升(见图 1)。

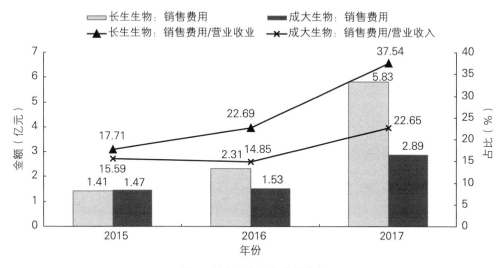

**图 1　长生生物销售费用分析**

根据年报,2017 年公司研发支出共计 1.22 亿元(见图 2),与此同时账上还列示着 20 亿元的理财产品。

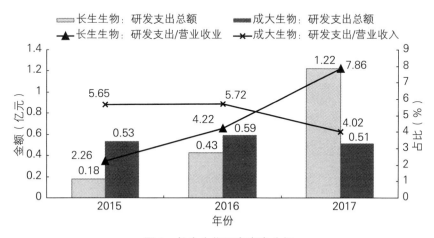

**图 2　长生生物研发支出分析**

**综合分析**

销售费用需要与销售收入相匹配,如果销售费用异常增多而销售收入增长疲软,则需要注意。有些销售费用属于无论销售规模如何都要花费出去的固定支出,而边际增长较少,在这种情况下销售规模越大,分摊到每一件产品上的销售费用就越少。因此,当一家企业的销售规模发生缩水时,这些固定支出会使得利润看起来下降得很快。

同时,销售费用与利润的关系也值得我们注意。"净利润/销售费用"这一指标反映单位销售费用匹配了多少净利润,数值越高,表明企业的销售效率越高。广告费用是销售费用中比较常见的一个项目,是企业对自身和产品投入的宣传费用,特别是对于 to C(客户是消费者)的企业来说,这部分投入会比较大。例 4.5 讨论的正是广告费用对企业利润的影响。

### 例 4.5

#### 广告费用——全市场

表 1 是 2017 年全市场中广告费用前 30 的上市公司。在这 30 家公司中,医药生物行业有 12 家,食品饮料行业有 5 家(见图 1)。我们对这些高广告费用公司的广告费用推动的利润及营业收入进行一定的排序(见表 2)。这里引入一个评价指标——广告费用利润含量,即每一元广告投入对应了多少当期经营利润。对于销售驱动型的公司来说,这一指标过去几年的变动是评价公司经营情况的指南针。

表 1　2017 年全市场中广告费用前 30 的上市公司(按广告费用排序)

| 证券简称 | 2017 年广告费用(亿元) | 2017 年研发支出占比 | 2017 年广告费用占比 |
| --- | --- | --- | --- |
| 上汽集团 | 135.72 | 1.29% | 1.58% |
| 伊利股份 | 82.06 | 0.31% | 12.15% |
| 苏宁易购 | 46.62 | 0.97% | 2.48% |
| 恒瑞医药 | 45.64 | 12.71% | 32.99% |
| 复星医药 | 43.48 | 8.30% | 23.46% |
| 中国联通 | 38.94 | 0.28% | 1.42% |
| 健康元 | 36.12 | 6.54% | 33.51% |
| 华润三九 | 33.45 | 2.93% | 30.08% |
| 光明乳业 | 31.09 | 0.23% | 14.34% |
| 丽珠集团 | 29.63 | 6.75% | 34.74% |
| 科伦药业 | 26.43 | 7.40% | 23.11% |

（续表）

| 证券简称 | 2017年广告费用(亿元) | 2017年研发支出占比 | 2017年广告费用占比 |
| --- | --- | --- | --- |
| 贵州茅台 | 23.59 | 0.75% | 4.05% |
| 云南白药 | 21.79 | 0.35% | 8.96% |
| 绿地控股 | 20.79 | 0.00% | 0.72% |
| 万科A | 19.59 | 5.58% | 1.49% |
| 上海医药 | 19.53 | 5.58% | 1.49% |
| 广汽集团 | 19.45 | 4.20% | 2.73% |
| 泸州老窖 | 18.80 | 0.82% | 18.08% |
| 天士力 | 16.90 | 3.83% | 10.50% |
| 保利地产 | 15.80 | 0.00% | 1.08% |
| 济川药业 | 15.39 | 3.46% | 27.28% |
| 人福医药 | 14.80 | 3.90% | 9.58% |
| 跨境通 | 14.52 | 0.56% | 10.36% |
| 中兴通讯 | 14.12 | 11.91% | 1.30% |
| 三六零 | 14.05 | 19.75% | 11.48% |
| 江铃汽车 | 13.86 | 6.56% | 4.42% |
| 东阿阿胶 | 13.74 | 3.065 | 18.64% |
| 苏泊尔 | 13.56 | 2.71% | 9.56% |
| 青岛啤酒 | 12.99 | 0.07% | 4.94% |
| 一汽轿车 | 12.93 | 1.42% | 4.64% |

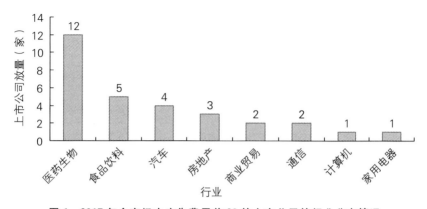

图1　2017年全市场中广告费用前30的上市公司的行业分布情况

表2 2017年全市场中广告费用前30的上市公司（按广告费用推动的利润排序）

| 证券简称 | 毛利率 | 2017年广告费用推动的利润（亿元） | 2017年广告费用推动的营业收入（亿元） |
| --- | --- | --- | --- |
| 万科A | 34.10% | 19.00 | 124.01 |
| 保利地产 | 31.05% | 12.45 | 92.59 |
| 贵州茅台 | 89.80% | 12.30 | 24.68 |
| 绿地控股 | 14.34% | 6.53 | 139.59 |
| 广汽集团 | 23.005 | 5.56 | 36.57 |
| 中兴通讯 | 31.07% | 3.82 | 77.08 |
| 上汽集团 | 13.47% | 3.47 | 63.22 |
| 三六零 | 73.07% | 2.43 | 8.71 |
| 上海医药 | 12.78% | 2.08 | 67.00 |
| 人福医药 | 38.08% | 1.57 | 10.44 |
| 丽珠集团 | 63.86% | 1.51 | 2.88 |
| 东阿阿胶 | 65.05% | 1.49 | 5.36 |
| 云南白药 | 31.19% | 1.44 | 11.16 |
| 泸州老窖 | 71.93% | 1.38 | 5.53 |
| 健康元 | 62.82% | 1.29 | 2.98 |
| 青岛啤酒 | 40.55% | 1.06 | 20.24 |
| 苏泊尔 | 29.56% | 0.96 | 10.46 |
| 苏宁易购 | 14.10% | 0.87 | 40.31 |
| 天士力 | 36.29% | 0.83 | 9.52 |
| 复星医药 | 58.95% | 0.82 | 4.26 |
| 济川药业 | 84.95% | 0.80 | 3.67 |
| 伊利股份 | 37.29% | 0.73 | 8.23 |
| 恒瑞医药 | 86.63% | 0.72 | 3.03 |
| 跨境通 | 49.77% | 0.53 | 22.62 |
| 江铃汽车 | 20.10% | 0.50 | 22.62 |
| 中国联通 | 24.69% | 0.43 | 70.58 |
| 华润三九 | 64.86% | 0.40 | 3.32 |

(续表)

| 证券简称 | 毛利率 | 2017年广告费用推动的利润（亿元） | 2017年广告费用推动的营业收入（亿元） |
|---|---|---|---|
| 科伦药业 | 51.31% | 0.31 | 4.33 |
| 光明乳业 | 33.31% | 0.26 | 6.97 |
| 一汽轿车 | 22.48% | 0.25 | 21.57 |

 例 4.6

### 华兰生物：一根大阳线背后的剩者为王

不少投资者后知后觉——原来年年供不应求、量价齐升的血制品也有销路不畅的时候。华兰生物一时从机构投资者的宠儿变成弃儿，从2017年7月4日至17日的10个交易日里跌去了57亿元市值。资金夺路而逃的背后，华兰生物近几年的业绩失速其实早有征兆（见图1）。

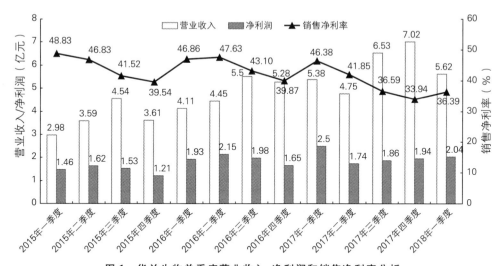

图1 华兰生物单季度营业收入、净利润和销售净利率分析

2016年年底，医药行业流通环节的变革使得经销商的话语权大增，而华兰生物因没有终端控制力，在过去两年血制品去库存时受到了严重的打击，业绩下滑最主要的原因是销售能力的缺失。

为了保证产品的销量和价格，华兰生物必须大幅提高其销售能力，激增的销售费用就是公司付出去的学费（见图2）。

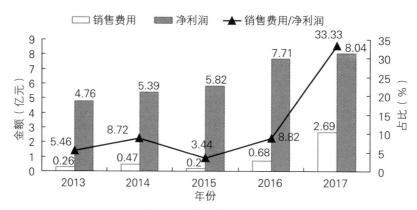

图 2　华兰生物销售费用与净利润分析

交了学费，能不能赶上行业内其他公司的销售能力还是未知数，但可以确定的是，未来销售费用将会成为华兰生物的刚性支出，进而拉低公司的盈利能力。

 **案例分析**

### 桃李面包：六十岁创业能成功吗？

桃李面包的资产结构非常简单，而且质地非常优秀（2017年年报），具体如图1所示。公司的账上有13.60亿元的货币资金，没有有息负债，资产负债率只有10.52%（常年如此）。

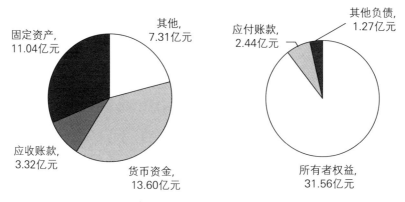

图 1　桃李面包资产结构分析（2017年年报）

公司的现金流也比较优质,具体如图 2 所示。

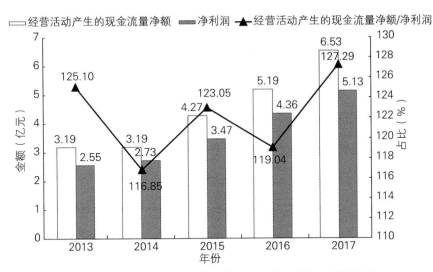

**图 2　桃李面包经营活动产生的现金流量净额和净利润分析**

抛去浓厚的家族色彩,如果要用一个词形容桃李面包的经营,我们会选朴素这个词。口感朴素、包装朴素、极少宣传,就连毛利率在行业中的表现也非常朴素(见图 3)。

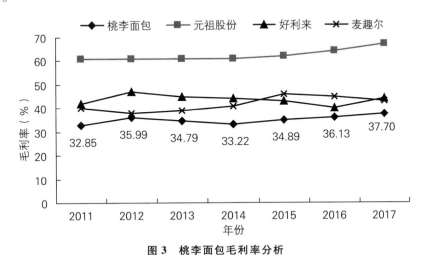

**图 3　桃李面包毛利率分析**

桃李面包的毛利率在同行业中基本上处于垫底状态,而且这些年来非常平稳。但公司的净利率很稳定,属于行业中上游水平,而且这些年来波动极小(见图 4)。

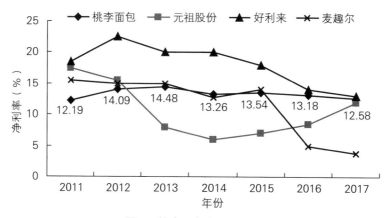

图 4 桃李面包净利率分析

这么朴素的净利率和毛利率,其实取决于公司的经营模式。国内的面包行业主要有两种经营模式:"中央工厂+批发"和"连锁门店"。桃李面包和好利来是这两种模式的典型代表。"中央工厂+批发"模式突出的就是一个朴素,附加值低,毛利率低,但是费用控制得好,所以净利率高。桃李面包的目标就是满足大家最基本的饱腹需求,做好基本款,把重心放在各大超市和便利店上,不在门店和销售人员上花钱,所以公司的费用控制得不错。公司的三费(销售费用+管理费用+财务费用)情况如图 5 所示。

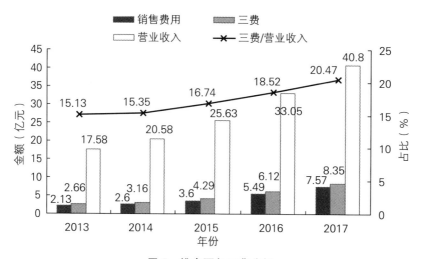

图 5 桃李面包三费分析

三费中最主要的就是销售费用,但销售费用中占比最高的不是推广费,而是非常有行业特色的配送费。桃李面包98%的营业收入都是靠面包及糕点撑起来的,而且公司的面包大部分又号称无添加(没有防腐剂),因此保质期很短,只有3—6天,对存储和配送的要求自然比较高。从公司2017年年报中可以看到,公司销售费用为7.57亿元,其中产品配送费用为4.31亿元,占了公司销售费用的一大部分。

## 4.5 管理费用

**定义**

管理费用是指企业的行政管理部门为管理和组织经营而发生的各项费用,包括管理人员工资和福利费、研发支出、企业折旧、修理费、技术转让费、无形资产和递延资产摊销及其他管理费用。

**科目详解**

管理费用是企业在管理过程中的投入统计,企业对管理人员尤其是管理层中的高管人员的支出都在此科目记录,因而通过临时的管理层人事变动,可以对管理费用进行调整。

在管理费用中,研发支出是需要我们重点关注的。对于一个需要先进技术的企业来说,只有较大的研发投入,才可能让企业处于领先地位。之前我们提到过,研发支出有两种计量方法:一种是研发支出资本化,计入无形资产成本;另一种是研发支出费用化,计入当期管理费用,进而影响当期利润。若一个企业管理费用中的研发支出较多,而无形资产并不多,则可以说明企业对研发支出的计量较为保守,在一定程度上是在隐藏利润。

 **例 4.7**

### 京东方 A:研发费用高企

京东方 A 收到了非常多的政府税费返还,那公司得到了如此大力的支持当然是要做研发了。图1为公司2013—2017年的研发支出情况,公司仅每年的研发支出就能烧掉一个小盘股。

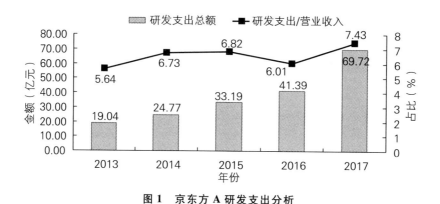

图 1 京东方 A 研发支出分析

**综合分析**

　　管理费用中的行政管理部门人员工资、奖金,是考察管理层自我绩效激励及委托代理问题的重要窗口。管理费用中的研发支出,是企业发展后劲的重要来源。不少企业在管理费用上做文章,证监会曾披露,昆明机床在 2013—2015 年,通过调减内退人数、不予全部计提内部员工福利和少计高管薪酬的方式,分别减少管理费用达到数千万元。

　　观察管理费用中各明细项目的历史变化(时间序列分析)和行业变化(横向对比分析),有助于我们识别前面提到的财务风险。时间序列分析是将企业这一期的数据与历史上所有数据进行比较,观察企业同一个财务科目的数据在不同年份间的变化。横向对比分析是将企业与同行业其他企业的数据进行比较。通过将企业与过去的自己比,与现在的同行比,我们能够更好地理解一家企业是好是坏,参照系的选择直接决定了分析的深度和准确度。

## 4.6　财务费用

**定义**

　　财务费用是指企业为筹集生产经营所需资金等而发生的费用,包括利息支出(减利息收入)、汇兑损失(减汇兑收益)及相关的手续费等。

**科目详解**

　　财务费用中占主要部分的是利息费用。利息费用就是企业债权人的收益,利息费用如果过高,则基本上就是企业债台高筑。而利息费用与资产负债表中的有息负债紧密相连,有息负债高,则企业当期的财务费用多,当期利润少。

### 例 4.8

#### 永泰能源:庞大的有息负债,不堪重负的财务费用

截至2017年年末,永泰能源的有息负债高达569.39亿元,同时我们可以看到,公司的财务费用为36.14亿元,其中利息支出为30.93亿元。如此高的财务费用让公司运营得非常艰辛。

---

财务费用不仅包括利息支出,还包括利息收入。若企业账上的现金充足,对外出借了不少资金,那么财务费用这一项是有可能为负的。通过观察企业报表上的利息收入和现金余额,可以倒算企业平时账上的实际现金数量。

汇兑损益也是财务费用中的一个重要项目。一些企业的产品或原材料需要以外币计价,为了减少汇率波动对其业绩的影响,企业会通过金融工具对冲汇率波动的风险,从而达到业绩更加稳定的效果。

**综合分析**

利息保障倍数是一个衡量企业支付利息能力的指标。利息保障倍数=息税前利润/利息费用,而息税前利润=利润总额+财务费用中的利息费用。此指标数值越大,说明企业支付利息的能力越强,债权人越安全。

讲完了财务费用,我们便可以把销售费用、管理费用、财务费用三者结合在一起(简称"三费"),对企业进行研究。将三费总和与营业收入进行对比,即得到费用率。费用率的主要作用在于将该指标过高的企业排除掉。

还有一点需要注意,年报里都有管理费用和销售费用的明细,一般而言,两者都要与收入相匹配,对于异常增长需要看到具体是哪一项发生了变动。

### 例 4.9

#### 恒瑞医药:救命药的第一颗,价值50亿美元

医药企业的研发意味着大量的资金投入、漫长的研发过程和研发失败的可能性,而A股市场医药板块中最舍得在研发上砸钱的就是恒瑞医药和复星医药(见表1)。

表1　2017年医药行业研发投入

|  | 研发投入金额（亿元） | 占营业收入比例（%） |
| --- | --- | --- |
| 恒瑞医药 | 17.59 | 12.71 |
| 复星医药 | 15.29 | 8.25 |
| 长春高新 | 3.49 | 8.50 |
| 华北制药 | 1.74 | 2.26 |
| 白云山 | 3.73 | 1.78 |
| 上海医药 | 8.36 | 5.58 |

作为药企研发龙头,恒瑞医药的资产结构还是比较健康的(2017年年报),具体如图1所示。

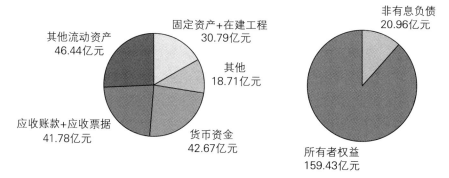

图1　恒瑞医药资产结构分析(2017年年报)

公司**没有有息负债**,资产负债率只有11.62%。账面上有42.67亿元的货币资金,近10亿元的银行承兑汇票(约等于现金),而且在其他流动资产中还有45.50亿元的定期理财产品,仅这些就有98.17亿元,占到了总资产的54.42%。换句话来说,恒瑞医药账上的现金超过了总资产的一半。

那么最能体现公司研发水平和竞争力的专利都放在哪儿了？2017年报告期内,复星医药的无形资产有81.6亿元,其中36亿元都记在了专利上,但恒瑞医药的无形资产只有2.8亿元,这么大的研发投入都放在哪儿了？其实关于研发支出的最终去向,一般有两种:一是根据成果转化成无形资产,也就是研发支出资本化了;二是挂到管理费用下面,也就是研发支出费用化了。资本化和费用化对公司的净利润是有影响的:公司如果把1亿元研究支出计入管理费用,那么这一年的利润就会相应地减少1亿元;但如果把这1亿元计入无形资产,那公司的总资产就增加了1亿元。所以和复星医药这么一比,恒瑞医药的净利润其实被低估了。

2017年报告期内,复星医药资本化了的研发支出占到了净利润的32.87%,如果按这样倒推恒瑞医药的净利润,则2017年恒瑞医药的净利润可以增加5亿元,增幅达15%。这也是总资产180.39亿元的恒瑞医药现在总市值有2 000多亿元的一个重要原因。

恒瑞医药是中国创新药的龙头企业,主要产品是抗肿瘤药物、麻醉剂和造影剂,在2017年分别贡献了41.36%、26.02%和13.69%的营业收入,而且公司的毛利率非常高,高出复星医药近30个点(见图2)。

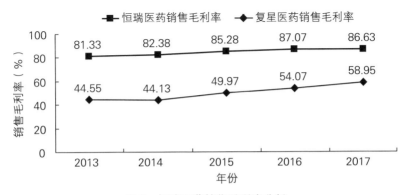

**图2  恒瑞医药销售毛利率分析**

因为研发支出都计入了管理费用,所以恒瑞医药的费用并不低,销售、管理、财务三项费用加起来超过了营业收入的一半,而且管理费用并不是占比最高的支出项目(见图3)。

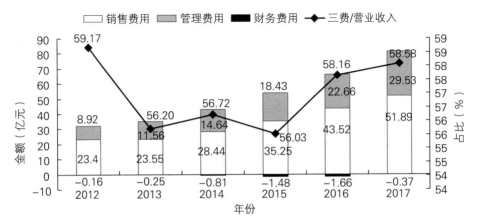

**图3  恒瑞医药三费(销售费用+管理费用+财务费用)分析**

占比最高的是销售费用,2017年恒瑞医药51.89亿元的销售费用中有45.64亿元都用在了市场上,行业里常说研发服务营销,绝非虚言。不过最终的结果就是,中国药企的平均毛利率高达40%以上,但净利率仅在13%左右,大部分利润都被销售费用消耗了。

既然说到费用,恒瑞医药的管理费用明细中有10亿元的"其他"费用,具体是什么财务报表附注中没有细说,数目不小,有点好奇。

综上,恒瑞医药的财务报表是现金多、几乎无负债的类型。目前的高估值已经体现了大家对公司研发支出费用化处理的认同。

## 4.7 资产减值损失

**定义**

资产减值损失是指企业根据资产减值准则等计提各项资产减值准备时形成的或有损失。例如,计提的坏账准备、存货跌价准备和固定资产减值准备等形成的损失都属于资产减值损失。

**科目详解**

资产减值损失科目与资产负债表中的部分资产科目关联非常紧密。比如,企业计提的坏账准备、存货跌价准备、固定资产减值准备、商誉减值准备、无形资产减值准备等都将计入这一科目进而影响当期利润。若这一科目数值过大,则企业当期的利润将恶化,对企业是一个利空影响;若这一科目数值较小,则对企业当期的利润影响较小。

**综合分析**

企业对资产减值损失科目有较多的话语权,故此科目是企业用于调节利润的重要工具。当企业的经营状况不好时,企业可以选择少提资产减值损失,让当期的利润好看一些。但是这种举措会使得企业的风险向后积累,若企业之后一段时间不能扭转局势,那么风险爆发时将极其惨烈。而当企业的经营状况较好时,企业可以选择把该减值的资产都减值了,从而达到降低企业风险、平滑企业利润的目的。

## 例 4.10

### 乐视网：资产集中暴雷

乐视网在前期扩张时非常激进，业务铺得太广，导致公司的资产囤积了许多问题。2017 年孙宏斌上任，决定把公司所有的雷都给爆出来。2017 年乐视网的资产减值准备高达 108.82 亿元，其中坏账准备 60.94 亿元，无形资产减值准备 32.8 亿元。

## 案例分析

### 杰瑞股份：错过了整个牛市的票，还能不能有春天？

关于周期股怎么理解、油价上涨看哪些公司的问题，杰瑞股份就是一个否极泰来的学习标的：经营随着油价上涨开始有了起色，公司 2018 年中报的净利润达到 1.92 亿元，同比增长 482%，尽管绝对值不算大，但是"出坑"是这几年最重要的事情。

这次业绩增长的主要原因如下：

一是原油市场有了起色。杰瑞股份的利润率与原油价格高度挂钩，两者同向变动。原油市场回暖了，石油公司的业绩就好转了，而石油公司的业绩水平又直接决定了其勘探开发资本支出。石油公司的资本支出上去了，油服类公司的业绩才能跟着水涨船高。这里科普一下，油服类公司指的是制造石油天然气采掘装备的公司，比如中石化控股的石化油服。中海油、中石油和中石化 2018 年的资本支出共计 4 178 亿元，同比增长 14.28%，强有力地带动了油服类公司业绩的好转。

二是资产减值损失转回 5 800 万元。2011 年油价见顶，行业整体不景气，公司开始不断处理坏账，计提了不少资产减值损失。但现在原油市场回暖，生存环境优化，公司就把前几年因为行业不景气计提的损失转回到账上了，约等于增加了利润。

图 1 是公司 2010—2017 年资产减值损失和净利润的对比，可以看出公司的净利润从 2014 年的 12.19 亿元下降到了 2017 年的 7 600 万元，周期股的弹性是把双刃剑。2015—2017 年，公司的资产减值损失已经拆掉净利润的半壁江山还要多。

图 1　杰瑞股份资产减值损失与净利润分析

公司 2018 年中报中还有 21.72 亿元的应收账款,应收账款账面价值原本是 25.24 亿元,但是从账面余额中计提了 3.52 亿元的坏账准备。公司的存货也非常大,19.11 亿元存货计提了 5 921 万元的跌价准备,账面价值还有 18.51 亿元。虽然将资产减值损失转回并不是非常审慎的做法,但是从另一个角度来看,公司这几年深受周期下行的苦。

在股价低迷时,公司逐渐从当初的设备制造商向油气服务一体化供应商转变。2014 年公司的营业收入主要靠设备制造支撑,占比高达 72.37%;到了 2017 年,公司的营业收入结构已经比较多样(见图 2)。

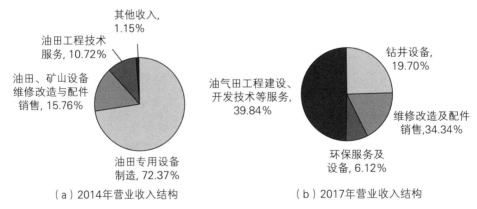

（a）2014年营业收入结构　　　　（b）2017年营业收入结构

图 2　杰瑞股份营业收入结构分析

通过观察公司历史报表会发现,公司的总市值与存货、应收账款同步增长(见图 3),在资产扩张的周期里,因为周期顺风,油价高,所以报表上的存货和应收款给公司带来了比较好的预期;当油价见顶,这两类资产就变成了减值的重担。资产是软的,在周期轮动中的表现也可以通过图 3 来理解。

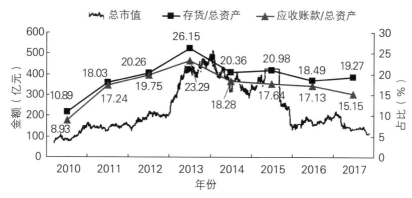

图 3 杰瑞股份存货、应收账款与其总市值的关系

对于周期股来说,风来了比什么都重要。

## 4.8 其他经营收益：公允价值变动收益、投资收益、资产处置收益、其他收益

**定义**

公允价值变动收益是指资产或负债因公允价值变动所形成的收益。

投资收益是指企业对外投资所取得的收入(所发生的损失为负数),如企业对外投资所取得的股利收入、债券利息收入及与其他单位联营所分得的利润等。

资产处置收益反映企业出售划分为持有待售的非流动资产(金融工具、长期股权投资和投资性房地产除外)或处置组时确认的处置利得或损失,以及处置未划分为持有待售的固定资产、在建工程、生产性生物资产及无形资产而产生的处置利得或损失。

其他收益专门用于核算与企业日常活动相关,但不宜确认为收入或冲减成本费用的政府补助。此科目于2017年进行修改,原本应该计入营业外收入的政府补助先计入其他收益中,再计入营业利润。

**科目详解**

企业有一部分交易性金融资产比如股票等以公允价值计量,其当期价值与上期价值的差值将计入公允价值变动收益。

投资收益是一个非常重要的科目,大概能从性质上将其分成三类:对外投资获得的股利、持有债券获得的利息、投资收回或转让取得的收入与账面价格的差额。

我们可以在年报中找到投资收益的明细,看其构成。投资收益需要与资产负债表中的持有至到期投资、可供出售金融资产、长期股权投资联合起来看,有些企业并不依靠主营业务而是依靠各类投资获取利润,至于投资是否成功,就要看投资收益。同时,我们还要研究"投资收益/净利润"这一指标,看净利润中的投资收益占比;通过对这一指标的前后对比,也能看出企业经营战略的变化。

有些非金融企业不发展生产,而是四处投资,热衷于资本运作,这类企业的投资收益分析比较重要。还有一些企业,主营业务表现为亏损,为了扭亏为盈,大量售卖金融资产甚至子公司,以美化利润表,ST 公司可能就存在很多通过卖房子、卖公司调节利润来保壳的行为。

 例 4.11

### 外运发展:DHL 中国的投资收益贡献

外运发展有一个特别有意思的看点——拥有中外运-敦豪(DHL 中国)50%的股权,但是公司不参与经营,只参与分红。2017 年公司的利润总额为 14.81 亿元,其中投资收益为 14.76 亿元,而投资收益中 DHL 中国贡献了 8.94 亿元,在公司利润总额中占比非常大。

 例 4.12

### 辽宁成大:长板补短板

由于辽宁成大的长期股权投资占比较高,故其投资收益也较高。图 1 是 2013—2017 年公司投资收益与净利润分析,可以看到投资收益填补了公司的主营业务亏损,使得公司的净利润为正。

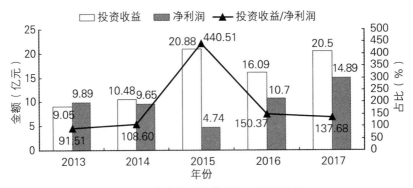

图 1　辽宁成大投资收益与净利润分析

其他收益科目可以说是为了核算政府补助而设立的。若一家企业对于当地政府来说有较高的地位,或者属于国家强烈支持的行业,那么企业将收到不少的政府补助。有政府补助固然是好事,但政府不可能一直补助一家企业,当政府补助退出时,企业能否在没有政府补助的情况下继续保持较高的盈利能力,这就需要我们进一步分析了。

 **例 4.13**

### 京东方 A:政府补助

京东方 A 不仅收到了政府的税费返还,而且收到了许多政府补助。2017 年公司收到了 7.33 亿元的政府补助,这部分政府补助计入了公司的其他收益中,对当期净利润有正面影响。

 **例 4.14**

### 光伏行业:补助退出后的大跌

光伏是一个靠政府补助发展起来的行业,但从 2018 年 6 月起,光伏行业的补助退出,这对行业的影响较大,行业公司以后只能靠自己发展了。出消息的第二天,光伏行业股票批量跌停。

---

 ## 案例分析

### 吉林敖东:券商与梅花鹿

吉林敖东 2017 年年底的资产结构如图 1 所示。

从图 1 中可以看出,公司的总资产为 218.55 亿元,其中长期股权投资有 150.13 亿元,占总资产的比重高达 68.70%。公司的货币资金、可供出售金融资产、银行承兑汇票(4.51 亿元)共计 28.58 亿元,占总资产的比重只有 13.08%,但相较于 0.12 亿元的有息负债和 6.03% 的资产负债率而言,现金水平还是可以的。2018 年一季度,公司发行了 24 亿元的可转债,用于投资医药产业。

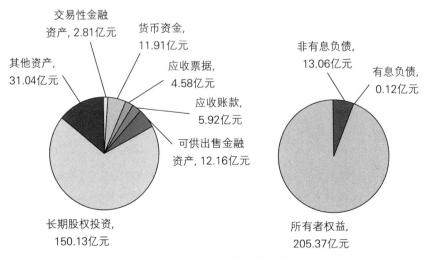

**图 1　吉林敖东资产结构分析**

公司的主营业务可能确实需要稍微用点心。2017 年公司的销售费用和管理费用占营业收入的比重在医药版块 215 家公司中的排名比较靠前,而研发支出占比却处于中下水平(见图 2)。

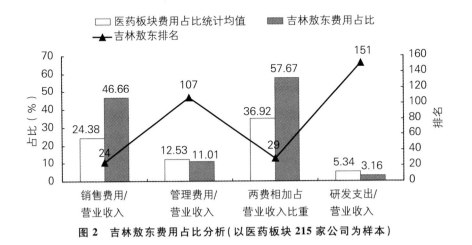

**图 2　吉林敖东费用占比分析(以医药板块 215 家公司为样本)**

公司的长期股权投资占比非常高,从 2017 年年报中可以看到详情:

### 17. 长期股权投资

| 被投资单位 | 期初金额 | 本期增减变动 ||||||| 期末余额 | 减值准备期末余额 |
| --- | --- | --- | --- | --- | --- | --- | --- | --- | --- | --- |
| | | 追加投资 | 减少投资 | 权益法下确认的投资损益 | 其他综合收益调整 | 其他权益变动 | 宣告发放现金股利或利润 | 计提减值准备 | 其他 | | |
| 一、合营企业 | | | | | | | | | | | |
| 二、联营企业 | | | | | | | | | | | |
| 广发证券股份有限公司（a） | 13 255 695 750.93 | 553 244 601.11 | | 144 889 663.66 | 62 740 745.75 | 130 516.98 | -447 317 033.45 | | | 14 873 384 244.98 | |
| 通钢集团敦化塔东矿业有限责任公司（b） | 185 883 555.68 | | | -56 612 932.87 | | | | | | 129 270 622.81 | 9 675 554.24 |
| 中山市公用小额贷款有限责任公司（c） | 11 187 472.97 | | | 1 149 252.66 | | | | | | 12 336 725.63 | |
| 珠海广发信德投资基金管理有限公司（d） | 8 008 200.21 | | | 33 619.69 | | | | | | 8 041 819.90 | |
| 小计 | 13 460 774 979.79 | 553 244 601.11 | | 1 393 459 603.14 | 62 740 745.75 | 130 516.98 | -447 317 033.45 | | | 15 023 033 413.32 | 9 675 554.24 |
| 合计 | 13 460 774 979.79 | 553 244 601.11 | | 1 393 459 603.14 | 62 740 745.75 | 130 516.98 | -447 317 033.45 | | | 15 023 033 413.32 | 9 675 554.24 |

其他说明

(a)广发证券股份有限公司(以下简称广发证券)本期增减明细如下:

① 根据本期广发证券归属于母公司股东的净利润按权益法调增 1 448 889 663.66 元;

② 根据本期广发证券归属于母公司股东的其他综合收益的税后净额调增 62 740 745.75 元;

③ 根据本期广发证券其他权益变动调增 130 516.98 元;

④ 根据广发证券本期分红调减 447 317 033.45 元。

截至 2017 年报告期期末,公司持有约 16.43% 的广发证券股份,除去港交所上市的部分,公司是广发证券第一大股东。

既然广发证券是上市公司,那我们以 2018 年 6 月 19 日的收盘价来计算一下广发证券的投资值多少钱:截至 2017 年报告期期末,公司持有广发证券境内上市内资股(A股)股份 1 252 297 867 股、境外上市外资股(H股)股份 37 718 600 股,也就是 1 252 297 867×13.75+37 718 600×9.86(人民币收盘价)= 17 591 001 067.25(元),约 175.91 亿元。

公司的营业收入增长和毛利率都比较稳定,净利润的波动比较大,在 2015 年甚至超过了营业收入,主要是因为投资收益的结算和牛市的贡献。公司投资收益和净利润分析如图 3 所示。

图 3 吉林敖东投资收益和净利润分析

需要说明的是,吉林敖东采用权益法核算长期股权投资,也就是说广发证券的业绩会直接影响吉林敖东的业绩情况。

公司销售商品、提供劳务收到的现金占营业收入的比重处于适中位置(见图 4),

主要是公司的应收账款数目并不低,2017年将近6亿元。

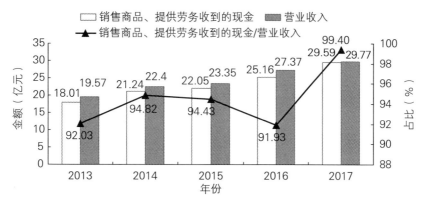

**图4　吉林敖东销售商品、提供劳务收到的现金和营业收入分析**

公司的投资活动现金流从2015年开始增加,2017年已经超过100亿元(见图5)。

**图5　吉林敖东投资活动现金流分析**

看得出来,公司对投资的热情极大,也难怪会在年报中说自己是"产业+金融"双驱动的上市公司。

## 江淮汽车：补贴的过去与未来

这里主要通过江淮汽车的政府补贴和大家说说什么叫资产软。

公司2017年年底的资产结构如图1所示。

江淮汽车是一家集商用车、乘用车及动力总成研发、制造、销售和服务于一体的综合型汽车厂商,公司2017年的营业收入约为491亿元。实际控制人为安徽国资委。

江淮汽车和大众汽车有新能源乘用车合资项目,也和蔚来汽车合作了ES8,还有一家控股子公司安凯客车,直接持股21.13%(安凯客车2018年一季报)。

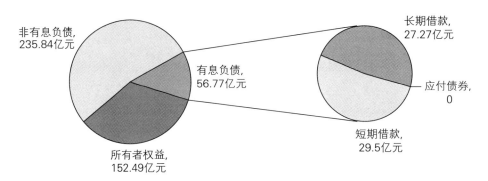

**图 1　江淮汽车资产结构分析**

根据公司2017年年报,公司的新能源汽车业务收入约为52亿元,其中新能源汽车补贴金额达到21.33亿元,占比为41.02%。2018年新能源补贴政策大幅退坡,同时细化了补贴的技术指标,提高了对续航里程、充电时间等的要求。这是属于未来的不确定性。

如果有企业拿过政府的补贴,就会知道这个补贴不是名单确认就能立刻转账打钱的,流程一般比较长。但江淮汽车的问题在于流程有点太长了:公司2017年的其他应收款中有43.49亿元是涉及政府补贴的应收款项,其中37.72亿元的账龄已经快3年。3年期收现的节点是什么时间,在开源节流的政策基调下补贴会不会发得更迟或者不发,这是历史遗留的不确定性。

不过这么高额的补贴也不是完全没有到账的,根据公司2018年5月31日的公告:截至2018年5月30日,公司2018年度已累计收到与收益相关的政府补贴约2.04亿元(不含公司前期已披露的3.5亿元的政府补贴和以前年度政府补助由递延收益转入损益的金额)。出于对欠款方的信用考量,公司并没有计提坏账准备。如果未来补贴政策有更改,那么就算不影响过去的补贴,这些应收款项到底什么时候能到账真的是个未知数。

小组在新能源汽车板块中,按江淮汽车的市值和概念相关程度,在市值100亿—130亿元的上市公司中选取了如下几家作为可比公司,具体如表1所示。

**表 1　江淮汽车及可比公司政府补贴项目分析**

| 证券代码 | 证券名称 | 行业 | 涉及政府补贴的应收款项 |
| --- | --- | --- | --- |
| 002074.SZ | 国轩高科 | 电气设备 | 不适用 |
| 601127.SH | 小康股份 | 汽车整车 | 不适用 |
| 300014.SZ | 亿纬锂能 | 其他电子 | 不适用 |

（续表）

| 证券代码 | 证券名称 | 行业 | 涉及政府补贴的应收款项 |
|---|---|---|---|
| 000800.SZ | 一汽轿车 | 汽车整车 | 未涉及 |
| 600166.SH | 福田汽车 | 汽车整车 | 244万元（搬迁补偿款） |
| 601689.SH | 拓普集团 | 汽车零部件 | 不适用 |
| 603305.SH | 旭升股份 | 汽车零部件 | 不适用 |
| 600418.SH | 江淮汽车 | 汽车整车 | 43.5亿元 |
| 300001.SZ | 特锐德 | 电气设备 | — |
| 002249.SZ | 大洋电机 | 电气设备 | 0.67亿元（账龄均在1年内） |
| 601311.SH | 骆驼股份 | 汽车零部件 | 0.12亿元（增值税即征即退） |

资料来源：iFind。

因为该项目只能人工查找，所以暂时没有根据附注进行额外说明。不过在可比公司中，江淮汽车的政府补贴项目确实较为突出。

在新能源汽车板块，政府补贴作为非经常性损益项目，2017年占公司净利润超过30%的上市公司如表2所示。其中，江淮汽车在这一项的排名还是比较靠前的。而且根据年报，公司2015—2017年的政府补贴都处于较高水平。

**表2　2017年新能源汽车板块政府补贴占净利润超过30%的上市公司**

| 证券代码 | 证券名称 | 计入当期损益的政府补贴，特殊情况除外（亿元） | 净利润（亿元） | 政府补贴/净利润（%） |
|---|---|---|---|---|
| 600166.SH | 福田汽车 | 3.74 | 0.29 | 1294.31 |
| 600418.SH | 江淮汽车 | 6.02 | 2.37 | 254.20 |
| 300001.SZ | 特锐德 | 1.37 | 2.25 | 61.14 |
| 002708.SZ | 光洋股份 | 0.07 | 0.12 | 56.02 |
| 002733.SZ | 雄韬股份 | 0.19 | 0.33 | 56.01 |
| 300328.SZ | 宜安科技 | 0.13 | 0.26 | 50.42 |
| 002074.SZ | 国轩高科 | 3.78 | 8.40 | 44.99 |
| 300491.SZ | 通合科技 | 0.04 | 0.11 | 39.53 |
| 300068.SZ | 南都电源 | 1.34 | 4.19 | 32.06 |
| 000957.SZ | 中通客车 | 0.59 | 1.91 | 30.86 |
| 002434.SZ | 万里扬 | 1.95 | 6.48 | 30.07 |

资料来源：iFind。

国家支持新能源汽车行业健康发展的态度并没有改变,但是对较高程度依赖补贴政策的行业和公司来说,政策本身就是最大的风险所在。补贴下降就意味着利润的大幅减值,即使个股有闪光点,但在行业滑坡的过程中也不免受牵连。现在宏观产业政策在持续调整,在去杠杆的大环境下,补贴类的行业应该重点关注,同时也要注意过去补贴的落地情况。

## 4.9 营业利润

**定义**

从营业收入出发,减去营业成本、税金及附加、三费、资产减值损失,加上其他经营收益,得出营业利润,具体公式为:

营业利润＝营业收入－营业成本－税金及附加－三费(销售费用、管理费用、财务费用)－资产减值损失＋其他经营收益

**科目详解**

沿着利润表,从营业收入一直讲解下来,终于到了利润表中的第一个利润项目——营业利润。营业利润是指企业从事生产经营活动所取得的利润,是企业利润的主要来源。营业利润的大小直接反映了企业的盈利状况,通过分析营业利润同比或环比增长情况,我们可以了解企业的经营活动是否在向好的方面发展。

**综合分析**

营业利润率(即营业利润/营业收入)指标完整地展现了企业的盈利能力,需要将其与行业平均水平、自身历史水平进行具体比对,如果发生了异常偏离,则需要探究其原因:是价格变化、成本控制,还是市场份额变化,以及这些变化对企业的深远影响究竟在哪里。

## 4.10 营业外支出/营业外收入

**定义**

营业外收入亦称营业外收益,是指与企业生产经营活动无直接关系,应列入当期利润的收入,是企业财务成果的组成部分,如没收包装物押金收入、收回调入职工欠款、罚款净收入等。

营业外支出是指除主营业务成本和其他业务成本等以外的各项非营业性支出，如罚款支出、捐赠支出、非常损失、固定资产盘亏等。

**科目详解**

在政府补助通过营业外收入科目核算时，我们考虑营业外收入时的一个重要项目就是政府补助。此项调出以后，许多人会认为营业外收入并没有太多需要注意的地方。但正因如此，有些企业才会钻这个漏洞，通过某些操作手段调节企业的净利润。

 例 4.15

**圣莱达：利用赔偿扭亏为盈**

2014 年圣莱达净利润为负，若 2015 年净利润仍然为负，则公司将被风险处理戴上 ST 的帽子。公司做了以下违法操作让净利润最终为正：

2015 年 12 月 18 日，公司与华视友邦签订协议（此协议名义签订日为 2015 年 11 月 10 日），约定华视友邦将某影片全部版权作价 3 000 万元转让给圣莱达，华视友邦应于 2015 年 12 月 10 日前取得该影片的公映许可证，否则须向圣莱达支付违约金 1 000 万元。2015 年 12 月 21 日，圣莱达提起民事诉讼，认为华视友邦未取得电影公映许可证，请求判决返还本金并支付违约金。2015 年 12 月 29 日，双方签订调解协议书，约定华视友邦将向圣莱达支付 4 000 万元，其中包含 1 000 万元的违约金。这 1 000 万元违约金被公司确认为 2015 年的营业外收入。

营业外收入经常是偶然所得，不可持续，如果与净利润的比值过大，则说明企业的利润主体靠营业外收入支撑，可能意味着企业粉饰报表。

营业外支出一般包括对外捐赠和诉讼款，如果此科目不大，则并不会对企业产生很大的影响。

## 4.11 利润总额与所得税

**定义**

从营业利润出发，加上营业外收入，减去营业外支出，得出利润总额，具体公式为：

利润总额＝营业利润+营业外收入−营业外支出

企业所得税是对中国内资企业和经营单位的生产经营所得和其他所得征收的一种税。

**科目详解**

利润总额是企业在一定时期内通过生产经营活动所实现的最终财务成果,从计算方式上来看非常简单,把营业利润与营业外收支一同考虑便得到。通过利润总额,我们就可以计算出企业所得税。

当企业盈利后,有一部分盈余需要以所得税的形式上交给税务机关。一般来说,企业的所得税税率都为25%,一些有税收优惠的地区企业所得税税率可能会低一些。我们在计算企业所得税时,经常会发现所交纳的所得税是大于利润总额×25%的,也会发现一些企业即使利润总额为负,也需要交纳所得税。这是由以下两个原因造成的：

第一,应税所得与利润总额并不相同。企业的会计标准与税务机关的会计标准时常会有差别,应税所得是按照税务机关的会计标准计算得出的,所以会存在即使企业账上利润总额为负但仍需交纳所得税的情况。

第二,合并报表。上市公司一般是母公司持子公司股权的架构,可能会出现某些子公司是盈利的,但将各子公司的报表合并制作成合并利润表时利润总额为负的情况,所以会存在即使企业账上利润总额为负但仍需交纳所得税的情况。

 **案例分析**

### 分众往事：借壳上市这三年

为了借壳上市,分众传媒承诺2015—2017年的扣非净利润分别不低于29.58亿元、34.22亿元和39.23亿元。扣非净利润全称是扣除非经常性损益后的净利润,是净利润扣除投资收益、财务收益、资产处置收益及营业外收支等之后的净利润,很难用应急手段操纵。

分众传媒在2015—2017年的实际扣非净利润分别是28.74亿元、34.80亿元、46.53亿元。前两年的误差率只有2.84%和1.69%,在风波诡谲的国内外环境和瞬息万变的产业竞争态势下,做出这样的成绩实属不易。

2015—2017年,分众传媒留下了堪称完美的报表记录：资产负债率从62%下降到32%,银行存款和理财产品之和常年维持在65亿元以上,有息负债从未超过8亿元,且在2018年一季度全部还清。净资产收益率在2015年增发资本金到位前是133%,2015—2017年的净资产收益率持续维持在50%以上。

2015—2017年,分众传媒每年净利润的增长幅度平均高达35%,每年营业收入的增长幅度却只有18%。也就是说,在销售毛利率基本稳定的情况下,分众传媒的综合成本率有了显著的下降,尤其是销售费用(见图1)。

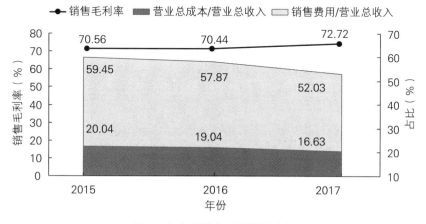

**图1 分众传媒成本及费用分析**

对此分众传媒的说法是,成本端因"媒体终端议价优势"下降了。与之相伴随的是,在这三年里,分众传媒的应收账款增长了36.57%。在市场形势并无特别变化的情况下,这样的应收账款政策一般只有一个目的——以放宽账期的形式减轻客户的资金压力,从而提高收入,增加利润。官话一般称之为供应链管理。

相较于60亿元的净利润,分众传媒的应收账款虽然从2015年的21.82亿元上升到了2017年的29.80亿元,但成绩依然不俗,与A股大部分通过应收账款增加利润的公司还是有所区别。

分众传媒更值得关注的其实是销售费用。公司2017年的销售费用占营业总收入的比重突然下滑较多,考虑到销售费用与营业总收入的强相关性,两者理应趋于同步增长。但是将2017年的销售费用拆解到单季度,会发现与以往不一样的季节性波动(见图2),2017年的数字与日渐加剧的行业竞争还是有些不一致。

公司2015年年底才借壳上市,我们是怎样找到分众传媒2015年季度数据的?有一个小技巧:上市公司披露季度数据时会给出上一年同期的值,所以我们可以做个简单的除法倒退回去,做个交叉验证。

此外,用2015年利润表与2016年各季报的所得税费用"上期对比数"倒轧出来的 2015 年四季度的所得税费用仅为 1 157 万元,有效所得税税率仅为 1.27%,不过 2016—2017 年基本恢复了正常(见图 3)。

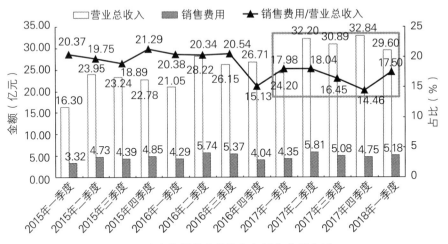

**图 2　分众传媒营业总收入与销售费用分析**

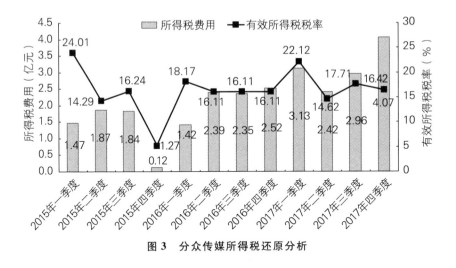

**图 3　分众传媒所得税还原分析**

## 4.12　净利润

**定义**

净利润等于利润总额减去所得税费用。

**科目详解**

净利润是指企业当期利润总额减去所得税费用后的金额,即企业的税后利润。

**综合分析**

这里再提出一个指标——净利润率,净利润率=净利润/营业收入。通过观察企业近几年此项指标的变化,我们可以评价企业盈利能力的变化;通过对比同行业的净利润率,我们可以知道哪家企业更具有优势。

 **例 4.16**

#### 同行业对比:快递行业的净利润率

通过净利润率指标,我们可以对比同行业内不同公司的盈利能力。图1为快递行业的净利润率,可以看到韵达股份的净利润率较高,公司盈利能力较强。

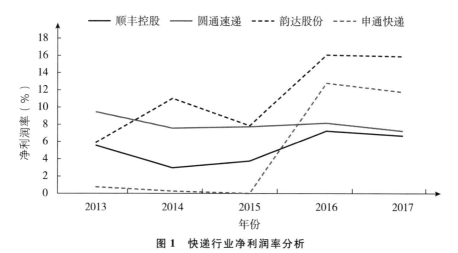

**图 1　快递行业净利润率分析**

投资者需要时刻明确的是,净利润不是企业能够真正收到的钱,要和现金流量表中经营活动产生的现金流量净额对应分析。"经营活动产生的现金流量净额/净利润"可以称为盈余现金保障倍数,衡量的是净利润的含金量,看净利润有多少转化为现金流。该比值如果一直大于100%,则说明净利润一直都变成企业口袋里的现金;如果一直小于100%,则可能有坑。当发现该比值一直较低时,投资者可以去看企业的应收账款、应收票据、预付账款、有息负债等指标是否过高,毕竟有些货款还没有收到,企业就把它们算进了利润,同时交纳了相应的税费,但并没有现金流入,这样的资产就是软的,随时都会爆发风险。

**例 4.17**

### 盈余现金保障倍数

盈余现金保障倍数＝经营活动产生的现金流量净额/净利润,该指标可以反映企业盈利的质量,有多少利润是实在的现金。图 1 是华帝股份和老板电器的盈余现金保障倍数,可以看到 2016—2017 年两家公司的盈利质量都有所下降。

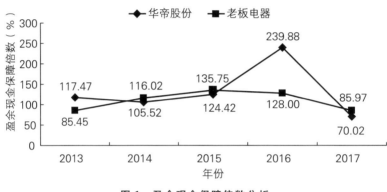

图 1　盈余现金保障倍数分析

## 4.13　少数股东损益、归属于永续票据持有者利息、归属于母公司所有者净利润

**定义**

少数股东损益是一个流量概念,是指公司合并报表的子公司其他非控股股东享有的损益,需要在利润表中予以扣除。

永续票据是指不规定到期期限,债权人不能要求清偿,但可按期取得利息的一种有价证券。

归属于母公司所有者净利润等于净利润与少数股东损益和归属于永续票据持有者利息的差额。

**科目详解**

由于某些企业对控制的子公司并没有完全持股,因此在利润表中,需要将没有持股的那部分损益剔除,而这部分损益就是少数股东损益。比如,A公司持有B公司80%的股权,由于80%>50%,构成控股,因此B公司的财务报表需要并入A公司。假设B公司当年盈利1 000万元,则有200万元需要从A公司的合并利润表中剔除,这200万元即为少数股东损益。

有少数企业会对外发行永续票据,每年企业需要支付给永续票据持有者的利息是在净利润后扣除的。比如,中兴通讯2015年发行了永续票据,每年需要支付给永续票据持有人5.01亿元的利息。

归属于母公司所有者净利润简称归母净利润,是投资者评价企业经营状况的重要指标。

**综合分析**

少数股东损益是一个非常重要的科目,某些企业通过一些会计操作,利用该科目使得企业的净利润为负,从而达到归母净利润为正的目的。

例 4.18

**乐视网:少股数东损益与归母净利润的调节**

由于乐视网有好几个并表的子公司都不是完全控股,如乐视网持有乐视致新58.55%的股权,因此公司通过递延所得税资产减少亏损,同时少数股东损益保持不变,于是造成了公司净利润为负,归母净利润为正的情况。

同时,"归母净利润/净利润"这一比值我们也需要留意,某些企业为了尽快做大净利润,会仅收购51%的股权,达到并表要求即可。

少数股东损益方面还有一个知名公司值得关注,那就是万科。万科在2014年开始尝试事业合伙人制度,首批事业合伙人包括1 420名员工,其中不乏王石、郁亮这样的董事会成员,事业合伙人制度包含事业合伙人持股计划和项目跟投计划。项目跟投计划将公司项目一线管理团队的利益和股东的利益紧紧捆绑在一起,每个地产项目所在区域的管理层、所在一线公司的管理层、项目管理人员必须自筹资金参与跟投,这就形成了大量的少数股东损益。而且随着跟投的发展,少数股东损益利润分配越来越高,已经成为影响公司归母净利润的最重要因素。

## 案例分析

### 暴风集团:危机来得太快,就像龙卷风

暴风集团的收入暴增并没有带来利润,反而不断消耗公司宝贵的现金,变成了高企的应收账款和存货。2016—2017年,暴风集团已连续两年亏损(见图1),扣除政府补贴等非经常性损益部分,亏的其实更多。

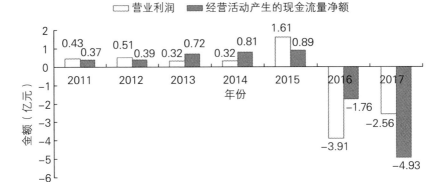

图 1　暴风集团经营活动产生的现金流量净额和营业利润分析

公司的经营业务持续失血,而投资端的现金流还在大量流出,所以只能拼命借款筹资。在定增屡次被否以后,公司对资金的渴求更是上升了一个阶梯。因为根据2017年年报,公司的货币资金只有1.73亿元,占总资产的5.86%,而三年前,这两个数字是4.10亿元和30.39%(见图2)。

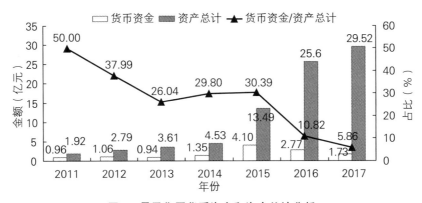

图 2　暴风集团货币资金和资产总计分析

这些货币资金加上变现相对容易的应收票据,一共也只有2.6亿元,而公司的短期借款为3.75亿元,应付账款为10亿元。与疲软的现金流相匹配的,是公司日

益庞大的应收账款,从 2015 年的 2.99 亿元到 2017 年的 7.36 亿元,激增了 146%(见图 3)。

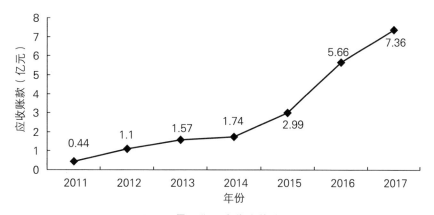

**图 3　暴风集团应收账款分析**

同时公司的应收账款坏账准备计提政策非常宽松,账龄 1 年以内计提 5%、1—2 年计提 10%、2—3 年计提 25%,3 年以上才默认账款全部收不回来。而小组根据实际拖延比例计算得到,公司的催收能力很差,1 年以内的应收账款有 56% 的拖延,1—2 年的有 67% 的拖延,2—3 年的基本上收不回来(见图 4)。公司无法回收的应收账款的真实比例和提前计入损失的比例根本不在一个量级,未来如果出现应收账款大规模违约,则会进一步蚕食公司利润。

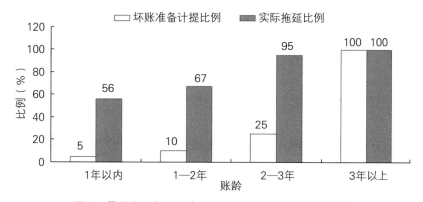

**图 4　暴风集团坏账准备计提比例和实际拖延比例分析**

曾经靠红遍全网的暴风影音创造了近九成的广告业务收入,如今选择"用硬件触达客户,用内容留住客户",无论创业导师是小米还是乐视,暴风集团都不得不承认,作为排头兵的暴风 TV 承包了暴风集团大多数的亏损。2014 年暴风 TV 所代表的互联网视频智能硬件销售收入仅为0.05亿元,2017年上升到12.83亿元,占营业收入的比重从1.33%上升到67%;而广告业务收入虽然从3.43亿元上升到4.28亿元,但是占营业收入的比重从89%下降到22%(见表1)。

表1 暴风集团营业收入构成分析　　　　　　　　　　　　　　　　单位:亿元

| 业务 | 2014年 | 2015年 | 2016年 | 2017年 |
| --- | --- | --- | --- | --- |
| 其他 | 0.37 | 0.37 | 0.73 | 0.89 |
| 视频点播 | 0.01 | 0.21 | 0.78 | 1.15 |
| 广告 | 3.43 | 4.62 | 5.79 | 4.28 |
| 销售商品 | 0.05 | 1.32 | 9.17 | 12.83 |

通过对公司收入和成本的分析,我们发现暴风TV的收入增长远不及成本,2016—2017年公司连续两年毛利率为负(见表2),就是电视卖一台亏一台的节奏,2016年、2017年平均每台电视都要亏上100多元。2017年公司全力支持的暴风TV只卖出84万台,和2016年的81万台相差不多,不然真的是血亏。

表2 暴风集团2014—2017年营业情况

| 年份 | 营业收入——销售商品(元) | 营业成本——终端成本(元) | 毛利率 | 销售量(台) | 同比增长 | 单价(元) | 同比增长 | 单位成本(元) | 同比增长 |
| --- | --- | --- | --- | --- | --- | --- | --- | --- | --- |
| 2014 | 5 152 988.72 | 4 947 308.76 | 3.99% | | | | | | |
| 2015 | 131 554 067.33 | 120 304 758.44 | 8.55% | 148 527 | | 885.72 | | 809.99 | |
| 2016 | 917 171 149.00 | 1 057 363 022.17 | −15.29% | 809 493 | 445.01% | 1 133.02 | 27.92% | 1 306.20 | 61.26% |
| 2017 | 1 283 411 325.06 | 1 375 112 962.79 | −7.15% | 843 189 | 4.16% | 1 522.09 | 34.34% | 1 630.85 | 24.85% |

暴风TV销售不畅,造成公司存货压力增加。2015年公司收购暴风统帅(暴风TV厂商)后,存货连年增加;即使2017年产量有所减少,但暴风TV的存量仍然在不断增加(见图5)。

公司存货积压的金额很大,周转也非常缓慢,2017年平均周转天数达到138.90天(见图6),同样做电视的深康佳和TCL的存货周转天数是58天和52天。互联网产品日新月异,唯快不破,暴风TV要花同行3倍的时间才能把产品卖出去,公司囤积的巨额存货到底还值多少钱是个疑问。

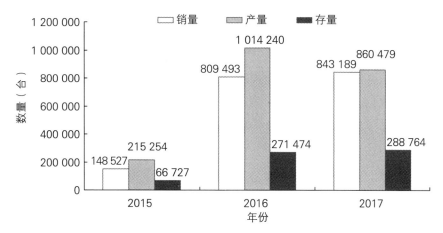

图 5　暴风集团暴风 TV 存量、产量和销量分析

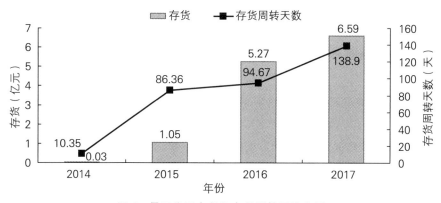

图 6　暴风集团存货和存货周转天数分析

更让人惊叹的是,公司少数股东损益也十分巨大(见图 7)。少数股东把亏损背掉了,通过这样的财务做账技巧让归母净利润爬上水面。以生产暴风 TV 的子公司暴风统帅为例,暴风统帅 2015—2017 年一直在亏损,由于公司持股比例只有 24%,体现在公司部分的亏损额并不大,2016 年、2017 年暴风统帅实际亏损额高达 3.6 亿元、3.2 亿元,而 2017 年经营活动产生的现金流量净额达到-6.3 亿元。

暴风统帅还有一个股东,是冯鑫控制的暴风控股有限公司,亏损额不用计入公司体内。而 2017 年年底以 4 亿元增资暴风统帅的另一个关联公司是东山精密。

暴风集团的供应商集中度极高,2017 年前五大供应商采购金额占公司采购总金额比重高达 91.70%,而其中关联方采购金额占比为 72.93%,主要就是东山精密贡献的。2017 年,暴风集团向这个救暴风统帅于水火之中的东山精密采购了 12 亿多元的商品和售后服务,而公司披露的暴风 TV 及其售后服务的成本只有不到 14 亿元,东山精密提供的采购金额占比高达90%。

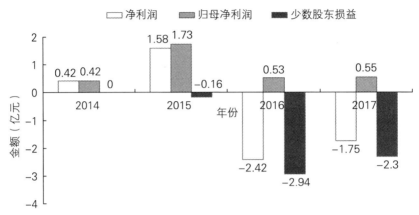

图7 暴风集团净利润、归母净利润和少数股东损益分析

暴风统帅还有另一个救世主,那就是银川产权交易中心,累计借给公司3.95亿元。这家公司竟然也是公司的关联方,地方产权交易中心这几年成为大量互联网P2P的融资渠道,公司的财务成本压力十分巨大。

公司让人疑惑的地方还不止于此。公司销售人员从2016年的767人骤降61.54%到2017年的295人(见表3),销售费用从2016年的4.33亿元下降25.17%到2017年的3.24亿元,人员变动和费用变动比例相距甚远。更奇怪的是,公司销售收入从2016年的16.47亿元上升16.25%到2017年的19.15亿元。是公司的销售能力太强了吗?

表3 暴风集团员工构成分析

| 员工构成类别 | 2015年 | | 2016年 | | | 2017年 | | |
| --- | --- | --- | --- | --- | --- | --- | --- | --- |
| | 数量(人) | 占比(%) | 数量(人) | 占比(%) | 同比增长(%) | 数量(人) | 占比(%) | 同比增长(%) |
| 销售人员 | 259 | 33.46 | 767 | 57.03 | 196.14 | 295 | 38.71 | −61.54 |
| 技术人员 | 457 | 59.04 | 505 | 37.55 | 10.50 | 413 | 54.20 | −18.22 |
| 财务人员 | 20 | 2.58 | 33 | 2.45 | 65.00 | 22 | 2.89 | −33.33 |
| 行政人员 | 38 | 4.91 | 40 | 2.97 | 5.26 | 32 | 4.20 | −20.00 |
| 合计 | 774 | 100.00 | 1 345 | 100.00 | 73.77 | 762 | 100.00 | −43.35 |

# 第 5 章
# 现金为王,财报里的公司生命线

现金流量表是用来反映企业在一个会计期间,现金及现金等价物流入和流出情况的报表。现金是指企业的库存现金以及那些可以随时用于支付的存款。现金等价物是指企业持有期限相对较短、流动性比较强、容易转化为确定金额现金、价值变动风险比较小的投资。从财务分析的角度,现金流量表主要描述了企业经营、投资、融资三个方面的资金变化。与经营活动现金流变动相关的科目,主要是资产负债表上的流动资产和流动负债;与投资活动现金流变动相关的科目,主要是资产负债表上的固定资产、在建工程、长期股权投资、理财产品等;与融资活动现金流变动相关的科目,主要是负债和股东权益。

现金流量表有直接法和间接法两种编制方式,区别主要是对现金流量的计算方法。直接法是按照现金流量的来源和用途进行分类,依据现金收入和现金支出的主要类别来反映现金流量,比如销售商品、提供劳务收到的现金,购买商品、接受劳务支付的现金。间接法则不同,它以企业报告期内权责发生制计算的净利润为起点,通过调整不涉及现金的收入、费用和营业外收支等项目,将净利润转换为按照现金收付实现制计算的企业当期经营活动产生的现金流量净额。

上市公司目前都是按照直接法编制现金流量表,但是在财务报表附注中也同时提供了以净利润为基础调节还原出的经营活动产生的现金流量净额信息。

现金流量表是对货币资金中"现金及现金等价物"的动态展示,表现了一定时期内企业现金增减的情况。现金流量表把企业的现金增减按照生成途径划分为三大板块:经营活动、投资活动、筹资活动。三大板块对应的就是不同性质科目的变化产生的现金流量变化。因为利润表是根据权责发生制填列的,企业在一个会计期间汇报的利润,并不意味着企业已经收到现金;同样,汇报的成本费用,也并不意味着企业已经支付现金。现金流入和收入的确认以及现金流出和成本费用的确认存在时间上的不一致,这就使得我们在分析利润表的同时,也要注意分析现金流量表。因为只有收到了全部现金的净利润才是真实的净利润,那些没有收到现金以挂账形式存在的净利润都是纸面上的数字,并没有变成企业真正能够支配的经济资源。

对于企业而言,生存能力的核心就是现金和现金制造的能力。短期来看,资产和利润都是纸面上的数字,对于员工、债主、上游供应商而言,只有现金才能解决利益纠纷,所以现金流量表中的信息对其理解企业当前"究竟好不好"十分重要。现金流,顾名思义,既反映了现金的流入,也反映了现金的流出。

现金流量表所记载的现金是在不断流动的。从企业获得融资开始,企业取得现金之后,又将这些现金投资于机器、设备、厂房及购建固定资产,为经营活动做准备。但是在这个过程中,现金从融资部分流入了投资部分,后续企业还需要继续投资,加码经营活动所需要的流动资产和其他运营支出,从而增加经营活动需要的现金流出;然后企业再通过经营活动,从市场上挣到钱,销售产品、回笼资金,产生经营活动的现金流入。经营活动的现金流入,一部分再重新进入投资活动,继续扩大固定资产的投资或者维护设备,弥补长期运营资产的消耗或者扩大投资规模;另一部分则继续进入筹资活动,可以用于归还负债或者向股东提供红利回报。

小组的口号是"资产软,负债硬,现金为王"。资产的特性就是软,真正需要钱的时候,优质资产也要折价甩卖;负债的特性就是硬,欠债就要还钱,还要加利息,所以我们一直强调现金流。

首先有两个判断题请各位回答一下:
(1)企业都是因亏损而破产,盈利就不会破产。(　　)
(2)企业销售收入下降才会破产,销售收入上升就不会破产。(　　)
答案都是:错。

## 5.1 经营活动产生的现金流量

### 5.1.1 销售商品、提供劳务收到的现金

定义

该部分包括本期销售商品、提供劳务收到的现金和收回的应收款、新增的预收

款,反映了企业经营活动现金流的情况。

**科目详解**

该科目主要反映企业的收现情况。现金收入和应收款项共同构成了企业当期的营业收入,企业营业收入中由现金收入完成的百分比就是收现比。一般而言,该指标越高越好。

除了收现比,我们也将销售商品、提供劳务收到的现金和购买商品、接受劳务支付的现金进行比较。对于一个商业模式稳定、经营正常的企业来说,这个比值可以反映企业的竞争力。如果成本端支付的现金少,收入端收到的现金多,那么企业在产业链的话语权就比较强。天虹股份就是收现比较好的企业。

 **例 5.1**

### 天虹股份:收现状况良好

天虹股份 2013—2017 年的收现状况如图 1 所示,可以看到除 2013 年外收现比基本都在 105% 以上,而且应收账款也在 0.5 亿元左右,公司的现金流状况很好,卖出去的货基本上都收到了现金。

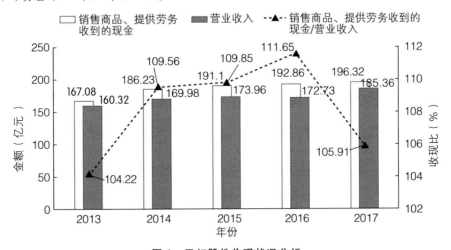

**图 1 天虹股份收现状况分析**

收现比也可以放在历史序列中进行分析,从收现比自身的变化中可以看出企业主营业务销售情况的变化。在二级市场投资中,我们偏向没有赊销的企业。销售回款及时,往往意味着企业有比较强的竞争力。从防范财务舞弊的角度来看,虚增营业收入,主要是通过赊销的方式来完成,无法收回的货款就是企业在外的风险。收现比保持稳定比较好,如果收到的现金太少,则一定要注意企业后续资金链断裂的风险,因为主营业务带来的现金是企业的生命线。

## 案例分析

**涪陵榨菜:小榨菜的大买卖**

涪陵榨菜的品牌优势较强,市场占有率很高,同时公司的财报质量也很高,2017年年底公司资产结构如图 1 所示。

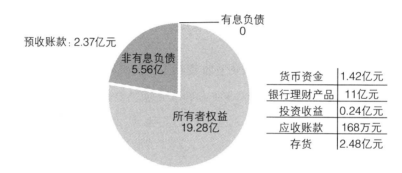

**图 1 涪陵榨菜资产结构分析**

**公司没有有息负债**,负债中还有 2.37 **亿元是预收账款**,公司的议价能力很强。结合营业收入看一下,如图 2 所示。

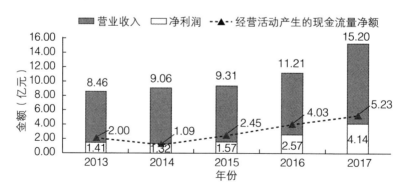

**图 2 涪陵榨菜营业收入分析**

从图 2 中可以看出,除 2014 年外,2013—2017 年公司经营活动产生的现金流量净额高于净利润,说明公司流入的钱减去流出的钱后比净利润还要多。多出的钱从哪儿来？就是前面所说的预收账款。这些可都是实打实的现金，不但所有销售全部变现，而且下游还提前交钱排队拿货。再配合收现比进行分析（如图3所示），**现金流真的满分**。

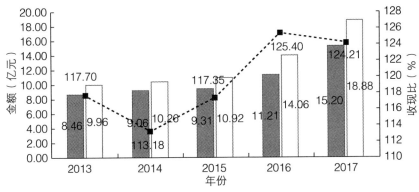

**图3　涪陵榨菜收现状况分析**

董事长周斌全在2000年调任涪陵榨菜时，公司亏损500万元，在他的努力下当年便扭亏为盈，10年后又登陆深交所。公司的实际控制人虽然是涪陵区国资委，但公司整体经营风格并不像老牌国企，而且管理层也有2.4%的股份。

总结一下，1.42亿元的货币资金，没有有息负债，2.37亿元的预收账款，再加上11亿元的银行理财产品，截至2017年报告期期末公司没有任何受限制的资产权利，基本面非常健康。存货高了点，2.48亿元，主要是因为公司以销定产，所以存货较期初（1.72亿元）有大幅增加，反过来说就是公司对未来的生产销售非常有信心。

## 5.1.2　收到的税费返还

**定义**

现金流量表上的"收到的税费返还"，是与产业政策直接相关的一个科目。

**科目详解**

对于国家产业政策重点扶持的对象，这部分需要额外关注。有些企业存在大量的税费返还，并且以此为生，一旦政策持续性失效，则企业账面将迅速恶化。

税费返还与经营活动产生的现金流量净额的比值，可以反映企业经营活动现金流是否过度依赖国家补贴。在2018年上半年,A股市场共有55家上市公司税费方面的净收入居然超过净利润1倍以上,其中排在前列的还有荣盛石化、京东方A这种利润规模不小的上市公司。比如,荣盛石化2018年上半年共获得了26.59亿元的税费返还,交纳了5.59亿元的各项税费,税费净收入高达21亿元,而当期的净利润只有12.32亿元。如果一家企业的净利润主要依靠税费返还来支撑,则肯定不是长久之策,一旦政策滑坡,企业就会面临巨大的估值调整压力。

 **例 5.2**

### 京东方A:这就叫大力扶持

京东方A是出了名的越投越亏,越亏越投,其最终实际控制人是北京市国资委,财政支持力度极大。图1显示的是京东方A 2013—2017年收到的税费返还与支付的各项税费,可以看到公司收到的税费返还竟然大于支付的各项税费,说明公司所在地政府不仅没有收到税,还给公司补贴了一大笔税费,这就是被地方政府大力扶持的代表。

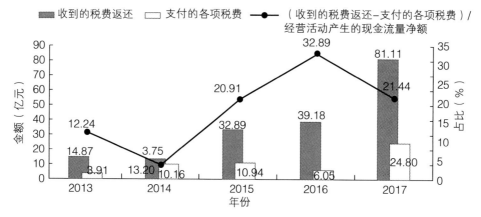

图1 京东方A收到的税费返还与支付的各项税费分析

### 5.1.3 购买商品、接受劳务支付的现金

**定义**

购买商品、接受劳务支付的现金体现了企业经营活动中付出的成本和与上游之间的往来,主要包括支付材料货款、支付有关进项税、偿还应付账款、预付相关购货款。

## 科目详解

购买商品、接受劳务产生的现金流出,主要连接的是利润表中的营业成本。一般情况下,企业的营业成本和现金流出是相对应的。如果企业购买商品、接受劳务支付的现金远小于企业的营业成本,那么意味着企业欠了供应链上游供应商的货款。

## 综合分析

涉及经营活动现金流量的操纵,主要包括安排客户提早还款,提高营业收入的收现比;或者延后支付应付供应商的款项,减少成本端的现金流出,核心目的都是让企业的财务报表拥有更多的现金流入、相对更少的现金流出,美化当期现金流量。而且客户提早还款,可以使资产负债表中的应收账款大大减少,应收账款的减少又带动坏账准备计提的减少,最终增加企业当期净利润。这种操作往往表现为在某一期企业经营活动的现金流入特别突出,应收账款不正常下降,应付账款不正常上升,企业整体的资金链话语权变强。

 案例分析

### 盈峰环境:创业富二代的环保进击

何剑锋是盈峰环境的实际控制人,美的集团董事长何享健的独子,父子二人位列 2017 年胡润百富榜第八名。

盈峰环境 2017 年年报显示,公司营业收入同比增长 43.77%,达到 49 亿元,实现净利润 3.53 亿元,扣非净利润 2.21 亿元。2012—2017 年,公司累计实现营业利润 9.08 亿元,经营活动产生的现金流量累计流出 4.54 亿元。盈峰环境的盈利都是以非货币性资产的形态存在,根据一般的业务处理习惯,主要应该是应收性债权和存货。公司环保运营项目消耗了大量的资金,这也反映了环保行业的现状。

从 2012—2017 年的现金流量情况分析,盈峰环境的货币资金增加主要来源于筹资行为(见表 1)。从具体的营业收入数据来看,公司收现比近年来不断降低,这和资金大环境收紧有关,2015 年公司的经营性应收出现了一个爆发点(见图 1)。

表 1 盈峰环境 2012—2017 年现金流量分析  单位:元

| | 2017 年年报 | 2016 年年报 | 2015 年年报 | 2014 年年报 | 2013 年年报 | 2012 年年报 | 合计 |
|---|---|---|---|---|---|---|---|
| 经营活动产生的现金流量净额 | -591 521 906.15 | -213 138 977.47 | 207 161 562.62 | 89 548 347.26 | -64 275 362.75 | 117 754 142.32 | -454 472 194.14 |

（续表）

| | 2017年年报 | 2016年年报 | 2015年年报 | 2014年年报 | 2013年年报 | 2012年年报 | 合计 |
|---|---|---|---|---|---|---|---|
| 投资活动产生的现金流量净额 | 165 553 370.94 | 45 745 415.75 | -150 625 629.24 | -173 527 058.92 | 84 651 163.11 | 3 601 300.25 | -24 601 438.11 |
| 筹资活动产生的现金流量净额 | 982 381 144.37 | 245 180 493.64 | 282 859 953.07 | 57 045 891.48 | -16 814 055.17 | -144 232 453.69 | 1 406 420 973.70 |

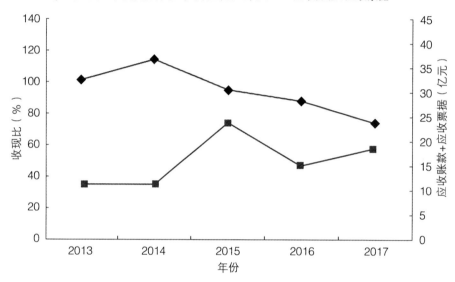

图1 盈峰环境收现比与经营性应收分析

公司2015年四季度的经营性应付也有较大的变化,当季营业成本显著增加,季末存货显著增加,但当季"购买商品、接受劳务支付的现金"及"应付账款+应付票据-预付账款"均未发生明显变化,可能是公司外延扩张导致了资产负债表的变化(见表2)。

表2 盈峰环境总体分析

单位:元

| | 2018-03-31 | 2017-12-31 | 2017-09-30 | 2015-12-31 | 2015-09-30 |
|---|---|---|---|---|---|
| 存货 | 4 331 130 884.95 | 407 338 634.57 | 298 408 969.39 | 569 520 707.57 | 159 384 422.62 |
| 固定资产 | 322 247 705.99 | 330 064 263.36 | 317 269 151.97 | 380 257 612.58 | 338 132 460.20 |
| 营业成本 | 976 994 649.08 | 1 308 036 918.54 | 1 018 005 218.52 | 813 883 051.03 | 510 440 193.88 |

（续表）

|  | 2018-03-31 | 2017-12-31 | 2017-09-30 | 2015-12-31 | 2015-09-30 |
|---|---|---|---|---|---|
| 购买商品、接受劳务支付的现金 | 1 012 787 045.31 | 799 880 135.57 | 1 051 553 838.20 | 408 693 373.19 | 527 404 388.57 |
| 应付账款+应付票据-预付账款 | 1 165 962 635.12 | 1 121 814 309.21 | 727 157 039.26 | 167 748 078.22 | 156 589 424.88 |

公司 2017 年四季度"购买商品、接受劳务支付的现金"相较于三季度有所减少，但是"应付账款+应付票据-预付账款"的变动可以解释营业成本与存货的增加。考虑到公司不断扩大的外延并购，资产负债表结构本身也在变化，其中经营性资产、经营性债务的纵向历史分析受到较大影响。

## 5.1.4　经营活动产生的现金流量净额

**定义**

将上市公司经营活动流入的现金减去经营活动流出的现金，就可以得到上市公司经营活动产生的现金流量净额。该科目是现金流量表的一个重点。

**科目详解**

从收入端来看，经营活动的现金流入和营业收入直接挂钩，因为营业收入不含税，所以实际收到的现金会比营业收入多一些，考虑到一般的增值税情况，经营活动的现金流入与企业营业收入的比值应该维持在 115%—117%，在不同时期，这一比值可能会有所波动。在资金宽松时，企业的收现能力比较强，甚至可能提前收到一些款项，收现比可能会大于 117%。在资金紧张时，企业的收现能力比较差，出现了不少赊销行为，这时收现比可能会低于 100%，甚至低于 80%。但是长期来看，收现比应该是接近 117%的。从成本端来看，经营活动的现金流出主要包括营业成本和期间费用，企业有可能在产业链上做一些资金垫付的行为，导致额外的资金流出。

这里的 17%是企业的增值税税率，此税率已在 2019 年 4 月 1 日调整为 13%，分析时要随着此税率的变动做相应的变动。

经营活动产生的现金流量净额总体反映了企业的经营状况。企业经营活动产生的现金流量净额如果小于 0，则说明企业入不敷出，持续小于 0 更是值得警惕（这里的净额越小，越要查明究竟是哪里出现了问题，尤其要看应收账款、应收票据这类资产);等于 0 则是勉强维系,但没有扩大发展的潜力;大于 0 则为正常,但也要与其他指标相比较。

易见股份(一家做供应链管理的公司)的现金流量就很值得关注。易见股份 2015—2017 年经营活动产生的现金流量净额分别为 -23.98 亿元、-31.43 亿元、-14.49 亿元,主要是由于公司供应链及保理业务扩张,在账面上囤积了大量的相关资产。根据 2017 年年报,公司应收账款为 13.86 亿元,此外在其他流动资产中,有供应链代付款项 54.21 亿元、一年内到期的应收保理款 45.08 亿元,共计 113.15 亿元,占总资产(148.66 亿元)的 76.11%。从中我们可以清楚地看到,公司将自己的真金白银都变成了资产负债表端的科目,而这些科目在经济下行时都是比较软的,一旦回款出现问题,公司的资产负债表就会出现非常剧烈的萎缩。

### 5.1.5 综合分析

**经营活动产生的现金流量净额与净利润**

经营活动产生的现金流量净额低于净利润,有可能是企业利润造假;大于或等于净利润,说明企业的净利润大部分都有效地转化为了现金;持续大于净利润,则是更好的情况。

随着这两年 A 股市场财务风险增加,越来越多的投资者开始关注现金流的质量,现金流中最核心的就是净利润与经营活动产生的现金流量净额的关系。市场上争议比较多的股票,大部分的净利润都是账面利润,并没有收到真金白银,而这又以环保行业为主。环保行业的这些上市公司,应收账款的主要来源隐约有关联方的影子,再结合股价大涨之后的股票质押融资、高位减持,不难想象这是怎样的一个资本运作大棋局。上市公司的实际控制人比较关注股价,而股价的核心驱动力是估值和净利润,在估值一定的情况下能够改变的就是净利润。要想将净利润做高,最方便的莫过于体内资金流出后通过体外公司再流回上市公司账上,关联交易和应收账款都是容易操作的点。

 **例 5.3**

**涪陵榨菜:优良的现金流量净额**

涪陵榨菜 2013—2017 年的净利润与经营活动产生的现金流量净额如图 1 所示,可以看到除 2014 年外,公司经营活动产生的现金流量净额大于净利润,说明公司流入的现金减去流出的现金大于净利润,这是由于下游提前交钱排队拿货,公司收到了较多的预收账款。

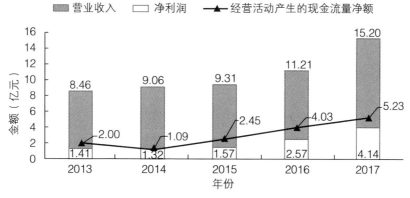

图1 涪陵榨菜营业收入分析

**经营活动产生的现金流量净额与应付账款、应付票据**

如果企业经营活动的现金流为正,但是某一时期应付账款突然大量增加,则说明企业集中拖欠了大量货款,那么正的经营活动现金流可能是短暂且不可持续的,付清货款后就表现为负,进而产生现金流危机。

## 5.1.6 净利润调整为经营活动产生的现金流量净额

经营活动现金流量分析还有一个非常重要的信息来源,就是财务报表附注中的现金流量表补充资料。在补充资料中,净利润通过间接法还原为经营活动产生的现金流量净额,可以作为财务检查的交叉验证。可以这样说,直接法的现金流量表重点说明了现金的来源和去处,而间接法则重点说明了净利润和现金变化的对应关系。对于经营活动产生的现金流量净额大于净利润的企业来说,企业真的挣到了真金白银,在经营性应收和经营性应付中会有所体现;否则企业挣到的只是纸上富贵,纸上富贵最终变成一场大梦的并不在少数。

具体的分析步骤是从净利润出发,结合资产负债表科目在不同期间的变化来倒推经营活动产生的现金流量净额。假设收入和支出的都是现金,然后对比资产负债表中的科目,如果增加了现金的占用,则把这部分减去;如果减少了现金的占用,则把这部分加回。比如,放在成本中,但是又没有具体现金支出的非现金支出项要加回去,这一类的代表主要是折旧、减值、摊销等;没有放在成本中,但是产生了实际现金支出的是另一类,比如经营活动中具体的应收项目、预付项目和存货的增加等;还有一类是与成本无关并且与经营活动无关的投资收益、公允价值变动收益等。

在具体的调整过程中需要注意的是经营性应收项目的减少或增加,以及经营性应付项目的减少或增加。因为核算难度比较大,有些上市公司采用了倒算的方式来凑数字,可能与报表实际计算出来的数值差异较大,这说明上市公司现金流量表的可信度比较差,需要特别关注差异较大的科目。但是大部分上市公司的对应数值是比较稳定的,有参考意义。

经营活动现金流量分析反映了影响利润表的活动,投资者应重点关注收入端的销售、成本端的原材料及存货的变化。虽然从单季度或者连续季度来看,净利润与经营活动产生的现金流量净额差异可能很大,但是长期来看,只有收到真金白银的净利润才是值得信赖的净利润。持续的非现金净利润会很快耗尽上市公司的现金储备,不少上市公司在盈利中破产就是这个原因。持续为负的经营活动现金流,意味着企业要想维持正常的经营活动,需要从其他渠道不断地筹集资金,当企业处于资金紧缩的宏观环境时便会承受巨大的经营压力,此时举债能力和外部融资能力就变成非常重要的能力。比如,纺织企业经营活动产生的现金流量越大、周转速度越快、现净利润的含量越高,企业的财务基础就越稳固,抗风险能力就越强。

整个现金流量表如果有一个科目最重要,那必须是"经营活动产生的现金流量净额",不过我们延伸出一个概念:盈余现金保障倍数。盈余现金保障倍数就是用经营活动产生的现金流量净额除以净利润,这个指标大于1,意味着企业当期净利润中的每一元钱都被现金保护了,当期收益的现金质量比较好。我们可以对全市场的情况做一个统计,在3年期间净利润大于1亿元的上市公司的基础上,我们选取了2017年盈余现金保障倍数大于1的公司。因为净利润的基数都是正值,所以不会出现负负得正的"奇葩"情况。最终我们得到了573家上市公司。如果条件再苛刻一点——3年期间的盈余现金保障倍数都大于1,最后得到了325家上市公司。

我们按照自己系统的评分,剔除了一些财务质量一般的上市公司,最终得到了如下结果(见表5.1)。

表5.1 3年期间盈余现金保障倍数大于1且净利润大于1亿元的上市公司

| 证券名称 | 机构持股比例 | 企业性质 | 申万一级行业 |
| --- | --- | --- | --- |
| 中国巨石 | 14.75% | 央企国资控股 | 化工 |
| 华润双鹤 | 13.41% | 央企国资控股 | 医药生物 |

（续表）

| 证券名称 | 机构持股比例 | 企业性质 | 申万一级行业 |
|---|---|---|---|
| 北新建材 | 12.36% | 央企国资控股 | 建筑材料 |
| 南方航空 | 7.06% | 央企国资控股 | 交通运输 |
| 中国汽研 | 4.98% | 央企国资控股 | 汽车 |
| 安迪苏 | 4.16% | 央企国资控股 | 化工 |
| 天虹股份 | 4.03% | 央企国资控股 | 商业贸易 |
| 国投电力 | 3.98% | 央企国资控股 | 公用事业 |
| 广深铁路 | 3.43% | 央企国资控股 | 交通运输 |
| 航天信息 | 3.29% | 央企国资控股 | 计算机 |
| 铁龙物流 | 2.79% | 央企国资控股 | 交通运输 |
| 东方航空 | 2.70% | 央企国资控股 | 交通运输 |
| 中国国航 | 2.49% | 央企国资控股 | 交通运输 |
| 长江电力 | 2.00% | 央企国资控股 | 公用事业 |
| 露天煤业 | 1.80% | 央企国资控股 | 采掘 |
| 中国石化 | 1.43% | 央企国资控股 | 化工 |
| 宝钢股份 | 1.22% | 央企国资控股 | 钢铁 |
| 中国中铁 | 1.18% | 央企国资控股 | 建筑装饰 |
| 华能国际 | 0.88% | 央企国资控股 | 公用事业 |
| 中国神华 | 0.52% | 央企国资控股 | 采掘 |
| 上海石化 | 0.12% | 央企国资控股 | 化工 |
| 中国石油 | 0.07% | 央企国资控股 | 采掘 |
| 双汇发展 | 4.45% | 外资企业 | 食品饮料 |
| 福耀玻璃 | 3.92% | 外资企业 | 汽车 |
| 华新水泥 | 2.77% | 外资企业 | 建筑材料 |
| 九牧王 | 1.43% | 外资企业 | 纺织服装 |
| 华鲁恒升 | 18.07% | 省属国资控股 | 化工 |
| 首旅酒店 | 12.18% | 省属国资控股 | 休闲服务 |
| 白云机场 | 8.72% | 省属国资控股 | 交通运输 |
| 粤高速A | 8.19% | 省属国资控股 | 交通运输 |

(续表)

| 证券名称 | 机构持股比例 | 企业性质 | 申万一级行业 |
| --- | --- | --- | --- |
| 安徽合力 | 7.71% | 省属国资控股 | 机械设备 |
| 重庆百货 | 7.54% | 省属国资控股 | 商业贸易 |
| 潍柴动力 | 6.85% | 省属国资控股 | 汽车 |
| 皖江物流 | 6.64% | 省属国资控股 | 交通运输 |
| 西山煤电 | 6.43% | 省属国资控股 | 采掘 |
| 海螺水泥 | 5.05% | 省属国资控股 | 建筑材料 |
| 海立股份 | 3.78% | 省属国资控股 | 家用电器 |
| 万年青 | 3.70% | 省属国资控股 | 建筑材料 |
| 兖州煤业 | 3.31% | 省属国资控股 | 采掘 |
| 宁沪高速 | 3.14% | 省属国资控股 | 交通运输 |
| 锦江股份 | 2.81% | 省属国资控股 | 休闲服务 |
| 渤海轮渡 | 2.43% | 省属国资控股 | 交通运输 |
| 江西铜业 | 1.76% | 省属国资控股 | 有色金属 |
| 中环股份 | 0.74% | 省属国资控股 | 电气设备 |
| 浙能电力 | 0.26% | 省属国资控股 | 公用事业 |
| 四维图新 | 1.76% | 其他 | 计算机 |
| TCL集团 | 0.39% | 其他 | 家用电器 |
| 伊利股份 | 16.72% | 民营企业 | 食品饮料 |
| 木林森 | 5.43% | 民营企业 | 电子 |
| 宋城演艺 | 13.08% | 民营企业 | 休闲服务 |
| 小天鹅A | 12.91% | 民营企业 | 家用电器 |
| 生物股份 | 10.40% | 民营企业 | 农林牧渔 |
| 美的集团 | 9.14% | 民营企业 | 家用电器 |
| 爱尔眼科 | 9.13% | 民营企业 | 医药生物 |
| 科伦药业 | 8.92% | 民营企业 | 医药生物 |
| 桐昆股份 | 8.70% | 民营企业 | 化工 |
| 三一重工 | 7.01% | 民营企业 | 机械设备 |
| 伟星新材 | 6.49% | 民营企业 | 建筑材料 |

(续表)

| 证券名称 | 机构持股比例 | 企业性质 | 申万一级行业 |
|---|---|---|---|
| 通威股份 | 6.16% | 民营企业 | 农林牧渔 |
| 旗滨集团 | 5.28% | 民营企业 | 建筑材料 |
| 永辉超市 | 5.17% | 民营企业 | 商业贸易 |
| 恒逸石化 | 5.08% | 民营企业 | 化工 |
| 伟星股份 | 4.60% | 民营企业 | 纺织服装 |
| 鲁泰A | 3.96% | 民营企业 | 纺织服装 |
| 东华能源 | 3.52% | 民营企业 | 化工 |
| 新奥股份 | 2.32% | 民营企业 | 公用事业 |
| 温氏股份 | 2.11% | 民营企业 | 农林牧渔 |
| 山鹰纸业 | 1.90% | 民营企业 | 轻工制造 |
| 迪瑞医疗 | 1.51% | 民营企业 | 医药生物 |
| 塔牌集团 | 0.51% | 民营企业 | 建筑材料 |
| 伟明环保 | 0.00% | 民营企业 | 公用事业 |
| 康弘药业 | 0.00% | 民营企业 | 医药生物 |
| 国光股份 | 0.00% | 民营企业 | 化工 |
| 横店东磁 | 4.38% | 集体企业 | 电子 |
| 中炬高新 | 36.26% | 地市国资控股 | 食品饮料 |
| 山东药玻 | 15.90% | 地市国资控股 | 医药生物 |
| 涪陵榨菜 | 15.34% | 地市国资控股 | 食品饮料 |
| 安琪酵母 | 9.95% | 地市国资控股 | 农林牧渔 |
| 紫金矿业 | 8.49% | 地市国资控股 | 有色金属 |
| 洋河股份 | 5.27% | 地市国资控股 | 食品饮料 |
| 青岛啤酒 | 4.38% | 地市国资控股 | 食品饮料 |
| 瀚蓝环境 | 2.88% | 地市国资控股 | 公用事业 |
| 鲁西化工 | 2.73% | 地市国资控股 | 化工 |
| 广州发展 | 1.53% | 地市国资控股 | 公用事业 |
| 深高速 | 0.81% | 地市国资控股 | 交通运输 |
| 洪城水业 | 0.80% | 地市国资控股 | 公用事业 |

(续表)

| 证券名称 | 机构持股比例 | 企业性质 | 申万一级行业 |
|---|---|---|---|
| 深圳燃气 | 0.57% | 地市国资控股 | 公用事业 |
| 东方市场 | 0.00% | 地市国资控股 | 公用事业 |
| 兴发集团 | 0.00% | 地方国资控股 | 化工 |

表5.1是按照不同企业性质下投资机构持股比例排序的。需要强调的是,出现在表格中的公司并不代表它的基本面非常稳妥,如果要选取投资标的,请务必全方位考察,毕竟股市有风险,投资需谨慎,这绝不止一句口号这么简单。这个指标只是用来对公司的现金流量情况做初步筛选,并不能作为投资参考。我们之前在基本面分析时也提过不少验证方法,比如销售商品、提供劳务收到的现金和营业收入的关系(天虹控股)、应付账款和预收账款的关系(格力电器、美的集团)等。数字是冰冷的,但解读是动态的。透过这些冰冷的数字,我们就能看到公司的财务特征和商业模式,与行业变迁结合起来看,就是一个个生动的故事。就像前面提到的,在盈利中破产的公司其实比想象的多,数据一定要灵活运用,不仅要关注利润的数量,更要关注利润的质量。

## 5.2 投资活动产生的现金流量

投资活动本身包括企业固定资产、无形资产相关非流动资产的购建及维护,以及企业为了投资收益而做出的短期投资、长期债权投资、长期股权投资和其他相关活动。投资活动产生的现金流量主要用来衡量企业投资活动中的现金流入和现金流出。投资活动产生的现金流量为负,说明企业主要对外投资,花钱扩张;为正,则说明企业可能规模收紧,投资增速放缓。该部分主要是看企业的投资规模大小和投资战略走向。

### 5.2.1 收回投资收到的现金

**定义**

收回投资收到的现金反映的是企业出售、转让或者到期收回除现金等价物以外的短期投资、长期股权投资而收到的现金;以及收回长期债权投资本金而收到的现金;不包括长期债券投资收回的利息及收回的非现金资产。

## 5.2.2 取得投资收益收到的现金

**定义**

该科目是指企业对外投资收到的现金股利或利息。例如,上市公司收到的现金分红、债券利息等。

## 5.2.3 处置固定资产、无形资产和其他长期资产收回的现金净额

**定义**

该科目是指资产售出的所得减去费用后得到的现金流入净额。例如,出售机器设备、转让专利权等收回的现金净额。

## 5.2.4 购建固定资产、无形资产和其他长期资产支付的现金

**定义**

该科目是指企业购买资产或者自建资产支付的现金,这一科目主要与固定资产、无形资产相关。

**科目详解**

这部分现金流出主要描述了企业投资于机器设备、厂房、建筑物等长期资产而支付的现金。需要注意的是,有些固定资产在购买时以分期付款的形式支付,首付计入该科目,之后每一期的现金支出都计入其他与筹资活动有关的现金支出。该科目与下面的"取得子公司及其他营业单位支付的现金净额"一样,都是企业主要投资现金的流出途径。该科目的现金流变化可以与资产负债表中对应的固定资产、无形资产进行比对,看当期企业有没有大幅购买固定资产,是否表现出扩张意图。盾安环境的固定资产,在建工程,无形资产,购建固定资产、无形资产和其他长期资产支付的现金等科目就值得深入研究。

 **例 5.4**

### 盾安环境:异常的固定资产与无形资产

从图1中可以看出,2014年一季报—2018年一季报,盾安环境的固定资产从11.76亿元增至17.33亿元,无形资产从22.40亿元增至41.10亿元,大量资金消耗在购建固定资产和无形资产上。需要注意的是,公司2014年现金流量表显示,购建

固定资产、无形资产和其他长期资产支付的现金显著小于当年购置的无形资产金额，公司2014年购建固定资产、无形资产和其他资产支付的现金为9.85亿元，但是无形资产从22.17亿元上升至34.31亿元，增加了12.14亿元，固定资产从11.89亿元上升至15.11亿元，增加了3.22亿元，2014年当年有约6亿元（12.14+3.22-9.85=5.51）的差值。

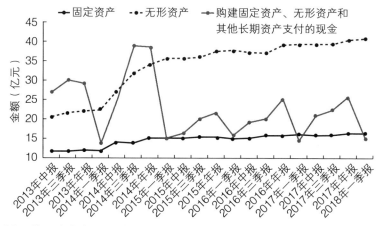

**图1　盾安环境固定资产，无形资产及购建固定资产、无形资产和其他长期资产支付的现金**

虽然盾安环境的总资产规模，尤其是固定资产与无形资产规模快速增加，但当季营业收入在2014—2016年并没有发生太大的变化；在2017年当季营业收入出现爆发式增长的同时，应付票据和应收票据也伴随着营业收入不断增加。应付票据从2013年年报的7.57亿元上升至2017年年报的24.30亿元，应收票据从2013年年报的5.21亿元上升至2017年年报的17.55亿元（见图2），具有很强的正相关关系。

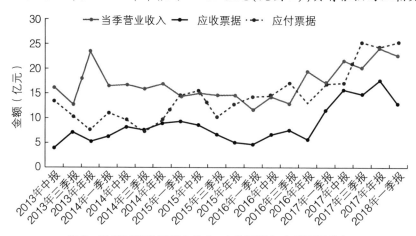

**图2　盾安环境当季营业收入、应收票据与应付票据分析**

根据年报，公司 2015—2017 年连续 3 年应付票据（年初数+半年数）大于现金流量表年末购买商品、接受劳务支付的现金（见表 1）。据此推测，盾安环境的应付票据不仅用于材料采购支付结算，也有可能形成非流动资产（考虑票据结算最长不超过 6 个月，应付票据的年初数和半年数在年末均应兑付）。

表 1  盾安环境 2015—2017 年相关财务数据    单位：元

|  | 2017 年年报 | 2016 年年报 | 2015 年年报 |
| --- | --- | --- | --- |
| 购买商品、接受劳务支付的现金 | 2 626 573 820.96 | 1 317 001 587.26 | 1 968 297 359.91 |
| 应付票据（年初数+半年数） | 3 014 697 850.71 | 2 708 552 380.35 | 2 492 340 177.59 |
| 差额 | -388 124 029.75 | -1 391 550 793.09 | -524 042 817.66 |

根据 2016 年财务报告，期末公司已背书或贴现且在资产负债表日尚未到期的应收票据为 3 702 350 207.11 元。

## 5.2.5  投资支付的现金

**定义**

投资支付的现金是我们关注的另一个科目，它主要包括权益性投资所支付的现金及债权性投资所支付的现金。权益性投资所支付的现金包括企业取得除现金等价物以外的短期股票投资、长期股权投资支付的现金，以及支付的佣金、手续费等附加费用。债权性投资所支付的现金主要来自长期债权投资，长期债权投资又可按照投资对象分为债券投资和其他债权投资。债券投资是指企业购入并准备在较长时期内（一年以上）持有的各种债券，如国债、公司债券等；其他债权投资是指除债券投资以外属于债权性质的投资，如委托贷款等。

  **案例分析**

**美年健康：医生没死，市值还能抢救一下吗？**

美年健康有大把投资，体现在财务报表上就是投资活动现金流的大量流出（见图 1）。

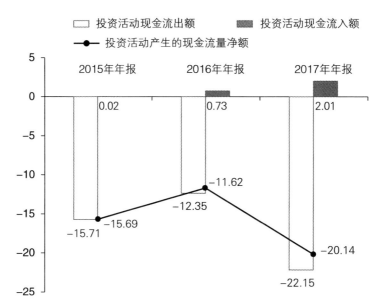

图 1　美年健康投资活动现金流分析

2017年公司投资活动现金净流出20.14亿元，经营活动挣的钱还不够投资支出，得靠融资顶着。

公司的资金压力直接体现在资产负债率上。这几年，公司资产负债率一直在上升，截至2018年一季度，资产负债率已经达到46.63%，扣除商誉后的资产负债率也已经达到68.39%（见图2）。

公司终于用钱打下了民营体检的半壁江山，但是大量并购留下的后遗症之一便是过高的商誉，公司仅2017年收购慈铭体检形成的商誉就高达28.63亿元。商誉这东西，看不见、摸不着，并购时你认为标的越值钱，商誉就越多，直到有一天你发现标的不值这个钱了，这些商誉就要从账上一笔勾销（计提损失）。

公司账上40.46亿元（2017年年报）的商誉就是高悬在其头顶上的达摩克利斯之剑。公司至今从未计提过减值准备，大概是认为并购时多花的钱仍然花得很值吧。这些都是公司真金白银的利润，每年公司要达到一定的业绩承诺，只要有一环没接上，巨额的商誉就会面临减值，给公司的资产和利润带来重创。

公司的合并财务报表中还有一个特别有意思的地方，在公司净利润逐年递增的同时，归母净利润占总净利润的比重却在逐年下降（见图3）。这就是公司的利润蛋糕做大了，但分给股东的比例越来越小了。

第 5 章　现金为王，财报里的公司生命线

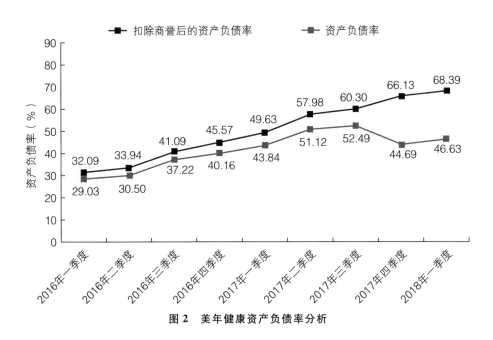

图 2　美年健康资产负债率分析

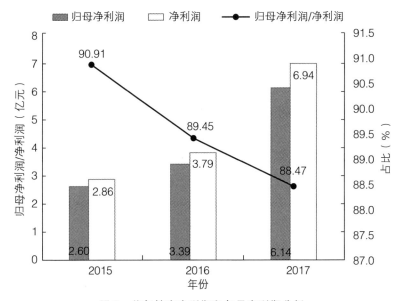

图 3　美年健康净利润和归母净利润分析

## 5.2.6 取得子公司及其他营业单位支付的现金净额

**定义**

该科目是指收购公司或者业务部门支付的现金,减去所收购公司或业务部门账上的现金得到的净额。

## 5.2.7 综合分析

我们可以通过查看报表的细节信息,分析企业投资活动的走向,看企业的投资行为与其能力是否匹配、投资对象是否足够优质。如果企业的摊子铺得太大,而面面俱到又难以维持,则很容易全面崩盘。过去几年国内实业经营困难,很多上市公司在投资收益上打起了歪脑筋。可以发现,过去三年间,有大量上市公司出现了持续的巨量投资活动现金流出,而仔细看其投资收益,又会发现回报率非常低,甚至赶不上银行存款。个别上市公司选择外延并购的方式进行产业链延伸或者转型,在对赌业绩期内业绩尚可,但是当业绩期锁定到期之后,业绩往往会快速下滑,对普通投资者造成了巨大的困扰。A股市场上通过投资收益来平滑公司整体业绩波动是上市公司惯常的操作手法。上市公司经营状况良好时,会提前入股一些投资合伙的企业或者子公司;等到年景不好时,神秘的白衣骑士将这些早年投资的企业买走,为公司带来巨额的投资收益,让报表变得好看,以避免被ST的命运。

但这并不意味着我们关注不到这一块的风险,通过与利润表中投资收益的联动分析,结合上市公司过去几年的投资支出,我们可以得到上市公司的投资回报率,通过进一步分析投资回报率,我们可以知道上市公司的投资眼光。比如,天宸股份近几年在主业上没有任何作为,但是凭借早年在股权投资方面的布局,成功地成为绿地控股的重要股东之一,每年的分红支撑了公司的全部利润。A股市场上有些传统制造业企业通过买买买,成功地实现了产业链延伸和竞争力提升,但是更多的上市公司是在投资活动中安排了利益输送,侵占了上市公司的权益,为财务调节留出了空间。

要想识别与投资活动相关的财务风险,可以重点关注购买固定资产、无形资产和其他长期资产支付的现金与经营活动产生的现金流量净额。当经营活动产生的现金不足以完全支撑上市公司规模的扩张时,那公司就只能靠向外借钱。所以需要关注上市公司所购置资产的具体情况,如果这些资产不是什么优质资产,则要警惕上市公司营业收入和利润造假。有个别上市公司就是通过关联方在体外营造资金循环,通过投资活动将公司大量的资金引入体外,在体外形成资金循环,进而再返回给公司的经营活动,形成一个自己输血、不断营造利润的过程。要想识别这种模式,首先需要关注上市公司过去是否存在持续不断的投资支出,尤其是对子公司、联营公司的投资支出;其次需要关注投资获得的收益是否满足了基本的回报要求,比如银行定期存款利率。如果上市公司投资活动的现金流出持续大于经营活动的现金流入,同时公司又持续不断地在二级市场融资,那么就一定要警惕公司资金链断裂和财务舞弊的风险。

此外,如果投资活动产生了大量的现金流入,则需要关注这部分现金流入是否来自资产的出售,尤其是一次性的资产出售,因为大部分资产出售行为都是对公司固有家底的损耗。一般来说,上市公司对出售自身持有的资产都是相对避讳的,除非发生重大的产业布局调整。如果上市公司短期内对自身持有的资产进行了大动作的重新布局,则可能是有了战略转型的打算,或者是公司面临危机需要靠变卖家产支撑。

 **例 5.5**

**昆仑万维:疯狂投资项目的游戏公司**

昆仑万维是中国一家较大的游戏公司,在过去几年对外投资非常多,趣分期、映客、快看文化等都是公司投资的标的。那么多的投资项目必定使得公司的投资活动现金流大把流出,图1是近几年公司的投资活动现金流分析。

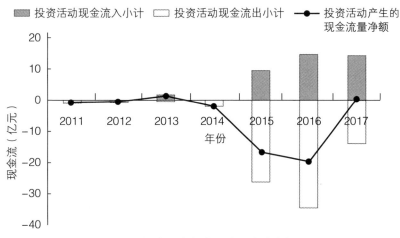

**图1 昆仑万维投资活动现金流分析**

## 5.3 筹资活动产生的现金流量

筹资活动产生的现金流量是指导致企业资本及债务的规模和构成发生变化的活动所产生的现金流量。筹资活动又可进一步分为权益性筹资(发行股票筹资)和债务性筹资(借款)。债务性筹资的利率是企业信用评级的体现,利率较低,说明借款人比较信任企业。投资者需要对高借款利率的企业保持警惕。如果企业某一期筹资活动现金流突然增多,则需要从其他信息验证企业是不是要扩大自身规模。

### 5.3.1 吸收投资收到的现金

定义

吸收投资收到的现金是指发行股票的现金收入减去发行费用后收到的现金。企业股权融资收到的现金将计入该科目,包括:企业上市前的各轮融资,企业IPO的融资,企业上市后的定向增发及配股。

### 5.3.2 取得借款收到的现金

定义

取得借款收到的现金是指企业举借各类长短期借款所收到的现金。该科目与资产负债表中的有息负债等科目相关联。

### 5.3.3 发行债券收到的现金

定义

发行债券收到的现金是指发行债券的现金收入减去发行费用后收到的现金。该科目与资产负债表中的应付债券等科目相关联,如果企业当期应付债券较上期增加,则发行债券收到的现金也会相应增加。

### 5.3.4 收到其他与筹资活动有关的现金

定义

收到其他与筹资活动有关的现金是指除上述科目外,企业收到的其他与筹资活动有关的现金,如接受的现金捐赠。

### 5.3.5 综合分析

筹资活动产生的现金流量是企业在正常经营活动造血之外最重要的资金来源。能够低成本地融资,拥有相对丰富的融资渠道,是大部分企业家努力将公司送入资本市场的重要原因。国内的上市公司有着巨大的便利,不仅可以从银行拿到大量的低息借款,而且可以通过股权质押的形式获取资金的融通,可以说上市本身就是真真切切的"鲤鱼跃龙门"。这些年出事的民营企业龙头,每个都会向地方政府求援,向对应的金融机构求援,其实是滥用了国内上市公司相对便利的信用环境。相较于那些没有上市的或者不能上市的企业,上市公司的融资渠道真的是太多了。

借钱不容易,还钱更难。企业能够借到的钱,如果持续小于需要归还的钱,则企业就会陷入资金"塌缩"的恶性循环。因为固定资产投资有对应的周期,如果短钱长用,那么就会给企业的期限管理带来巨大的问题。短钱是说企业拿到的资金都是相对偏短期的借款,期限大概是 1—2 年,但是企业的投资项目可能需要 3—5 年才能实现合理的投资回报,在这个过程中,不少企业不断地加杠杆,选择融资向前推进。赶上光景好的时候,企业确实可能挣到资产价格上涨的收益,资金链压力也不大;但是一旦遇到资金链紧张和资产价格波动,短钱长用就是悬在企业头上的一把尖刀。企业陷入危机导致信用下降,债主急于收回借款不愿意再进一步借钱给企业,恶性循环很难破除,这也就有了民营企业一出事便纷纷向地方政府和金融机构求援的情况。

一些企业并不急于借钱,而且积极偿还债务,没有有息负债或保持极低的有息负债。这些企业一般都是成熟期的"现金奶牛",手头的主营业务已经不再能容纳更多的资本开支,或者市场容量已经到了渗透率很高的程度,大笔投入已经不能换来足够优秀的回报,企业的理性选择就是逐步降低债务水平,等待新的业务发展机会。

在支付其他与筹资活动有关的现金的明细中,可以检查企业是否为了筹资支付了高于正常情况的利息或中间费用。

民营体检曾经有三大巨头:老大爱康国宾、老二美年健康、老三慈铭体检。美年健康趁着慈铭体检 IPO 不利出手收购,磕磕绊绊终于在 2017 年完成收购,并借此一举跃居行业龙头,把曾经的王者爱康国宾甩在身后,还借此搭建出自己的竞争壁垒——大。大到民营体检的半壁江山都是它的;大到体检数据能够积累到海量从而具备统计意义。只有大,公司才能承接平安集团和富士康这种跨地域定制化的大集团业务;只有大,公司才能在资金和时间两个维度上建立难以复制的护城河。

资金和时间如何营造壁垒？对于美年健康这种平台型连锁公司而言，需要在各地铺点、建设足够多的体检中心、购买足够多的设备、配备足够多的人员，这些行动都需要大把的钱。体检中心建好后，又需要运营足够长的时间才能成气候。在美年健康的扩张进程中，第一步建设体检中心和第二步培育体检中心都在并购过程中完成了，这样资金和时间两个必要条件就转化成了一个——钱。

同样面临投资现金流缺口的还有永泰能源。

 例 5.6

### 永泰能源：投资现金流缺口

永泰能源近几年都是靠对外扩张收购实现的发展，这必定会导致非常大的投资支出。图 1 是公司 2012—2017 年的现金流量净额分析，可以看到公司要从经营和筹资两方面动手才能勉强支撑投资支出。但公司经营活动制造现金的能力不够，公司扩张又太快，投资步伐迈得太大，导致资金链相当紧张。

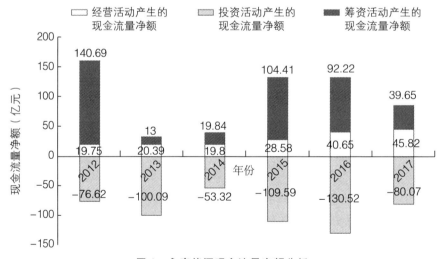

图 1 永泰能源现金流量净额分析

## 5.4 现金流量表综合分析

有进有出，来去有序。经营活动、投资活动、筹资活动都是为企业的经营发展服务的。企业在不同阶段会有不同的现金流策略,既不应该单方面持续流出,又不应该单方面持续流入,资金的沉淀与消耗都蕴含着一家企业发展的逻辑。为了扩大规模而背负杠杆,为了稳健经营而降低杠杆,为了跨界转型而积极筹资与投资,运用常识可以识别、判断现金流量表的大部分异常。

企业经营稳健,持续有现金流入,但是不对外投资,可能反映了企业管理效率低下;企业手头有钱,但仍然尝试从外部筹资,可能说明了企业的资金状况不如想象的那么稳健。企业大举提升财务杠杆,将资金囤积起来引而不发,投资者可以从多方面收集信息,来看企业是否有并购的意图。如果没有任何迹象表明企业想进行大规模对内、对外投资,但是企业账上列示着巨量的资金,那么就多多关注利益相关方是否侵占了企业利益,在做体系内的腾挪。

如果一家企业经营活动现金流入、筹资活动现金流入、投资活动现金流出金额巨大,则说明这家企业在利用经营和对外筹资得来的钱投入规模扩张。对于投资者而言,首要关心的就是这种规模扩张的前景究竟如何。此时需要仔细收集、研读相关信息,结合资产负债表判断企业正常的经营活动现金流入能否在支持大规模投资的同时,保证偿债能力。年报中还会有其他信息甚至新闻,能辅助投资者对企业的扩张前景做出估算。很多企业都后继乏力,死于欠债与资金链断裂。另外需要关注的是,企业是否通过投资活动,在体外构造资金循环,反哺自己的经营活动现金流,进行利益输送和利润操纵。

投资活动现金流入,说明企业过去的投资有所收获,或者是变卖资产获得收入,具体情况均能在财务报表附注中找到解释。筹资活动现金流出,可能是企业偿还债务,也可能是企业回报股东。如果投资活动和经营活动的现金流入足以覆盖筹资活动的现金流出,则说明企业的资金循环在经营活动、投资活动、筹资活动中有比较好的平衡。

如果一家企业经营活动现金流入、投资活动现金流出、筹资活动现金流出,则说明这家企业现金流十分强劲,正常经营活动的现金流入能同时支撑投资、偿还债务、回报股东而且还有余力(表现为前者多于后两者之和,并且连续几年表现如此),企业经营能力很强。这类企业是投资者一定要关注的好企业,非常符合价值投资的标准,如果碰巧遇上因市场调整而企业股价持续大跌,则很容易在底部收获牛股。回想茅台2012年的大跌,真正优秀的企业虽然也会随着市场情绪和行业变化而起伏波动,但是长期来看,机会都是跌出来的,风险都是涨出来的,只有清楚企业是否真正具有投资价值,才能为投资决策提供有利的支持。

如果一家企业经营活动现金流出、投资活动现金流入、筹资活动现金流入,则说明这家企业的主营业务出现了比较大的风险,需要重点关注企业是否陷入了行业困境,企业在持续失血。一般来说,只要经营活动产生的现金流量净额为负,就说明企业在主营业务上入不敷出,企业的利润参考性极低,企业在补贴产业链。如果企业遭遇了突发的行业寒冬,那么就要关注行业风险;如果企业个体遇到了经营不善,那么就要关注企业是否会因现金流恶化而长期一蹶不振。在此前提下,投资活动和筹资活动还有现金流入算是较好的情形,说明企业还能筹集到资金。但需要区分投资收益从哪儿来,如果是靠大量变卖资产获得现金流入,则不可持续。一时腾挪不会改变企业悲观的情形,要及时躲避现金流恶化的企业。

如果一家企业在经营活动现金流出的情况下,还遇到了筹资活动现金流出,则说明这家企业的资金链压力非常大,特别容易断裂,此时需要仔细思考商业活动的本质。参考乐视,经营活动造血能力有限,持续失血,一旦遇到债权人上门,就很容易满盘皆输。如果一家企业经营活动现金流出、筹资活动现金流入,则说明这家企业经营惨淡但是融资渠道尚还通畅,此时投资者千万不要心存幻想,必须重点关注行业特点、企业竞争力、政策风向等因素,判断企业的前景,看企业能否在未来翻盘。

如果一家企业经营活动现金流、投资活动现金流、筹资活动现金流全部流出,则必须高度警惕。三大板块全表现为现金流出,这是最差的情形,如果不能及时扭转,则企业肯定会迅速垮塌。一般来说,财务报表体现出这样的特征已经是财务地雷,企业离 ST 或退市不远了。

# 第 6 章
# 洞悉公司风险,避开财务地雷

## 6.1　年报怎么看？各项披露勾稽关系分析

前几章我们已经对三大表中的重要科目进行了讲解,在这一章我们串起来集中理解一下。上市公司财务报表是企业阶段经营结果的反映,是我们理解企业经营状况、商业模式的一个窗口。从本质上讲,创立企业就是以投入换回报的过程。我们要想理解一家企业的商业模式,核心就是理解其投入-产出关系。每一单生意都是"用一定量的投入来换取一定量的回报",怎样彻底地理解这句话呢？

我们经常使用的一个指标净资产收益率(ROE),其实就反映了一家企业商业模式的本质。通常大家会选择 ROE 持续在高位的企业,因为 ROE 是企业竞争力的核心体现。我们来分别看看 ROE 的分子和分母,分子是净利润,分母是净资产。

首先说分子——净利润。"净利润=收入-成本-费用",这里面的每一个细项都可以拆开来看,收入由什么构成？成本分布在哪一个环节？费用具体怎样构成？从成本视角来看,投入无非料、工、费,即原材料采购、工人工资和制造费用、期间费用等。通过关注原材料采购在期初和期末的变动,可以发现成本端的变化。当将收入和成本结合起来看时,就能观察到毛利和毛利率的波动:这两者的波动究竟是由收入端带来的,还是由成本端带来的。

从毛利和毛利率我们可以延伸到行业的比较,因为毛利和毛利率本身代表着行业门槛和竞争状态。毛利或毛利率高的产品大家都想做,但不是人人都能做;毛利或毛利率低的产品进入门槛低,大家都能做。仔细观察 A 股市场上市公司毛利和毛利率的状态,可以发现毛利或毛利率高的生意都对应着一个合理的竞争格局,毛利或毛利率低的生意同样也反映了正常商业经营的状态。从毛利和毛利率去理解一个商业模式的门槛和竞争水平,有助于我们更深刻地体会企业所从事的生意和商业本质。

其次说分母——净资产。"净资产=总资产-负债",这里面的每一个细项也都值得细细品味。如果你是一名企业家,当你创立一家企业时需要投入资本、人力、技术、点子,需要决定生产资料究竟是重资产还是轻资产、生产模式究竟是劳动密集型还是资本密集型,此外还有很多细枝末节的投入要素。投入要素一旦确定,意味着商业模式就确定了,也就意味着我们会有做生意的第一个产出——产品。

产品的出现,实际上对应企业生产经营的制造周期、库存周期。制造周期是说我们需要花多长时间,将原材料变成我们需要的产品;库存周期是说我们需要花多长时间,让产品完成销售变成钱。而在库存周期的变现过程中,由于商业信用的广泛应用,又增加了一个信用周期。

对这三个周期我们需要一个一个地看。在制造周期中,需要重点关注的就是固定资产。固定资产其实反映了企业投资的眼光和经营管理的效率。因为固定资产很可能是整个资产负债表中最难变现的科目。几百亿元的固定资产,拆开了可能就是破铜烂铁。我们在之前已经举了钢铁厂生产车间的例子:整个生产车间有巨大的价值,但是每一个细分环节拆开,其实是没有任何经济意义的。所以说固定资产实际上是企业投资眼光和经营管理效率的窗口。

在库存周期中,存货对应的是企业的生产流程和管理水平。日本人的零库存管理,其实就是在讲这个道理。极致的供应链管理将存货压到最低的水平,实际上体现出一家企业的生产流程是否先进,管理效率是否高超。

在制造周期和库存周期的基础上,我们有了产能利用的概念。产能利用就是说我们目前的生产设备究竟有没有满负荷地生产产品,我们究竟是供不应求还是供大于求。对于特别紧俏的产品来说,工人们加班加点,产能利用率甚至会大于100%;对于市场不是很欢迎的产品来说,生产线闲置、产出效率低也是很自然的。

在信用周期中,最典型的是存货销售出去了,但是资金还没有回收的状态,体现在财务报表科目中就是应收账款。应收账款是企业收入成色的试金石。经营良好的企业能够有效地管理应收账款,通过适当授信扩大经营成果。但是经营一般的企业接受大量的应收账款,实际上是在加速基本面的恶化。应收账款本身不是坏事,但是周转期极慢的应收账款是一个不好的信号。除了应收账款,在信用周期中还有货物尚未完成生产,资金就已经进账的状态,体现在财务报表科目中就是预收账款。预收账款对应了企业的产品是否具有竞争优势,预收账款是衡量一个商业模式竞争力强弱最重要的科目,教育类企业大部分现金流状况极好,竞争力强,就是因为有大量的预收账款。

当产能利用和信用周期相结合的时候,我们可以进一步去延伸投入-产出的分析。企业有了产出,就需要关注有多少应付账款;有多少应收账款;生产中需要有多少预付;要对应备货多少;在采购上集中度如何,会不会有单一供应商依赖。这里要强调一下对供应商的依赖程度,它反映了企业对上游的议价能力。而应付账款和预付账款就对应了企业的采购策略和在产业链上的议价能力。在中国,产业链上有话语权的企业,往往能够对其他人有赊购行为,反映在财务报表上就是应付账款;反之,就变成了预付账款。

除了单一科目,财务报表之间彼此还存在勾稽关系。勾稽关系是指财务报表中各科目之间存在的,可用以互相查证的相互对应、相互联系的关系,实质上反映的就是报表与报表之间,或者报表中各科目之间的内在逻辑对应关系。从这种逻辑对应关系出发检查企业的财务报表,通常可以看出报表的编制有没有出现问题。如果有矛盾冲突的地方,则要么是会计人员粗心大意、业务不精,要么是财务造假露出端倪。

常见的科目之间的勾稽关系主要有以下几种:

(1)平衡勾稽关系。资产负债表有左右两方,"资产=负债+所有者权益"是最基础的勾稽关系,也是会计人员编制资产负债表的根本原则。利润表中也有一个很重要的勾稽关系,即"收入-费用=利润"。现金流量表中最重要的一个勾稽关系,就是流入的现金减去流出的现金等于余下的现金。

(2)对应勾稽关系。根据复式记账法的要求,每项业务要在两个或两个以上相互关联的账户中用相同的金额进行登记,表明资金运动的来龙去脉。科目与科目之间的对应关系一般是固定不变的,以此为基准点也能进行勾稽检查。

(3)和差勾稽关系。报表中有些勾稽关系表现为一个项目等于其他几个项目的和或差。

(4)积商勾稽关系。报表中有些勾稽关系表现为一个项目等于其他几个项目的积或商。

(5)动静勾稽关系。资产负债表为展示企业某个时点财务状况的静态表,而现金流量表及其他一些专项资金使用记录等则为动态表。动态的变化最终都会体现在静态表的数字积累上,由此在报表之间形成了动静勾稽关系。

(6)补充勾稽关系。为了了解报表中反映的某些项目的明细核算资料和计算过程,企业可能会另设项目进行补充说明,这些可以在财务报表附注部分看到。

实际上,我们在分析时所用到的勾稽关系通常是以上多个关系的综合。总而言之,勾稽关系要求投资者深刻理解各个会计科目是如何形成的,可以说是一种从各项数字生成原理出发的财报分析工具。交叉验证是勾稽关系分析的另一种表述,A与B相关,即能从A验证到B。绝大多数科目之间的勾稽关系本书已经在前几章提及,本章主要是对这些勾稽关系的汇总,具体原理不再赘述。

### 6.1.1 利润表科目与资产负债表科目之间的勾稽关系

(1)利润表科目"资产减值损失"明细中的"坏账损失"可以与资产类科目"应收账款""其他应收款"附注中的"本期计提坏账准备"之和进行交叉验证;"资产减值损失"明细中的"减值损失"可以与"存货""固定资产""无形资产""商誉"等相关资产类科目的减值准备计提之和进行交叉验证。

一般来说,坏账损失=应收账款坏账准备+其他应收款坏账准备-当期收回或转回的坏账准备。等式右边第三项"当期收回或转回的坏账准备"表示在以前已经对此应收款项计提坏账,但在当期收回了这部分款项,故需要对坏账准备进行转回。当转回的坏账准备大于计提的坏账准备时,坏账损失为负值。

 **例6.1**

**海螺水泥:坏账损失为负**

根据2017年年报,海螺水泥有11 504元的其他应收款转回。由于海螺水泥的回款能力非常强,公司仅对账龄为5年以上的应收账款和其他应收款计提坏账准备。2017年公司没有新增5年以上账龄的应收账款与其他应收款,即计提的坏账准备为0,故公司2017年资产减值损失中,坏账损失为-11 504元。

(2)资产类科目"固定资产"和"投资性房地产"附注中的"本期折旧计提以及无形资产摊销计提"之和可以与利润表科目"营业成本""销售费用"及"管理费用"中的"折旧摊销"明细项目之和进行交叉验证。

固定资产需要依据其折旧年限计提折旧,无形资产也需要进行摊销,折旧和摊销的目的是将购买某些资产的成本平均分摊到其使用年限,使企业不会因购买资产而出现非常大的利润波动。这些固定资产折旧和无形资产摊销依据其本身的用处不同,将被分别计入当期营业成本、销售费用及管理费用中,即可以得到等式:固定资产折旧+无形资产摊销=营业成本摊销折旧+销售费用摊销折旧+管理费用摊销折旧。在资产负债表中,投资性房地产大部分以公允价值计量。但是如果投资性房地产以成本计量,那么这个科目也需要计提折旧。此时,等式的左边就要再加上"投资性房地产折旧"这一项。

(3)"资本化研发支出"的本年增加额与"管理费用"明细中的研发费用之和可以与年报中"管理层讨论与分析"部分"研发投入"下的"研发投入金额"进行交叉验证,且资本化研发支出可以与该部分中的"研发投入资本化的金额"进行交叉验证。

企业的研发支出可以费用化和资本化,那么可以得到等式:当期研发投入=资本化研发支出增加额+管理费用明细中的研发费用。

(4)负债类科目"应付职工薪酬"的附注可以与利润表相关成本费用科目明细中的"职工薪酬"进行交叉验证。

在会计处理上,职工薪酬一般会出现在"存货""营业成本""销售费用""管理费用"及资本化的"研发支出"(适用于配置研发人员且当期研发支出符合资本化条件的上市公司)等科目中。在上市公司标准化的财务报表披露中,"应付职工薪酬"附注的第一项就是"应付职工薪酬列示",要披露该账户的期初余额、本期增加、本期减少和期末余额。本期增加即可看作本期发生的总体职工薪酬。如果是非制造业且不含研发支出的企业,那么总体职工薪酬即等于营业成本、销售费用和管理费用明细中的职工薪酬之和。如果是制造业企业,或者是包含研发支出的企业,那么可以反向倒推出除费用化部分外资本化的人工成本,从而对比企业的员工数量检验人均工资的合理性。

(5)根据资产负债表中的"短期投资""长期投资"复核、匡算利润表中"投资收益"的合理性。如关注是否存在前期与当期资产负债表中没有投资项目而利润表中列有投资收益,以及投资收益远超投资项目本金等异常情况。但也并不是说投资收益远超投资项目本金就一定是有问题的,也有可能是企业投资项目确实取得了非凡的回报,当我们遇到这种情况时更需要具体分析。

(6)资产负债表中的"递延所得税资产/负债"可以与利润表科目"递延所得税费用"进行交叉验证。递延所得税资产/负债本身就是由于企业会计和税务计算所得税的差异而形成的,它们本身就存在联系。企业利润表中"所得税"科目下存在一个子科目"所得税费用",其应满足:递延所得税费用=(期初递延所得税资产-期末递延所得税资产)+(期末递延所得税负债-期初递延所得税负债)。

### 6.1.2 现金流量表科目与资产负债表、利润表科目之间的勾稽关系

1. 经营活动产生的现金流科目

(1) "销售商品、提供劳务收到的现金"=营业收入+本期发生的增值税销项税额+(期初应收账款-期末应收账款)+(期初应收票据-期末应收票据)+(期末预收账款-期初预收账款)-销售退回支付的现金-票据贴现利息。从这项现金流的生成方式出发,该项等式会很好理解。

利润表中的"营业收入"、现金流量表中的"销售商品、提供劳务收到的现金"、资产负债表中的"应收账款"等科目之间存在勾稽关系,可以简单估算:营业收入×(1+16%)=销售商品、提供劳务收到的现金+应收账款增量+应收票据增量-预收账款增量。其中,16%为当前的增值税税率,若增值税税率变动则此项系数同样需要调整。

**例 6.2**

**浙江龙盛:应收票据支付货款**

2017年浙江龙盛销售商品、提供劳务收到的现金为129.77亿元,营业收入为151.01亿元,若按照上述等式简单估算,会发现"右"(上述等式的右边科目)=123.45亿元,远低于营业收入151.01亿元×(1+17%)=176.68亿元(2017年增值税税率仍为17%)。

我们从年报中发现了两个特殊事项:①公司有13.91亿元的银行承兑汇票终止确认,这部分银行承兑汇票从应收票据中调整,根据不同的终止确认方式(贴现或背书)记录到银行存款(货币资金)或原材料(存货)中;②公司将38.84亿元的商业汇票通过背书的方式转让给供应商支付货款及长期资产购置款,而这部分没有涉及现金流量。若我们将以上两点考虑进去,则"右"+13.91亿元+38.84亿元=176.20亿元,与176.68亿元接近。

(2) 生产企业的"购买商品、接受劳务支付的现金"=营业成本+本期发生的增值税进项税额+(期末存货-期初存货)-当期列入生产成本、制造费用的工资及福利

费、折旧及非现金支出+(期初应付账款-期末应付账款)+(期初应付票据-期末应付票据)+(期末预付账款-期初预付账款)。

利润表中的"主营业务成本"、现金流量表中的"购买商品、接受劳务支付现金"、资产负债表中的"应付账款"等科目之间存在勾稽关系,可以简单估算:购买商品、接受劳务支付的现金≈(主营业务成本+其他业务成本+存货增加额)×(1+13%)+预付账款增加额-应付账款增加额-应付票据增加额。

(3)负债类科目"应付职工薪酬"的附注可以与现金流量表科目"支付给职工以及为职工支付的现金"进行交叉验证。

前面提到,"应付职工薪酬"附注的第一项为"应付职工薪酬列示",其中有该账户的期初余额、本期增加、本期减少和期末余额。一般情况下,本期减少应该与现金流量表中的"支付给职工以及为职工支付的现金"完全一致。如果两者之间有差额,则可能是企业核销了计提的工资。

2. 投资活动产生的现金流科目

(1)现金流量表科目"取得投资收益收到的现金"可以与资产类科目"长期股权投资"、利润表科目"投资收益"及相关附注信息进行交叉验证。"投资收益"中除非收现的投资收益外,例如联营、合营投资按权益份额确认的投资收益(这部分金额可以在"长期股权投资"的附注中查到)、股权性投资或者债权性投资已宣告但尚未收到的现金股利或现金利息等,其余收现部分的投资收益应能够与"取得投资收益所收到的现金"交叉验证。

(2)现金流量表科目"处置固定资产、无形资产和其他长期资产收回的现金净额"一般情况下可以与利润表科目"营业外收入——非流动资产处置利得"或"资产处置收益"的收现部分进行交叉验证。但有时上市公司处置长期资产会导致亏损(计入损益类科目"营业外支出——非流动资产处置损失"或"资产处置损益"),并导致现金净流出,此时该现金净流出会计入"支付的其他与投资活动有关的现金";除非上市公司没有"支付的其他与投资活动有关的现金",否则"处置固定资产,无形资产和其他长期资产收回的现金净额"和"营业外收入——非流动资产处置利得"的相关关系并不强烈。

(3)现金流量表科目"购建固定资产、无形资产和其他长期资产支付的现金"可以与资产类科目"固定资产""无形资产""投资性房地产"各自附注中的本期"购置"增加合计进行交叉检验。需要注意的是,如果企业本期还投建了大量的在建工程和装修("长期待摊费用"),则可能会有所差异。

（4）现金流量表科目"投资支付的现金"可以与资产类科目"交易性金融资产""可供出售金融资产""其他应收款（投资支付部分）""其他流动资产（投资支付部分）""长期股权投资""长期债权性投资"等的本期增加进行交叉验证。

3. 筹资活动产生的现金流科目

（1）现金流量表科目"吸收投资收到的现金"可以与权益类科目"股本""资本公积"和"少数股东权益"及财务报表相关部分进行交叉验证：现金流量表科目"吸收投资收到的现金"是企业通过增加资本金、发行股票等方式筹集的权益性资金，一般会在上市公司财务报表的"重要事项"和"股份变动及股东情况"两个部分中披露，同时也会在所有者权益变动表中的"股本""资本公积"等科目中体现。如果是子公司吸收的少数股权增资，则可能不会在这两个科目中披露，但会在合并所有者权益变动表中的"少数股东权益"科目中有所体现。

（2）现金流量表科目"取得借款收到的现金""偿还债务支付的现金"可以与负债类科目中各项有息负债的期初、期末数进行交叉验证：有息负债期初合计+本期"取得借款收到的现金"-本期"偿还债务支付的现金"=有息负债期末合计。

（3）现金流量表科目"收到的其他与筹资活动有关的现金"可以与权益类科目"其他资本公积"进行交叉验证。如果金额较大，则财务报表相关附注也会有所提及。"支付的其他与筹资活动有关的现金"同理。

（4）现金流量表科目"分配股利、利润或偿付利息支付的现金"可以与负债类科目"应付利息"、利润表科目"利息费用"及财务报表附注进行交叉验证："分配股利、利润或偿付利息支付的现金"其实是好几项筹资活动的加计。分别来看：①"企业偿付利息支付的现金"。企业一般是按照"计提→偿付"的模式偿付利息的，因此"企业偿付利息支付的现金"是可以通过"应付利息期初余额+本期利息费用-应付利息期末余额"进行交叉验证的。②"分配股利、利润支付的现金"。如果是上市公司自己发放股利，则需要公示分配方案并经过股东大会批准，因此可以在公司财务报表的"重要事项"部分中找到相关阐述；如果是上市公司旗下的子公司分配利润，则会在所有者权益变动表中的"未分配利润"科目中有所体现。

4. 现金及现金等价物净增加额

现金流量表中的"现金及现金等价物净增加额"一般和资产负债表中"货币资金"期末数与期初数之差相等，前提是企业不存在现金等价物。同理，现金流量表中的"期初现金及现金等价物余额""期末现金及现金等价物余额"就分别等于资产负债表中"货币资金"的期初余额、期末余额。

## 6.1.3 财务报表附注"现金流量表补充资料"中的科目与资产负债表、现金流量表科目之间的勾稽关系

该部分关注的是财务报表附注"现金流量表补充资料"中的科目,可以说是补充勾稽关系与动静勾稽关系的结合。"现金流量表补充资料"中第一项就是"将净利润调节为经营活动现金流量",即从净利润出发,得到经营活动产生的现金流量净额。这里面有几个要点值得投资者关注:

(1)"资产减值准备"可以与"应收账款""其他应收款""预付账款""存货""固定资产""无形资产""商誉"等相关资产类科目的减值准备进行交叉验证。在前面介绍这些资产类科目时都提到,出于这些科目的自身性质,总会有各种原因导致资产减值,企业必须针对各类情况及时计提减值准备,各个项目的减值准备会汇总到"现金流量表补充资料"中的"资产减值准备"。如果投资者认为企业的资产减值准备过高或过低,则在做出判断前不妨先对减值准备的来源做个交叉验证。

(2)"固定资产折旧"和"无形资产摊销"可以分别与"固定资产"附注中的"折旧计提"和"无形资产"附注中的"摊销计提"进行交叉验证。原理基本同上,主要是看数额上有没有一一对应。

(3)"财务费用""投资损失"可以与利润表相关科目进行交叉验证。

(4)"处置固定资产、无形资产和其他长期资产的损失"可以与利润表中的"营业外支出——非流动资产处置损失"或"营业外收入——非流动资产处置利得"进行交叉验证。

(5)"递延所得税资产""存货"等资产类科目的减少可以与资产负债表相关科目期初、期末的账面价值进行交叉验证,看期初、期末的差值是否与减少量相匹配。

## 6.1.4 合并报表与母公司单体报表之间的勾稽关系

通过对合并报表和母公司单体报表进行对比,可以对一家集团的架构有一定的了解,甚至可以在某种程度上推测出集团内部的分工、运营机制、母子公司的盈利能力。合并报表的数字一般大于母公司单体报表的数字,因为合并报表将子公司的各项资产、负债都合并了进来。但是如果出现越合并越小的情况,则说明母子公司之间进行了很多内部交易,子公司的对外交易并没有大过内部交易的抵销数额。例如,上市公司的营业成本越合并越小,表明它将子公司作为分销渠道;长期股权投资

越合并越小,表明子公司没有参股投资太多的联营、合营企业,主要是母公司层面在进行此类操作;其他应收款合并越小,说明集团内部的资金主要是由母公司集中管理,在子公司需要时才进行调度分配,这样操作的好处主要是以集团出面筹措外部资金更为容易,且资金成本更低,但这也容易导致子公司无息占用集团资金,损害集团股东利益。

通过对比合并报表和母公司单体报表,我们可以进一步挖掘企业的核心业务处于哪个主体中。如果企业突然设立子公司跨界经营业务,且数据较为异常,那么我们一定要留心。

 **例6.3**

**鸿特科技:小小的公司大大的利润**

鸿特科技是2017年A股市场中涨幅最大的股票,公司的主营业务是铝合金压铸件。公司在2017年2月22日设立了三家子公司开展互金业务,这三家子公司的业务均只与团贷网合作,合作的模式是:鸿特科技作为助贷机构审核合格借款人并推荐给团贷网,团贷网作为平台发布借款人信息,出借人通过团贷网自主选择借款客户,鸿特科技向借款人收取服务费。这三家子公司设立的资本金仅为6 000万元,但在2017年就给母公司贡献了4.17亿元的净利润,历时仅10个月。

## 6.1.5 勾稽关系举例

(1)资产负债表中期末"未分配利润"=利润表中"净利润"+资产负债表中"未分配利润"的期初数。

(2)资产负债表中期末"应交税费"≈应交增值税(按利润表计算本期应交增值税)+应交城市维护建设税、教育费附加(按利润表计算本期应交各项税费)+应交所得税(按利润表计算本期应交所得税)。

(3)现金流量表中"支付的各项税费"(不包括耕地占用税及退回的增值税、所得税)≈利润表中"所得税费用"+"税金及附加"+"应交税费(应交增值税-已交税金)"(按利润表中营业收入计算本期各项税费)

(4)现金流量表中"收回或支付投资收到或支付的现金"≈资产负债表中"短期投资"和各项长期投资的变动数。

# 第6章 洞悉公司风险，避开财务地雷

（5）现金流量表中"取得投资收益收到的现金"≈利润表中"投资收益"本期发生额-资产负债表中"应收股利"（期末数-期初数）-"应收利息"（期末数-期初数）。

（6）现金流量表中"处置或购置固定资产、无形资产和其他资产收到或支付的现金"≈资产负债表中"固定资产"+"在建工程"+"无形资产"等其他科目变动额（增加计入收到的现金流量中，减少计入支付的现金流量中）。

## 6.2 财务指标分析

财务指标是指总结和评价企业财务状况和经营成果的分析指标。通常，我们会从四个能力指标来综合看待一家企业，包括营运能力指标、发展能力指标、偿债能力指标和盈利能力指标。这些指标本身都代表了各自的含义，不过在分析它们时请记住，指标在数值上从来没有固定的标准或者范围，一般都是具体行业具体分析，毕竟行业有各自的特征。

### 6.2.1 营运能力指标

1. 营业周期

$$营业周期 = 存货平均周转天数 + 应收账款平均周转天数$$

从定义上来看，营业周期是指从外购营业周期=存货平均周转天数+应收账款平均周转天数承担付款义务，到收回因销售商品或提供劳务而产生的应收账款的这段时间，营业周期的长短是决定企业流动资产需要量的重要因素。较短的营业周期表明企业对应收账款和存货的有效管理。之前在讲解存货和应收账款时，我们举过天虹股份的例子，它在零售行业中就有着优秀的营业周期。

从营业周期出发，还可以计算出现金周转期。现金周转期是指从购买存货支付现金到收回现金这一期间的长度，关于这个期限有个更形象的说法，叫作"缺钱周期"，因为从某种意义上来说，这代表了企业的现金有多紧张。其计算公式为：

$$现金周转期 = 营业周期 - 应付账款周转天数 = 存货平均周转天数$$
$$+ 应收账款平均周转天数 - 应付账款周转天数$$

2. 劳动生产率

$$劳动生产率 = \frac{营业收入}{平均职工人数}$$

其中，

$$平均职工人数 = \frac{期初职工人数 + 期末职工人数}{2}$$

期初、期末的职工人数可以在年报中的"公司员工情况"部分第一项"员工数量、专业构成及教育程度"中找到。劳动生产率与历史数据、同行业数据对比，既能反映职工创造的产值或能动性，又能体现企业的管理水平；此外，与跨行业对比，也能反映一定的行业特性，比如劳动生产率过高，应该考虑的是该行业并非劳动密集型行业，而很有可能是资本密集型或能源密集型行业。

3. 应收账款周转率

$$应收账款周转率 = \frac{营业收入}{平均应收账款余额}$$

其中，

$$平均应收账款余额 = \frac{应收账款余额期初数 + 应收账款余额期末数}{2}$$

注意，这里所指的"应收账款余额"不是应收账款账面价值，而是扣除应收账款坏账准备前的余额，否则会对指标有所扭曲（使用应收账款账面价值进行计算，就变成坏账准备计提越多，应收账款周转反而越快）。有些书上会将应收票据考虑进去，小组认为可以分开比较，因为票据期限一般在半年内，从这个角度对应收票据单独把握会更好。还有一个指标一般会与应收账款周转率一同出现，就是应收账款周转期或应收账款周转天数，计算公式为：

$$应收账款周转天数 = \frac{360}{应收账款周转率}$$

这两个指标一起反映了应收账款的变现速度及管理效率。应收账款周转率越高，或者应收账款周转期越短，说明企业应收账款的流动性越强，资金使用效率越高；反之，则说明企业资金使用效率低，偿债能力弱，且资金压力大。

4. 存货周转率

$$存货周转率 = \frac{营业成本}{平均存货余额}$$

其中，

$$平均存货余额 = \frac{存货余额期初数 + 存货余额期末数}{2}$$

与上面应收账款周转率计算时的注意点一样,这里所指的"存货余额"不是存货账面价值,而是扣除存货跌价准备前的余额,否则会对指标有所扭曲(使用存货账面价值进行计算,就变成存货跌价准备计提越多,存货周转反而越快)。还有一个指标一般会与存货周转率一同出现,就是存货周转期或存货周转天数,计算公式为:

$$存货周转天数 = \frac{360}{存货周转率}$$

分子上使用营业成本而不是营业收入,是因为当企业的毛利率非常高时,使用营业收入做分子也会对存货周转率产生扭曲,使得存货看起来周转得很快。存货是最重要的流动资产之一,其质量和流动性对企业的偿债能力和盈利能力影响重大。因此,这两个指标一起综合反映了企业生产经营过程中包括采购、储存、生产、销售等各个环节的存货运营效率,对企业的偿债能力和盈利能力有重大参考价值。

5. 其他运营指标

(1) 流动资产周转率

$$流动资产周转率 = \frac{营业收入}{平均流动资产总额}$$

其中,

$$平均流动资产总额 = \frac{流动资产总额期初数 + 流动资产总额期末数}{2}$$

流动资产周转率是企业一定时期内营业收入同平均流动资产总额的比率,是评价企业资产利用率的一个重要指标。

(2) 固定资产周转率

$$固定资产周转率 = \frac{营业收入}{平均固定资产总额}$$

其中,

$$平均固定资产总额 = \frac{固定资产总额期初数 + 固定资产总额期末数}{2}$$

固定资产周转率也称固定资产利用率,是企业一定时期内营业收入与平均固定资产总额的比率。固定资产周转天数表示在一个会计年度内,固定资产转换成现金平均需要的时间,即平均天数。固定资产的周转次数越多,则周转天数越短;周转次数越少,则周转天数越长。

(3) 总资产周转率

$$总资产周转率 = \frac{营业收入}{平均资产总额}$$

其中，

$$平均资产总额 = \frac{资产总额期初数 + 资产总额期末数}{2}$$

总资产周转率是企业一定时期内营业收入与平均资产总额的比率，它是衡量企业资产投资规模与销售水平之间配比情况的指标。运用总资产周转率分析、评价企业资产使用效率时，还要结合销售利润一起分析。总资产周转率越高，说明企业销售能力越强，资产投资的效益越好。

流动资产周转率、固定资产周转率和总资产周转率分别体现流动资产、固定资产和总资产的运营效率。

6. 销售收到的现金与营业收入对比

销售商品、提供劳务收到的现金（以下简称"现金收入"或"销售收到的现金"）与营业收入存在差值，一般是由以下几个因素造成的：一是增值税，营业收入不含增值税而现金收入包含增值税；二是赊销，赊销在没有收到现金之前，都记在"应收账款"中；三是预收账款，企业虽然提前收到销售款却没有满足销售确认条件，因此不能计入营业收入而导致两者存在差异。在这三种情况中，由于赊销经营会占用大量企业资金和资源，如果无法及时回款，则可能导致企业资金链紧张甚至断裂。因此将销售收到的现金与营业收入进行对比，无论是 $\frac{营业收入}{销售商品、提供劳务收到的现金}$ 还是 $\frac{销售商品、提供劳务收到的现金}{营业收入}$，如果两者差异太大，则说明存在问题。一个简单的对比，就是把 $\frac{销售商品、提供劳务收到的现金}{营业收入}$ 和 13% 进行比较，因为 13% 是增值税税率。比值越小，说明企业的赊销收入越高，对企业的资金占用越大，潜在风险也越大。不限于和 13% 进行比较，和其他一些行业相关的增值税税率进行比较也是可以的。另外，这项比值也可以用来衡量企业营业收入的"质量"，看营业收入究竟在多大程度上可以转化为企业周转用的现金。

关于营业收入本身的变化，也有一个销售增长指数，计算公式为：

$$销售增长指数 = \frac{本期营业收入}{上期营业收入}$$

销售增长指数可以检验营业收入是否有异常变动,企业操纵利润通常都要通过操纵营业收入实现。该增长并不意味着操纵营业收入,但增长中的企业更容易有利润操纵的动力和压力。如果这一指数大于1,则意味着企业的销售规模发生了扩张,既有研究发现,成长性强的企业可能更需要优异的财务状况以吸引投资者,所以它们有更高的利润操纵动机。而营业收入作为一个比较好的衡量企业成长性的指标,也被认为和利润操纵动机正相关。销售增长指数小于1的企业,说明其销售增长在收缩,相较于销售增长指数大于1的企业,前者通常是销售数据不太含"水分"的特征。也正因如此,通过对A股市场的历史数据进行研究发现,销售增长指数小于1的企业,由于其数据更真实,市场对其错误定价的可比性很小,所以这类企业的表现往往大于销售增长指数大于1的企业。

7. 盈利现金比率

$$盈利现金比率 = \frac{经营活动产生的现金流量净额}{净利润} \times 100\%$$

盈利现金比率是指本期经营活动产生的现金流量净额与净利润的比率。

为了将净利润与经营活动产生的现金流量净额口径调整一致,可将净利润中的投资收益和利息费用(筹资费用)剔除后再做比较。盈利现金比率越高,表明净利润的现金含量越高,可供企业支配的货币量越多,一般情况下企业的盈利质量较好。最直观的分界线就是1,盈利现金比率小于1说明企业的净利润没有产生现金沉淀。投资者需要对企业有盈利但现金流短缺的现象保持警惕,而这通常是因为企业有大量的应收账款和应收票据。

## 6.2.2 发展能力指标

1. 研发比率

$$研发比率 = \frac{研发费用}{营业收入} \times 100\%$$

研发比率的高低,在某种程度上关系到企业未来的盈利能力。科研投入越多,产出新技术、附加值高的新产品的可能性就越大。此比率在研发较为重要的行业,例如医药行业是我们关注的重点。

2. 营业收入增长率

$$营业收入增长率 = \frac{本期营业收入 - 上期营业收入}{上期营业收入} \times 100\%$$

分析时应考虑企业历年的营业收入水平和市场占有情况,营业收入增长率越高,表明市场越景气或企业的产品越受市场欢迎。

3. 资本积累率

$$资本积累率 = \frac{(期末净资产 - 期初净资产)}{期初净资产} \times 100\%$$

资本积累率也称净资产增长率,是企业当年所有者权益总的增长率,反映了企业所有者权益在当年的变动水平;体现了企业资本的积累情况,是企业发展强盛的标志,也是企业扩大再生产的源泉,展示了企业的发展潜力;反映了投资者投入企业资本的保全性和增长性,该指标越高,表明企业的资本积累越多,企业资本的保全性越强,应付风险、持续发展的能力越大。该指标若为负值,则表明企业资本受到侵蚀,所有者利益受到损害,应予以充分重视。

### 6.2.3 偿债能力指标

1. 长期偿债能力指标

(1)资产负债率/负债比率

普通的资产负债率只会告诉你用负债合计与总资产之比来衡量企业总体的杠杆使用情况,但是如果仅仅止步于此就离企业的真实偿债能力差之千里了。为了看清企业的杠杆实质,应该将企业资产中没有债权保障力的资产剔除,这类资产一般包括专用固定资产、无形资产、商誉、开发支出、长期待摊费用、递延所得税资产、预缴税金或者款项等。如果企业有承兑汇票或者信用证保证金等,则还需要剔除货币资金中的保证金(并同时剔除保证金对应的应付票据)。经过调整后的负债比率越低,说明企业的长期偿债能力越强,债权人的权益越有保证;但比率过低,表明企业对外部资金的利用不充分。比率越高,则表明企业较多地利用了外部资金,相当于提高了自有资金的收益率;但如果外部资金的主要来源是对资金偿付能力要求极高的有息负债,那么企业的资金很容易承压。同时,不同行业、不同经营阶段的企业,负债比率都有其自身的特性(见表6.1)。

表6.1 不同行业负债比率

| 行业 | 负债比率 |
| --- | --- |
| 银行及非银金融 | 80%以上 |
| 房地产、建筑装饰、公共事业、钢铁 | 60%—80% |

（续表）

| 行业 | 负债比率 |
|---|---|
| 家用电器、通信、国防军工、机械设备、化工、有色金属、电气设备、汽车等 | 40%—60% |
| 医药生物、娱乐服务、计算机、环保、综合饮料 | 低于40% |

资产负债率本身的变化也能反映一些情况。我们引入负债率增长指数（LVGI），计算公式为：

$$LVGI = \frac{本期资产负债率}{上期资产负债率}$$

LVGI用于检测企业的债务状况有无变动。如果本期负债率上升，则企业财务操纵的可能性是降低的，因为发展中的企业偏向于举债，偿债能力佳，并且将负债显示在报表上更增加了企业财务的可信度。同样，这个指数大于1意味着企业杠杆率升高，这会导致企业的财务风险增加，进而提高企业的违约风险，此时企业也更倾向于进行财务操纵，将自己的债务隐藏起来。通过对A股市场历史数据进行研究发现，LVGI上升的企业，股价表现相对于LVGI下降的企业要好。

（2）利息保障倍数

$$利息保障倍数 = \frac{息税前利润总额}{利息支出}$$

息税前利润总额=利润总额+利息支出=净利润+所得税费用+利息支出

由于利息一般是分期支付，也即利息偿付较本金偿付更为迫切，因此衡量长期偿债能力的一个重要指标，就是利润对利息的保证程度，看看企业一年赚取的息税前利润能够偿还多少次利息，这也是借入长期债务的前提和参照。

2. 短期偿债能力指标

（1）流动比率

$$流动比率 = \frac{流动资产}{流动负债} \times 100\%$$

流动比率一般在100%—200%较为适当，说明企业短期财务状况较为稳定，同时资金使用效率较高。但在使用此比率时，如果企业应收账款和存货在流动资产中占比较大，则应对应收账款、存货等科目加以关注，看是否存在应收账款账期长、存货积压多的情况。这两项资产如果回收慢、变现差，那么即使流动比率很高，也不能保证短期偿债能力较强。

（2）速动比率

$$速动比率 = \frac{速动资产}{流动负债} \times 100\%$$

速动资产是流动资产剔除变现能力较差且市场价格不稳定的存货、预付账款、一年内到期的非流动资产和其他流动资产后的资产，或者等于货币资金、交易性金融资产、应收账款、应收票据之和；流动负债则是扣除预收账款更为合适。经过调整后的速动比率一般在100%较为适当，说明企业的每1元流动负债都有1元易于变现的资产作为抵偿。比率越低，说明企业短期偿债能力越差；比率越高，说明企业短期偿债能力越强，债权人权益越有保证；但比率过高则说明企业资金占用成本较高，且需要对应收账款的账期加以关注。另外，需要注意的是速动比率较低、流动比率较高的企业，如果企业存货流转顺畅、变现能力较强，则一样可以保证流动负债的偿付能力。因此在应用此比率时，要注意具体问题具体分析。

（3）现金流动负债比率

$$现金流动负债比率 = \frac{经营活动产生的现金流量净额}{流动负债} \times 100\%$$

企业利润高不等于有足够的现金偿还债务，而通过现金流动负债比率可以直观地反映企业经营活动产生的现金流量净额偿还流动负债的实际能力。比率越高，说明企业短期偿债能力越强，债权人权益越有保证；比率越低，说明企业短期偿债能力越差。

### 6.2.4 盈利能力指标

1. 毛利率

$$毛利率 = \frac{营业收入 - 营业成本}{营业收入} \times 100\%$$

毛利率是衡量企业盈利能力的首要指标。毛利率主要由企业所处的行业决定，行业竞争激烈程度、产品所处生命周期阶段等都会对毛利率有所影响。一般企业的毛利率会维持稳定或者遵从单一趋势（例如因竞争加剧毛利率逐渐变低），如果毛利率波动较大，则说明企业很可能有人为操纵等异常行为。

进一步地，我们引入毛利率增长指数（GMI），用以检验毛利率是否有异常变化。

$$GMI = \frac{上期毛利率}{本期毛利率}$$

GMI 大于 1,意味着毛利率降低,表明企业的盈利能力出现了下滑,这会导致企业有更高的进行财务操纵的倾向。通过对 A 股市场历史数据进行研究,学者们发现 GMI 较低的企业,股价表现往往更好。

2. 净利率

$$净利率 = \frac{净利润}{营业收入} \times 100\%$$

净利率是企业获利能力的综合体现,说明企业收入 1 元钱能净赚多少钱。分析该指标时可以与毛利率进行比较,两者越接近说明企业的期间费用越低。

3. 净资产收益率

$$净资产收益率 = \frac{净利润}{平均净资产总额}$$

$$= \frac{净利润}{营业收入} \times \frac{营业收入}{平均资产总额} \times \frac{平均资产总额}{平均净资产总额}$$

$$= 净利率 \times 总资产周转率 \times 权益乘数$$

$$= 净利率 \times 总资产周转率 \times \frac{1}{1-资产负债率}$$

净资产收益率能够评价企业资本运营的综合效益、盈利能力,不受行业限制,适用范围较为广泛,是杜邦分析体系中最核心的指标,可以层层分解至每个会计科目。

对于企业的股东来说,资产周转速度越快、营业收入越多、负债比率越高,表明可以用较少的投入产生较高的收益,净资产收益率也就越高。但该指标也有一定的局限性,表现为在资产负债率很高的情况下,非但不能明显地体现出企业承担的超高财务风险,反而以较低的净利润也能放大净资产收益率,这种只偏重高净资产收益率而忽略提示风险的状态并不可持续。

## 6.3 财务舞弊与案例分析

财务舞弊听起来是一个很专业的话题,所以导致很多非专业人士看到企业财务报表就望而却步。其实辨识财务舞弊并没有想象中的那么难,也没有那么枯燥,反倒是抽丝剥茧、层层深入,充满了福尔摩斯探案般的乐趣。

本小节将会结合被证监会处罚的案例,分析财务舞弊所使用的手段及经常会使用的科目。我们会发现,上市公司的财务舞弊是一个比较好理解的问题,我们只需要了解上市公司进行财务舞弊的目的是什么,从而推测它们要动用什么特定的手段,去修改、操纵什么特定的科目。

一般而言,绝大多数上市公司希望把营业收入做大,把净利润做大,通过财务报表给市场一个正面的信息。只有极少数上市公司希望留"余粮",进行利润调节,等日子不好过时再拿出来填补账面。另外,还有一些上市公司给关联公司输送资源,假公济私。但是,这些手段万变不离其宗,我们只要紧盯着与营业收入和净利润有关的科目,就能发现端倪。

### 6.3.1 "无中生有"

"无中生有"是上市公司常见的虚增利润的手法。通过存在的或者虚构的合作公司或自然人客户,虚构合同,虚增资产,虚增营业收入。

**例 6.4**

**步森股份(涉及科目:营业收入、银行存款、应收账款)**

2014年5月,步森股份筹划重大资产重组,广西康华农业欲借壳上市。但后期查出康华农业披露的财务数据存在虚假记载,资产重组取消。

(1)重组标的虚增资产。康华农业通过虚增银行存款和虚构与客户之间的应收账款,达到虚增资产的目的。2011年虚增资产2.04亿元;2012年虚增资产3.40亿元;2013年虚增资产4.70亿元;2014年1月1日至2014年4月30日虚增资产5.03亿元。

(2)重组标的虚增营业收入。康华农业通过虚构与客户之间的销售业务,达到虚增营业收入的目的。2011年虚增营业收入1.48亿元;2012年虚增营业收入1.83亿元;2013年虚增营业收入2.38亿元;2014年1月1日至2014年4月30日虚增营业收入4 129万元。

**例 6.5**

**新大地(涉及科目:营业收入、固定资产)**

新大地在2012年4月12日预披露的招股说明书申报稿及过审稿中存在重大遗漏,且在2009—2011年年度报告中虚假记载。

(1) 虚构客户。新大地主要是通过虚构自然人客户的方式虚增销售收入,在2009—2011年的前十大客户名单中,其自然人客户的单一销售金额非常高,从数十万元至800万元不等。其中,2010年和2011年,新大地的第一大客户林昭青,三年累计实现的销售金额高达1 474万元。在新大地的招股说明书中,林昭青为一家名为"广东粤青农副产品贸易有限公司",从事茶粕、茶饼销售的企业的法人代表,但是通过多方查询,无法找到此人。

(2) 虚增固定资产。新大地2009—2011年以支付工程款的名义划款至平远县二轻建筑公司,由此形成在建工程,并最终计入固定资产项下,但平远县二轻建筑公司并未为其实施工程建造。由此,新大地2009年虚增固定资产227.68万元,2010年虚增固定资产648.73万元,2011年虚增固定资产264.5万元。

**例 6.6**

**两面针(涉及科目:营业收入、营业成本)**

2003年11—12月两面针通过虚构与上海三樱包装材料有限公司等五家企业发生的牙膏、牙刷销售业务,虚增当年销售收入和利润。2003年虚构的销售收入共计1.07亿元,占当年销售收入的18.25%,相应的虚构的合并销售成本为5 233.1万元。

**例 6.7**

**银河科技(涉及科目:营业收入、营业成本)**

2004年,银河科技及其控股子公司银河电气、银河电子、永星电子通过制作虚假出库单据、开具虚假销售发票等方式,虚构销售收入1.79亿元,虚增利润6 931.87万元,分别占2004年年度报告调整前披露的销售收入11.82亿元和利润1.53亿元的15.14%和45.10%。

**例 6.8**

**皖江物流(涉及科目:营业收入、财务费用、应收账款)**

(1) 虚构交易,虚增收入,虚增利润。2012年皖江物流子公司淮矿物流虚构其与8家公司之间的采购交易42.16亿元,虚构销售收入45.51亿元,占2012年年报收入的14.05%;2013年,虚构与福鹏系公司之间的采购交易41.25亿元,虚构与福鹏系公司、耀金源、武汉瑞泰等公司销售收入43.99亿元。

（2）提高合同价,虚增收入与利润。2013年淮矿物流通过签订阴阳合同的方式处理高价库存螺纹钢,合同销售价格比实际结算价格高出2.39亿元,淮矿物流按合同价格确认相应的收入并结转成本,虚增皖江物流销售收入2.05亿元,虚增其利润2.05亿元。

（3）贴现费用未计入财务费用虚增利润。2012年和2013年淮矿物流通过买方付息方式进行银行承兑汇票贴现,其中2012年有320.93万元、2013年有3 044.86万元贴现费用未计入财务费用,导致皖江物流2012年虚增利润320.93万元,2013年虚增利润3 044.86万元。

（4）减少坏账准备计提多报利润。2012—2013年淮矿物流在对福鹏系公司债权计提坏账准备时,计提基数及账龄分析不当,未合理对福鹏系公司的债权计提坏账准备;并且存在通过调增应收票据（商业承兑汇票）、调减应收账款的方式来减少坏账准备计提,增加利润。淮矿物流2012年应补提坏账准备2.53亿元、2013年应调减坏账准备98.07万元,由此导致皖江物流2012年年报多计利润2.53亿元、2013年年报少计利润98.07万元。

### 例6.9

**雅百特（涉及科目：营业收入、营业利润）**

（1）2015年雅百特以虚构海外工程项目的方式虚增营业收入2.02亿元。木尔坦项目是巴基斯坦木尔坦市的城市快速公交专线项目,该工程的第3标段由中铁一局与HRL公司、Matracon公司组成的联合体承建。雅百特称HRL公司于2014年从木尔坦开发署承包了该项目,并将该项目中13个地铁公交站站房的建设工程再次分包给首都工程公司,首都工程公司在承接该工程后,将工程发包给山东雅百特。

经查,上述木尔坦项目除中铁一局以外并没有其他中国公司参与建设。2015年雅百特安排公司相关人员负责工程相关建设,并将报关出口至巴基斯坦的建筑材料运送到中国香港、新加坡等地,然后再安排有关公司将货物进口回中国内地,制造项目施工假象。2015年通过此方式虚增营业收入2.02亿元,相应虚增利润1.5亿元。

（2）2015年雅百特以虚构建材出口贸易的方式虚增营业收入1 852.94万元。

2015年雅百特与安哥拉安美国际签订了金额为286.68万美元的采购合同,雅百特通过此项目实现收入1 852.94万元。但雅宝特最终将报关出口至安哥拉的货物运送至中国香港,然后再由其控制的关联公司将货物进口回中国内地。2015年,雅百特以虚构建材出口贸易的方式虚增营业收入1 852.94万元,相应虚增利润1 402.93万元。

(3) 2015—2016年9月雅百特以虚构国内建材贸易的方式虚增营业收入36 277.48万元。雅百特利用其控制或安排的公司,签订无真实需求的购销合同,贸易过程中仅进行资金流转,没有涉及商品流转。2015年,雅百特以虚构国内建材贸易的方式虚增营业收入2.61亿元,相应虚增利润6 855.89万元。2016年1—9月,虚增营业收入1.01亿元,相应虚增利润2 423.77万元。

### 6.3.2 "寅吃卯粮"

"寅吃卯粮"也是上市公司调节当期利润的一个重要手法。简单而言,就是通过调整收入确认的时间,将未来的收入提前计入本期损益,或将本该计入本期损益的收入推迟计入未来的损益。

**例 6.10**

#### 恒顺众昇(涉及科目:营业收入、利润总额)

恒顺众昇与ASI有关联关系,ASI的董事和经理人均由恒顺众昇实际控制人贾全臣选定。2014年4月2日,ASI与四川电力签订《苏拉威西高炉冶炼项目总承包合同协议书》及《苏拉威西高炉冶炼项目总承包备忘录》(以下简称《总承包备忘录》),其中《总承包备忘录》中约定该工程的设备由恒顺众昇提供。此后,恒顺众昇与四川电力签订了两份采购合同。

(1) 2014年4月8日,恒顺众昇与四川电力签订《ASI高炉冶炼项目电气设备成套采购合同》,合同金额为1 100万元。2014年6月30日,恒顺众昇确认该项合同收入940万元,占半年累计收入的4.7%;确认利润392万元,占半年累计利润总额的16.75%。

(2) 2014年7月18日,恒顺众昇与四川电力签订《ASI高炉冶炼项目配套电厂设备成套采购合同》,合同金额为9 350万元。2014年9月30日,恒顺众昇确认该项合同收入 79 914 529.6 元,占三季度收入的 44.11%,占前三季度累计收入的 24.67%;确认利润 28 349 077.59 元,占三季度利润总额的 74.04%,占前三季度累计利润总额的 45.94%。

但以上两笔采购的实际验收时间均为 2015 年。因此,恒顺众昇在 2014 年中报、三季报、年报提前确认了收入。

 **例 6.11**

**昆明机床(涉及科目:营业收入、管理费用、存货、营业成本)**

(1) 跨期确认收入。昆明机床通过跨期确认收入(经销商或客户支付部分货款后,产品未发货前即提前确认收入)虚增当年利润,2013—2015 年分别跨期确认收入 56 笔 7 627 万元、59 笔 4 123 万元、107 笔 1.41 亿元。

(2) 签订虚假合同进行虚假采购。昆明机床与部分经销商或客户签订合同,经销商或客户虚假采购昆明机床产品并预付定金,但最终并不提货,后期将定金退回客户,或者直接按照客户退货进行处理,完成虚假销售。2013—2015 年分别虚计收入 115 笔 1.22 亿元、46 笔 7 946 万元、34 笔 2 020 万元。此外,公司还通过虚增合同价格的方式虚增收入,2013—2014 年共虚增收入 211 万元。

 **例 6.12**

**中科云网(涉及科目:营业收入、营业外收入)**

(1) 违规确认加盟费收入。江苏湘鄂情为中科云网全资子公司。2012 年 3 月 1 日,江苏湘鄂情与上海汉月尚投资中心签订合同,约定上海汉月尚向江苏湘鄂情支付加盟费共计 780 万元。为确保加盟店顺利运营,2012 年 7 月 3 日,双方签订两份补充协议,约定江苏湘鄂情向上海汉月尚支付加盟保证金共计 580 万元,若江苏湘鄂情按约定为上海汉月尚提供了店面平面设计、培训了第一批人员、建立了财务管理制度、提供了相关管理制度,则上海汉月尚于 2013 年 12 月 31 日前退还江苏湘鄂情全部保证金。

2012 年 3 月 31 日,江苏湘鄂情确认其他业务收入 780 万元;7 月 25 日,江苏湘鄂情收到加盟费 780 万元,同时向对方支付保证金 580 万元;7 月 31 日,江苏湘鄂情将 580 万元保证金计入其他应收款,未冲减其他业务收入,造成违规确认收入 580 万元。

同年12月,合肥湘鄂情与上海比昂签订合同,约定上海比昂向合肥湘鄂情支付加盟费900万元。2012年12月31日,合肥湘鄂情确认其他业务收入900万元。中科云网提供的说明称该合作加盟事宜因故搁置,900万元加盟费未能到账,同样造成违规确认收入900万元。2012年,中科云网违规确认加盟费收入共1 480万元。

(2) 违规确认股权收购合并日前收益。2012年8月,中科云网与上海齐鼎签订股权协议,收购上海味之都90%股权。但中科云网2012年违规将味之都2012年5—7月的各项收益共1 203万元确认为营业外收入。

(3) 提前确认收入。2014年2月20日,南京凯沣源(中科云网控制的下属企业)与凤阳电业签订《设备销售合同》,约定向凤阳电业销售2套干馏气化机组,合同款价4 000万元(含税价,不含税价为3 419万元)。同年3月31日,南京凯沣源确认主营业务收入3 419万元,主营业务成本1 769万元。调查发现,前述合同约定所售2组干馏气化机组在2014年3月底前未生产完工,故造成提前确认收入3 419万元、成本1 769万元、利润总额1 650万元。

例 6.13

### 华锐风电(涉及科目:营业收入)

受风电行业政策的影响,2011年全行业业绩急剧下滑。为粉饰上市首年业绩,华锐风电财务、生产、销售、客服四个部门通过伪造单据等方式提前确认收入,在2011年度提前对413台风电机组确认收入,对2011年度财务报告的影响为:虚增营业收入24.32亿元、营业成本20.04亿元,多预提运费3 135万元,多计提坏账准备1.19亿元,虚增利润总额2.78亿元,占2011年度利润总额的37.58%。

例 6.14

### 大智慧(涉及科目:营业收入)

(1) 提前确认收入,虚增利润。2013年12月,大智慧针对售价在3.8万元以上的软件产品制定了包含"若在2014年3月31日前不满意,可全额退款"条款的营销政策。2013年12月3—11日,此营销政策在大智慧官方网站上进行过公开宣传。

在无法预计客户退款可能性的情况下,大智慧仍将所有销售认定为满足收入确认条件,并按收入确认方法确认为当期销售收入,由此导致大智慧2013年12月提前确认收入 8 745 万元,涉及的合同金额为 1.38 亿元。

(2) 虚假销售,虚增收入,虚增利润。2013 年 12 月,部分客户应大智慧电话营销人员要约,参与大智慧集中打新股或购买大智慧承诺高收益的理财产品。经查,大智慧将上述收款直接以软件产品销售款为名虚增 2013 年收入 287.25 万元、利润 278.03 万元。

(3) 利用框架协议虚增收入和利润。2013 年 12 月 24 日,大智慧与北京阳光恒美广告有限公司(以下简称"阳光恒美")签订《阳光恒美-大智慧合作合同》,合同金额为 400 万元。2013 年 12 月 31 日,大智慧根据该合同和开出的 300 万元发票确认了 283.02 万元的主营业务收入。审计机构将大智慧确认的收入按照服务时间 2013 年 9 月 1 日—2014 年 12 月 31 日分摊后,调减了 188.68 万元到递延收入。

但合作合同仅为框架合同,需要有客户实际的广告投放需求才能执行,且会根据客户的具体需求与大智慧另行签订合同。2013 年 9 月—12 月,阳光恒美并未代理客户向大智慧实际投放广告。故不能确认收入,大智慧确认的上述审计调整后的收入 943 396.23 元为虚假收入。

(4) 未完成项目提前验收,虚增收入。2013 年 11 月,大智慧子公司大智慧信息科技与渤商所签订合同,成为渤商所会员,一次性缴纳管理软件使用费 2 000 万元;同月,大智慧与渤商所签订合同,大智慧向渤商所提供相关产品及服务,向渤商所收取 2 000 万元。2013 年 12 月 9 日,大智慧信息科技汇款 2 000 万元给渤商所,次日渤商所即将该 2 000 万元转给大智慧,大智慧收到扣税后记入主营业务收入。

2014 年 2 月,在合同尚未履行完成的情况下,大智慧请渤商所配合提供项目合作验收确认书,并将验收日期倒签为 2013 年 12 月 31 日。大智慧与渤商所的项目合作合同实际未履行或未在 2013 年履行完成,由此虚增 2013 年收入 1 568 万元。

(5) 提前确认购买日,虚增利润,虚增商誉。大智慧信息科技在 2013 年 9 月底开始着手以 7 000 万元收购民泰(天津)贵金属经营有限公司(以下简称"天津民泰")70% 股权事宜,在该事项中,大智慧信息科技将 2013 年 10 月 1 日作为购买日,将天津民泰财务报表纳入公司合并范围。

根据有关规定,大智慧信息科技在 2013 年 11 月 4 日之前并未控制天津民泰,根据大智慧提供的情况说明,购买日由 2013 年 10 月 1 日调整为 11 月 1 日,合并财务报表利润总额即将减少 825 万元,商誉将减少 433 万元。

**例 6.15**

### 佳电股份（涉及科目：主营业务成本、销售费用）

2011年佳电股份重组上市时签署了盈利预测补偿协议，承诺2011—2014年净利润不低于预测水平。为了保证完成业绩承诺，佳电股份决定从财务处理上做一些调整安排，弥补完成业绩承诺的不足。

佳电股份财务处理的具体调整方式分为以下三种：第一，仅将部分产品结转到完工产品成本，降低产值成本率，间接实现少结转主营业务成本；第二，在库存商品结转主营业务成本时，直接少结转主营业务成本，留存部分成本在库存商品中；第三，将销售费用中的部分代理费和网点兑现费延期入账，从而调整当年利润。

2013年，通过少结转产成品到主营业务成本1.27亿元，将2013年度费用2 089万元延迟到2014年度入账，将2013年度费用1 015万元延迟到2015年度入账，累计调增利润总额1.58亿元。

2014年度，通过少结转产成品到主营业务成本786万元，将2014年度费用3 297万元延迟到2015年度入账，将应计入2013年度费用2 089万元计入当年，累计调增利润总额3 994万元。

2015年度，通过多结转产成品到主营业务成本1.11亿元，将应计入2013年度费用1 015万元计入当年，将应计入2014年度费用3 297万元计入当年，多计提减值准备4 458万元，累计调减利润总额1.98亿元。

 **例 6.16**

### 嘉寓股份（涉及科目：预付账款、营业成本、营业利润）

（1）嘉寓股份在IPO时报送的财务报告及上市后的定期报告中均存在虚假记载。2008—2012年，嘉寓股份收到关联方东方嘉禾及非关联方中天海润、普瑞恒得支付的资金，记载为供应商供货或退款、客户支付的工程款、其他单位向其付款、客户向其付款，用于冲抵预付账款、应收账款、应付账款、其他应收款、其他应付款等科目。

2008—2012年，嘉寓股份向东方嘉禾及中天海润、普瑞恒得支付资金，记载为向其他单位付款、向客户退回工程款，计入预付账款、预收账款、应收账款、应付账款、其他应收款、其他应付款等科目。

经统计,公司2008—2012年虚假记载资金往来共10.26亿元。

(2)跨期结转成本调节利润。在2008—2010年完工的119个工程项目中,嘉寓股份违反规定,以跨期结转成本的方式调节利润。嘉寓股份在完工至最终决算前,各期没有以实际发生的合同成本确认当期利润;在决算当期,以累计实际发生的合同成本与合同预计总成本的差异确认当期利润,致使各年度成本结转不准确、不及时,人为调节各年度营业收入、成本和利润。

通过上述做法,嘉寓股份2007—2013年分别多计利润713.24万、751.42万元、-449.66万元、4 241.80万元、-807.54万元、150.50万元、-2 384.69万元。

### 6.3.3 "李代桃僵"

"李代桃僵"也是一种常见的调节利润的手法,是指集团公司旗下控股上市公司为母公司或其他公司输送资源,侵占上市公司资金。

 例6.17

#### 华泽钴镍(涉及科目:应收票据)

华泽钴镍的控股股东为王涛家族(王涛、其父王应虎、其妹王辉),共持有华泽钴镍35.26%的股份。华泽钴镍持有陕西华泽钴镍金属有限公司(以下简称"陕西华泽")全部股权,王涛家族持有星王集团全部股权。陕西天慕灏锦商贸有限责任公司(以下简称"天慕灏锦")与陕西臻泰融佳工贸有限公司(以下简称"臻泰融佳")为王涛授意注册,以上公司构成关联方,但公司并未披露。

王涛安排陕西华泽通过天慕灏锦、臻泰融佳向关联方提供资金,陕西华泽与天慕灏锦、臻泰融佳之间无商品购销出入库记录,往来凭证所附的购销合同未实际履行,资金划转方式为银行存款转账和少量库存现金转款。截至2013年年末,关联方通过臻泰融佳占用的资金余额为3.69亿元;截至2014年年末,通过天慕灏锦占用的资金余额为7.24亿元,通过臻泰融佳占用的资金余额为3 140万元;截至2015年6月30日,通过天慕灏锦占用的资金为8.99亿元。

王涛也安排陕西华泽通过陕西盛华、陕西青润和陕西天港向关联方提供资金,截至2013年年末,关联方占用余额为1.47亿元、2.06亿元、9 798万元;截至2014年年末,占用余额为1.05亿元、2.01亿元、9 313万元。

为了掩盖关联方长期占用资金的情况,王涛安排人员将无效票据入账充当还款。华泽钴镍2013年应收票据余额为13.25亿元,其中13.19亿元为无效票据;2014年应收票据为13.64亿元,其中13.61亿元为无效票据;2015年上半年应收票据为10.99亿元,其中10.987亿元为无效票据。

公司披露的年报中显示,应收票据均为银行承兑汇票。可见并不是所有银行承兑汇票的应收票据都是安全的。

 **例6.18**

### 亚星化学(涉及科目:其他应收款、应付票据)

未披露关联交易,亚星化学与亚星集团存在间接非经营性资金往来未入账导致信息披露违法行为。亚星化学与上海廊桥为关联方,2009—2011年,双方进行了多笔交易,但亚星化学并未披露。

2009年2月至2010年10月,亚星化学向上海廊桥累计签发15.04亿元银行承兑汇票全部用于贴现,贴现资金全部被亚星集团使用,事实上构成亚星化学与亚星集团间接非经营性资金往来,亚星化学未按照规定予以披露。

上述资金往来中,2009年2月9日亚星化学向上海廊桥开具第一笔银行承兑汇票,票面金额3 300万元,亚星化学未将此笔资金往来进行临时信息披露。此后至2010年10月期间开具的43笔银行承兑汇票既未进行临时信息披露,也未在中期报告和年度报告中披露。

上述44笔银行承兑汇票中,共有36笔未记账,由此导致亚星化学中期报告和年度报告信息披露存在虚假记载及重大遗漏。其中,2009年中期报告其他应收款少计5.71亿元,应付票据少计5.71亿元;2009年年度报告其他应收款少计3.74亿元,应付票据少计3.74亿元;2010年中期报告其他应收款少计3.03亿元,应付票据少计3.03亿元。

 **例6.19**

### 鲁北化工(涉及科目:短期借款)

2007年度,鲁北化工与大股东山东鲁北企业集团总公司(以下简称"鲁北集团")及其他关联方共发生非经营性资金往来265笔,其中借方发生额11.06亿元,贷方发生额10.74亿元,期末借方余额764.95万元。对于上述往来款项,鲁北化工未按规定履行临时信息披露义务。

2008年度,鲁北化工与鲁北集团及其他关联方共发生非经营性资金往来300笔,其中借方发生额10.95亿元,贷方发生额8.26亿元,期末借方余额2.76亿元。对于上述往来款项,鲁北化工未按规定履行临时信息披露义务。

### 6.3.4 "移花接木"

"移花接木"是一种虚构的回款手法,一般用自有资金或自筹资金来实行,常见于上市公司和准备上市的公司,即当公司年末报表中应收款项较多时,为了避免账龄过长需要大规模地计提坏账准备,又或者当应付账款较多时,为了避免其影响流动比率甚至整体负债率指标,上市公司将自有资金或外部筹集的资金通过二级甚至三级子公司,或者联营/合营公司的子公司将资金转移至体外,再从未披露关联关系的关联方处将资金回流,构建虚假资金往来,冲抵账款。

**例 6.21**

**新大地(涉及科目:营业收入)**

新大地通过关联方实现自有资金体外循环。新大地以成功上市后的证券溢价、资产增值为由,联合关联方企业,利用私下股权转让所得、银行借款、政府补贴资金虚构原材料采购或在建工程,将自有资金转出,再通过虚增收入、虚构交易等手段使资金回流,达到虚增收入的目的。

**例 6.21**

**圣莱达(涉及科目:营业外收入)**

2014年圣莱达净利润为负,若2015年净利润仍然为负,则将被风险处理戴上ST的帽子。公司做了以下两件违法的操作让净利润最终为正。

(1)2015年12月18日,公司与华视友邦签订协议(此协议名义签订日为2015年11月10日),约定华视友邦将某影片全部版权作价3 000万元转让给圣莱达,华视友邦应于2015年12月10日前取得该影片的公映许可证,否则须向圣莱达支付违约金1 000万元。2015年12月21日,圣莱达提起民事诉讼,认为华视友邦未取得电影公映许可证,请求判决返还本金并支付违约金。2015年12月29日,双方签订调解协议书,约定华视友邦向圣莱达支付4 000万元,其中包含1 000万元违约金。圣莱达将这1 000万元违约金确认为2015年的营业外收入。

(2)圣莱达董事长胡宜东请求宁波市江北区慈城镇人民政府(以下简称"慈城镇政府")帮助,形成以获得政府补助的形式虚增利润的方案:慈城镇政府不用实际出资,由宁波金阳光先以税收保证金的名义向慈城镇政府转账1 000万元,然后再由慈城镇政府以财政补助的名义将钱打给圣莱达。2015年12月29日,宁波金阳光转账1 000万元至慈城镇政府会计核算中心。2015年12月30日,慈城镇人民政府会计核算中心转给圣莱达1 000万元。

上述两项违法操作导致圣莱达2015年合计虚增收入2 000万元,虚增净利润1 500万元。2015年公司利润总额为367.15万元,归母净利润为431.43万元,虚增行为导致圣莱达2015年扭亏为盈。

### 例6.22

**莲花味精(涉及科目:营业外收入)**

(1)违规确认政府补助收入,虚增利润。2007年,莲花味精通过向项城市政府申请,获得了项城市对其原料价格补偿的政府补助1.944亿元。但在政府补助没有到位的情况下,莲花味精将政府补助入账,从而虚增2007年利润1.944亿元,导致2007年利润由亏转盈。2007年公司公开披露的净利润为2 651.34万元。

2008年,莲花味精同样在政府补助没有到位的情况下,将政府补助3亿元入账,从而虚增2008年利润3亿元,并导致莲花味精2009年少计应付工行项城支行贷款利息。2008年公司公开披露的净利润为1 240.53万元。

(2)违规将政府补助直接冲减成本。2008年6—12月,莲花味精分数次收到环保相关补贴资金共计1 898万元、政府淘汰落后产能补偿资金2 272万元。莲花味精将前述应计入营业外收入的政府补助共计4 170万元直接冲减生产成本。

### 例6.23

**鞍重股份(涉及科目:营业收入、货币资金)**

2015年九好集团欲借壳鞍重股份上市,鞍重股份于2015年4月7日开始停牌筹划,2015年11月26日复牌后股价连续10个交易日一字涨停。但因九好集团财务造假,本次借壳上市被否。

2015年年底九好集团货币资金余额为5.31亿元,经查,其中3亿元银行存款系由九好集团通过借款形成,且在披露时点处于质押状态,九好集团未披露该借款及存款质押事项。

### 例6.24

#### 欣泰电气(涉及科目:应收账款)

(1) IPO时财务数据造假。为实现发行上市目的,解决欣泰电气应收账款余额过大问题,欣泰电气通过外部借款、使用自有资金或伪造银行单据的方式虚构应收账款的收回,在年末、半年末等会计期末冲减应收款项。2011年年报、2012年年报、2013年半年报,欣泰电器分别虚减应收账款1.02亿元、1.21亿元、1.58亿元。

(2) 上市后财务数据造假。2013年公司上市以后,欣泰电器继续通过外部借款或伪造银行单据的方式虚构应收账款的收回,在年末、半年末等会计期末冲减应收款项。2013年年报、2014年半年报、2014年年报,欣泰电器分别虚减应收账款1.99亿元、9 974万元、7 262万元。

### 例6.25

#### 内蒙发展(涉及科目:应付票据)

内蒙发展2013年年报披露的应付票据金额为0。经查,截至2013年12月31日,内蒙发展未对2013年开出的20份商业承兑汇票进行账务处理,未在2013年年报中进行披露,上述开出的汇票金额为7.59亿元。

### 例6.26

#### 海联讯(涉及科目:应收账款、营业收入)

为解决公司应收账款余额过大问题,海联讯股东自行垫资或向他人借款来解决公司应收账款问题。

经查,2009年12月31日,海联讯通过他人转入资金1 429万元冲减应收账款,后于 2010 年 1 月 4 日全额退款并转回应收账款;2010 年 9 月和 12 月,海联讯通过股东垫资转入资金 2 566 万元冲减应收账款;2010 年 12 月,海联讯通过他人转入资金 8 754 万元冲减应收账款,后于 2011 年 1 月 4 日全额退款并转回应收账款;2011 年 6 月 30 日,海联讯通过他人转入资金 8 890 万元冲减应收账款,后于 2011 年 7 月 1 日全额退款并转回应收账款。2009 年年报、2010 年年报、2011 年半年报,海联讯分别虚构收回应收账款 1 429 万元、1.13 亿元、1.15 亿元。